KB071619

잘삶교육연구소 총서 1

소진 교원을 위한
힐링 프로그램 개발과 내러티브 탐구

교원의 잘삶을 위한
전인통합치유

| 손승남 저 |

학지사

머리말

역사는 우연히 이루어진다. 어쩌면 이 책도 그런 우연한 역사의 소산인지도 모른다. 2013년 11월 전라남도교육청에서 교원을 위한 '교육활동 침해 및 피해 교원을 위한 치유 및 예방 프로그램 사업'을 공모하였는데, 그 사업을 맡게 되면서 교사에 대한 연구와 봉사를 본격적으로 수행하게 되었다. 교육철학 전공자라 교사에 대한 관심은 늘 저변에 깔려 있었으나 교사의 문제를 교육학의 다양한 관점에서 이렇게 다루게 될 줄은 몰랐다. 이 책은 지치고 힘든 교사와 방학 중에 만나 동거동락(同居同樂)한 생생한 체험의 기록이다.

그 당시만 해도 '감정노동자'로서 교사에 대한 이야기가 심상치 않게 신문상에 오르내리는 것을 본 적은 있었으나 피상적인 인식 수준이었는데, 이 사업을 진행하면서 비로소 지치고 힘든 교사의 내면을 좀 더 깊숙이 이해하게 되었다. 이 땅의 교사가 학교폭력, 집단따돌림, 학생인권조례 등 교육현장의 질곡 속에서 적지 않은 아픔과 상처를 안고 묵묵히 살아가고 있음을 그들과의 만남을 통하여 직접 체험할 수 있게 된 것이다.

이 사업의 첫 번째 관문은 '여러 교사 중에서 방학 중 교원 치유 및 예방 프로그램에 참여할 교사를 어떻게 선발하는가'의 문제였다. 이 문제를 해결하고자 이론적 작업에 몰두하여 소진(burn-out)과 교원소진에 대한 개념을 정리하고, 최근 연구 동향을 면밀하게 분석하였다. 분석 결과, 간호학이나 사회복지학 등에서 이미 오래전 소진에 관해 본격적인 연구가 수행되었으며, 교육학 분야에서도 교원소진에 관해서 국내외적으로 간헐적으로 연구가 진행되어 왔음을 알 수 있었다. 기존의 연구에서 중점적으로 검토하고자 한 부분은 교원소진을 어떻게 측정할 수 있느냐 하는 소진검사척도에 관한 것이었다.

이론적 연구의 도움으로 다행스럽게도 소진검사척도로 정평이 나 있는 말라크 소진 척도(Maslach Burnout Inventory: MBI)를 활용하여 교원치유 프로그램에 참여할 교사를 우선적으로 선발할 수 있었다. 전라남도교육청에서 전적으로 경비를 지원하는 데다가 일종의 연수 점수까지 얻을 수 있게 되자 많은 교사가 참여를 희망하였다. 단순히 쉬러 오는 교사가 아니라 실제로 치유가 필요한 교사를 가려내고, 선발의 공정성을 기하고자 추가로 간이정신진단검사(SCL-90-R)를 실시하여 그 결과를 최종 선발 과정에 반영하였다. 그리하여 2014년 1월 처음으로 '교원힐링스타트 프로그램'을 실시하게 되었다.

선발된 100여 명의 교사에게 인원과 기간을 달리하여 외진 산골에 위치한 전인치유센터에서 다양한 치유 프로그램을 제공하였다. 다향(茶香)의 고장 보성군 복내면에 위치한 전인치유센터는 전국에서도 음이온이 풍부한 지역으로 심신의 치유를 위한 최적의 장소로 간주되었다. 더구나 스마트폰을 사용할 수 없을 정도로 산골 깊숙한 곳에 위치하고 있어서 교사가 잠시나마 통신기기로부터 해방될 수 있었다. 맑은 공기와 잘 마련된 뒷산의 오솔길을 걷는 교사의 표정이 금세 밝아지는 것을 볼 수 있었다. 첫 번째 힐링캠프는 최적의 장소와 공간이 심신의 치유에 얼마나 중요한가를 일깨워 주는 소중한 시간이었다.

첫 캠프에서 집단으로 모여서 하는 인지적·정서적·신체적 치유 프로그램 이외에 개인적으로도 자신의 문제를 상담할 수 있도록 교원상담 지원 프로그램(Teacher Assistance Program: TAP)을 별도로 마련하여 그들의 고민과 상처에 귀를 기울였다. 직접 만난 10여 명과의 면담을 통해 교사가 안고 있는 문제가 매우 다양하며 그 문제의 해결이 시급하다는 것을 느끼게 되었다. 교사가 행복해야 학생이 행복하다. 즐겁고 신나는 교실이나 학교는 결국 행복한 교사에 의해 가능할 것이기 때문이다. 교사의 행복을 말하기 전에, 적어도 그들이 교직을 수행하면서 마주하는 어려움을 알아야 온전한 삶을 회복하고 행복으로 향하는 가벼운 발걸음을 내딛을 수 있을 것이다. 그런 점에서 TAP에서 내러티브 인터뷰(narrative interview)를 활용하여 교사의 이야기를 청취하고, 이를 채록하여 도움을 주고자 하였다. 이 책의 내러티브 자료는 이러한 배경에서 나온 것이며, 그 자체로 교직의 현주소를 있는 그대로 잘 보여 준다.

첫 캠프 결과, 참여 교사의 85% 이상이 운영진, 프로그램 내용, 개인 및 집단상담 등 프로그램 전반에 대해 만족을 표시하였다. 하지만 종교단체 관련 수련원이다 보니 그 부분에서 약간의 불만의 목소리가 있었다. 캠프기간에 대한 만족도 조사 결과, 우리가 제공한 2박 3일형, 3박 4일형, 4박 5일형 가운데 3박 4일형이 최적으로 판명되었다. 참여한 대다수 교원은 교원을 위한 힐링캠프가 지속되어야 한다는 의견과 함께 프로그램 내용과 운영에 관해서도 건설적인 의견을 개진하였다. 첫 사업의 성과와 한계는 고스란히 두 번째 사업으로 연결될 수 있었는데, 그 결과가 바로 2014년 여름방학과 2015년 겨울방학 등 두 차례 실시된 '에코힐링티처스' 사업이었다.

이 사업에서는 순천만과 정원의 도시 순천에서 '에코'와 '힐링'을 조합하여 캠프장소와 프로그램을 전면 재구성하였다. 순천만 국가정원을 거닐며 몸과 마음을 새롭게 하려는 의도에서 '에코가든힐링'을 실시하였고, 기존의 프로그램과 달리 '명리학 특강'과 '커피테라피' 등을 개발하여 교원이 자신의 삶을 돌아보고, 잠시나마 행복감에 젖을 수 있는 시간을 주고자 하였다. 가장 중요한 것은 TAP의 연장선상에서 교사 각 개인의 고민과 어려움을 해소할 수 있는 장치로 '교원 감정 해우소'를 운영하여 나름의 성과를 얻게 된 점이다. 캠프가 진행되는 기간 중에 교사의 고민과 상담문제를 접수한 후 학기 중에 상담전문가와 동양의 명리학 전문가가 함께 문제를 진단하고 해결하려는 노력을 하였다. 아무래도 교사의 사적인 문제 등이 포함되어 있기 때문에 개인의 프라이버시 보호 차원에서 이 책에 제시할 수 없는 점이 아쉽다.

　여름과 겨울 각각 '에코힐링티처스' 프로그램을 성공적으로 마친 후 2015년 1월 교사들의 심화과정 요청으로 '학습권과 교육권 보장을 위한 감정코칭 프로그램'을 진행하게 되었다. 여기서 가장 큰 특징은 교권 피해 혹은 침해를 입은 교사의 '감정'에 초점을 두고 프로그램이 전개된 점이다. 심리적 소진을 경험한 교사에게 화나 분노 조절법을 알려 주고, 역할극을 통해서 자신의 내면을 돌아보게 하고, 자신의 감정이나 의사를 신체적 · 정서적으로 적극 표출할 수 있는 다양한 기법과 방법을 체득하도록 하였다. 역할극을 보다가 혹은 초감정 치유를 하다가 뜨거운 눈물을 흘리던 교사, 프로그램을 하다가 문득 동병상련의 아픔을 느끼는 장면에서 서로 두 손을 꼭 잡고 위로해 주던 교사, 그들의 아련한 모습이 아직도 선하다.

　이 책은 교사를 위한 전인통합치유 프로그램을 실제로 계획 · 준비 · 실행 · 평가하면서 보고 느꼈던 모든 체험을 하나로 묶은 고귀한 열매다. 책의 순서 또한 체험의 순서에 따라 기술되었다. 이 책은 총 3부로 구성되어 있다.

　제1부에서는 교원소진의 개념과 현상에 관한 이론적 탐구의 결과를 담았다. 여기서 일반적 소진 개념에서 교원소진에 이르기까지 국내외 연구 경향과 성과를 한눈에 파악할 수 있도록 하였다. 제2부는 교원치유 프로그램 개발의 진화 과정을 고스란히 담고 있다. '교원힐링스타트 프로그램'에서는 소진교원의 선발과 최적의 캠프 유형을 찾기 위한 시도와 성과에 주목해 볼 필요가 있다. '에코힐링티처스 프로그램'과 '교원감정코칭 프로그램'의 실제적 운영과 성과를 통해 최초의 교원힐링스타트 프로그램이 형식과 내용 면에서 어떻게 진화해 왔는지를 살펴볼 수 있다. 제3부에서는 교원소진에 관한 질적 사례를 제시하고, 질적 연구의 방법적 원리에 따라 내러티브 탐구를 시도하였다. 내러티브 인터뷰에 의한 면담과 채록 그리고 질적 자료의 분석과 해석을 통하여 교사의 내면을 심층적으로 이해하고자 하였다. 이로써 제3부는 질적 연구를 통하여 지금 여기의 교사의 현존

재(Da-sein)를 생생하게 드러내 준다.

　지치고 힘든 교사의 치유를 위한 프로그램 개발과 성공적 수행을 위해서 지금까지 애써 주신 모든 분들에게 이 자리를 빌려 심심한 고마운 마음을 전하고자 한다. 가장 먼저 연구의 과정에서 든든한 버팀목이 되어 주었던 임배 박사와 이수진 박사께 고마운 마음을 드린다. 캠프과정에서 열과 성을 다해 준 김선희 박사, 이정금 박사, 이규 선생님, 정현미 선생님, 이신영 양, 김찬욱 군, 오욱재 군, 이태양 군에게도 깊은 감사를 드린다. 전라남도교육청의 관심과 지원이 없었더라면 이 연구는 불가능했을 것이다. 교원인사과 관계자 여러분께도 이 자리를 빌려 정중한 감사의 인사를 드리고 싶다.

　이 작은 연구가 우리 미래를 책임질 교사에게 조금이나마 위로와 희망의 메시지를 줄 수 있다면 연구자로서는 그보다 큰 영광은 없을 것이다. 지금 이 순간에도 척박한 교육현실에서 묵묵히 교단을 지켜 나가고 있는 이 땅의 무명교사들에게 이 책을 바친다.

2017년 봄, 향림골에서

손 승 남

8

차 례

제1장

교원소진이란 무엇인가

1. 교직의 실상과 교원소진

교직을 바라보는 관점의 차이가 있기는 하지만 대체로 교직은 성직, 노동직, 전문직의 관점으로 파악되어 왔으며, 봉사직관을 강조해 왔다. 하지만 성직, 노동직, 전문직으로서의 전통적 관점과 달리, 교사도 곧 '감정노동자'라는 새로운 관점이 최근 들어 부각되고 있다.

성직관이란 종교적 소명(召命)의식과 밀접한 관련을 갖는 것으로, 성직자가 세속적 삶과 일정한 거리를 유지하며 경제적 이익이나 금전적 보상과 무관한 삶을 영위하는 것처럼 교원에게도 사랑 · 헌신 · 봉사를 바탕으로 한 정신과 영혼의 활동을 강조해 왔으나, 현대사회에서 성직으로서의 교직관은 설득력을 상실하고 있다.

노동직관은 노동이 인간의 신성한 의무이듯 교사 또한 이러한 의무를 지니며, 교직을 여타의 노동직과 같이 간주하려는 입장이다. 교직의 노동직관은 1980년대 전국교직원노동조합(전교조)의 결성 이후 교육의 민주화를 앞당기는 데 일정 부분 기여를 하였으나 교사가 노동자라는 인식은 우리 사회에서 여전히 낯설게 받아들여지고 있다.

이러한 두 관점과 달리, 교직은 전문적인 서비스 기능을 담당하며, 고도의 지식과 기술을 제공하는 직업으로서 장기간의 전문적 훈련과 자격을 필요로 하며, 자율성이 보장되지만 그에 따른 책임이 수반된다는 점에서 전문직으로 보는 관점이 있다. 하지만 실질적으로 교직이 자율성, 전문성, 책임성, 윤리성의 기준에서 의사, 판사, 변호사와 같은 전문직과 유사한 위상을 확보하고 있는지는 여전히 의문의 여지가 있다.

전문직으로서 교직의 위상이 주춤하는 사이 교직을 수행하는 교사도 사회복지사, 콜센터 상담원, 판매원과 같이 실제 자신의 감정과는 무관하게 직무를 수행해야 하는 '감정노동자'(정혜신, 2013)로 보아야 한다는 견해가 설득력을 얻고 있다. 엄기호(2013)가 지은 다소 도발적인 책, 『교사도 학교가 두렵다』에서는 학교는 학원의 보조로 추락했고, 학교에서 얻을 게 없거나 배울 능력이 안 되는 학생은 수업동기를 잃은 채 분노를 옆에 있는 약자에게 퍼붓는 적나라한 상황을 연출하고 있다.

이러한 척박한 교육현실에서 교원소진(teachers burnout)이 급증하고 있다. 학교붕괴, 교실붕괴 또는 수업붕괴가 우리의 교육현장을 엄습한 것이 어제 오늘의 일이 아니다. 붕괴된 교육현실에서 교사와 학생 사이의 사제지정(師弟之情)은 사라진 지 오래고, 입시 위주의 획일화된 교육현장에서 교사는 학원교사의 보조자로서 인식될 정도로 위상이 약화되었다. 초등학교 교실에서는 수업시간에 가만히 앉아 있지 못하고 교실을 돌아다니는 산만한 아이들이, 중등학교에서는 수업시간에 '널브러져' 자는 무기력한 학습자가 넘쳐 난다(엄기호, 2013).

교사가 입시경쟁에 있는 학생들을 다루기란 쉽지 않다. 공부를 잘하는 학생들은 입시와 무관한 과목의 수업을 회피하거나 교사가 입시와 상관없는 수업을 진행할 때 불만을 표출한다. 예를 들어, 선택 과목이나 예체능 교사는 학생들의 무관심과 무시로 인해 극심한 수업붕괴를 경험하게 된다. 예체능은 단지 주요 과목이 아니라는 이유로 우리의 교육현장에서 그저 보조 과목의 일부에 지나지 않는다. 다른 한편, 공부를 못하거나 입시를 포기한 학생들은 교사와 가능한 한 무관하게 지내려 하며, 그저 학교라는 공간에 수용되어 있을 뿐 교사가 다가설 엄두가 나지 않을 정도로 사제관계는 소원하기 그지없다. 소위, '수포자(수학을 포기한 학생)' '영포자(영어를 포기한 학생)'를 대하는 교사의 심정은 이루 말로 다 표현하기 힘들 정도다.

우리의 교실에서 두드러지는 학교폭력과 자살 문제는 교사를 더욱 힘들게 한다. 이전에 학교폭력은 예외적인 사건에 불과하였으나, 근래 들어 학교는 교사 – 학생, 학생 – 학생 사이에 폭력이 잠재되어 있는 위험한 지대로 인식되고, 성적비관이나 집단따돌림 그리고 학교폭력으로 인해 학생들의 자살이 이어지면서 학교는 안전관리의 대상으로 전환되기에 이르렀다. 그리고 폭력의 문제는 더 이상 학교만의 문제가 아니라 사회문제로까지 확대되었다. 1990년대 이후 '왕따' 현상이 학교에 번지면서 "따돌림 당하던 아이가 자살이라는 극단적인 방법을 선택하고, 급우를 괴롭힌 고등학생이 검찰에 구속되고, 피해학생 부모가 학교와 교육청에 따돌림의 책임을 물어 손해배상을 청구"(가우디, 1999: 15)하면서 학교폭력의 문제는 교문의 문턱을 넘어 사회문제로 비화되었다.

교사는 집단따돌림에서도 상처를 입는 경우가 많다. 따돌림이나 폭력의 가해자는 정작 피해자에게 진심에서 우러나오는 사과를 하지 않으며, 피해자는 몸이 약하거나 집안이 어려워 자기방어를 할 수 없는 아이들이기 때문에 그들을 변호 및 보호하는 데에도 한계가 있다. 예를 들어, 가해자가 공부를 잘하고 부모가 가진 힘이 센 경우, 학교 전체가 나서서 그 가해 학생을 두둔하기 때문에 교사는 부당하게 느끼지만 학교폭력의 문제해결에 함부로 나설 수도 없는 경우가 많다(엄기호, 2013: 79). 약자를 보호해야 하고 불의에 맞서 싸워야 하지만, 개인으로서 교사는 스스로를 나약하고 미약한 존재로 인식할 수밖에 없다.

그 무엇보다 교사가 힘든 것은 학부모와의 갈등 때문이다. 한 학생을 두고 교사와 학부모는 교육 주체로서 서로 협력을 해 나가야 하지만, 실제로 학생의 진로문제나 인성교육에서 갈등을 빚게 되는 경우가 많다. 학부모는 자녀의 성적에만 관심을 두며 정작 합리적인 진로에 대해서는 관심이 적다. 교사가 학부모의 양육이나 교육방식에 관해서 문제를 제기하면 오히려 자녀를 두둔하며 학부모의 교육방침에 교사가 나설 일이 아니라고 선을 긋기도 한다. 학부모의 지나친 관심은 학생을 지도하는 교사의 입장에서 하나의 간섭으로 느껴질 수밖에 없다. 학교폭력의 심각성이 알려진 이후 학부모의 관심은 오직 자기 자식이 가해자 혹은 피해자로서 폭력과 연루되지 않았으면 하는 것에 있을 뿐이다. 정작 사건이 터졌을 경우에도 생활기록부에 그 사실이 기재되어 불이익을 받지 않을까 불안을 표출하며 폭력문제를 직접 해결하려고 나서는 경우도 많아 교사의 존재감을 무력화시키고 있다.

그렇다면 교사의 생활공간인 교무실 사정은 어떠한가. 어쩌면 교무실은 '군중 속의 고독'의 공간으로 표현될 정도로 무관심과 냉소주의가 팽배하다. 무기력과 무관심이 넘쳐 나는 학교의 울타리에서 교사와 교사 사이에도 넘어설 수 없는 벽들이 상존한다. 공적으로 자기 이야기를 나누길 꺼려 하는 교사의 성향 탓에 수업, 생활지도, 학생문제 등을 주제로 동료교사와 대화하거나 토론하며 해결하려는 분위기는 찾아보기 힘들다. 게다가 설상가상으로 교직의 위계화와 교원평가 제도는 교사를 위축시키는 요인이 되고 있다. 교장과 교감 등 관리자와의 관계에서 평교사는 그들과 소위 '평등하게 말할 권리'를 갖고 있지 못함으로써 적지 않은 마음고생을 하고 있으며, 교직사회에 교원의 역량과 능력을 평가하는 제도가 도입된 이후 평가기준에 따라 관리자와 동료교사에게 자신을 맞추어 나가지 않으면 낙오될지도 모른다는 위기감과 불안감이 그 어느 때보다도 크다.

이런 이유로 교육활동 중에 교사는 학생, 학부모, 동료교사, 학교관리자 등 다양한 경로를 통해 교권을 침해당하거나 마음의 상처를 입게 된다. 교권 침해나 피해를 당한 교사는 자존감에 심각한 상처를 받는 것은 물론이거니와 교사로서의 사기가 저하된다. 그로 인해 교육에 대한 열정이 식게 될 뿐만 아니라 심각한 신체적 · 생리적 · 심리적 · 정신적 스트레스를 받게 된다.

2. 교원소진의 개념

소진(burnout)은 원래 마약중독자의 육체적 · 정신적 상태를 지칭하는 용어에서 유래하였으나, 1970년대 중반 이후 인간의 심리적 스트레스로 인한 병리현상을 지칭하는 용어로 정착되었다. 그 당시 인간이 겪는 스트레스가 심각한 심리적 문제를 유발할 수 있다는 근거에서 프루덴버거(Freudenberger, 1974)는 '심리적 소진 증후군(psychological burnout syndrome)'이라는 용어를 학계에서 최초로 발표하였다. 그는 이 개념을 대인 봉사와 서비스 직종에 종사하는 사람이 과도한 업무로 인해 육체적 · 정신적으로 피폐하고 에너지가 소모된 상태를 지칭하는 데 사용하였다.

소진현상은 원래 의사, 사회사업가, 상담가, 간호사, 공무원, 법률가와 같은 다양한 대인 서비스 종사자에게서 나타났으나, 최근에는 교사에게서도 나타나는 현상으로 간주되고 있다(권동택, 2008).

말라크와 잭슨(Maslach & Jackson, 1981)은 정서적 소모감, 비인간화, 개인적 성취감의 감소라는 세 가지 하위요인으로 구성된 MBI(Maslach Burnout Inventory)를 개발하여 교원소진 측정에 지대한 영향을 미쳤다. 그 무렵 파인스, 아론슨, 카프리(Pines, Aronson, & Kafry, 1981)는 소모감에 맞추어 소진현상을 설명하려고 시도하면서, 신체적 · 정서적 · 정신적 소모감의 세 하위요인으로 구성된 소진 척도(Burnout Index)를 개발하였다. 사이드먼과 제이거(Seidman & Zager, 1986-1987)는 교직 만족, 행정지원 지각, 스트레스 대처 방식, 학생에 대한 태도 등의 네 가지 하위요인으로 구성된 보다 발전된 형태의 교원소진 척도를 개발하여 교원소진 연구에 공헌하였다.

이제까지 나온 교원소진 척도는 대부분 MBI에서 파생된 것이며, 심리적 소진에 관한 연구의 90% 이상이 이 척도를 사용할 만큼 말라크(Maslach)의 공헌은 크다고 볼 수 있다(이영만, 2013). 말라크(Maslach, 1981)는 '장기간의 대인 서비스

활동에 종사하면서 심리적 에너지가 과도하게 요구된 결과 극도의 심신 피로와 정서의 고갈이 중점적으로 나타나는 현상'을 심리적 소진으로 규정하였다. 교원소진은 정서적인 부담감과 고갈된 감정, 사람들과의 작업 수행 시 효능감과 성취감의 저하, 대인관계에서 무감정과 비인간적인 반응으로 나타나며, 소진이 지속되면 교사는 불안, 정신적 장애, 신체적 장애, 그 밖의 다양한 정서적 문제를 겪게된다.

교원소진의 요인으로 개인의 목표와 성취 간의 갈등, 비현실적인 헌신, 과중한 업무, 관료주의적 조직 체제 등을 꼽을 수 있다. 교원소진은 단순히 한 개인의 신체적 · 심리적 건강에만 영향을 주는 것이 아니라 교사의 직무수행에도 부정적인 영향을 미치므로 조기진단과 사후처방이 매우 중요하다. 소진을 경험한 교사는 피로, 두통, 불면증, 식욕감퇴, 호흡곤란, 위궤양 등의 신체적 증후를 보이고, 그와 동시에 분노, 불안, 무력감, 우울, 낮은 자존감, 의기소침 등의 심리적 증후를 호소하기도 한다(Belcastro, 1982; Forey, Christensen & England, 1994). 소진교사는 또한 노력 감소, 독단적이고 권위주의적인 행동 증가, 의사소통 단절, 새로운 아이디어 도입 거절, 인내심 저하, 학생과 동료교사에 대한 비호의적 태도, 장기결근 등의 행동을 보이기도 한다(Hock, 1988). 이렇듯 교원소진은 학생과의 수업에 부정적인 영향을 주며, 수업의 질 저하를 초래할 수 있으며, 결국 휴직이나 조기 이직의 요인이 될 수 있을 정도로 심각한 문제로 여겨지고 있다(Cherniss, 1980).

3. 교원소진 관련 연구

교원소진에 관한 초기 연구는 기술적인 방법을 통해 교사가 경험하는 소진의 정도와 소진 관련 현상을 규명하는 데 주안점을 두었다. 말라크와 잭슨(Maslach & Jackson, 1981)의 소진 측정 도구가 개발되면서 교원소진에 관한 본격적인 연구가 시작되었으며, 연구자들은 주로 어떤 요인이 교사의 소진에 영향을 주는가

하는 문제를 밝히는 데 초점을 두었다.

교원소진의 원인은 대개 개인적 차원과 조직적 차원에서 찾을 수 있으므로, 그에 대한 연구 또한 개인적 차원과 조직적 차원으로 나누어 접근이 시도되었다.

개인적 차원의 접근에서는 교사의 성별, 연령, 학력, 교직 경력, 결혼 여부, 학교급별 등과 같은 개인적 차원의 배경 변인과 교사 개인의 자아개념, 성격 등 심리적 특성이 중시되었다(김애중, 2005; 이영만, 2012; 이준엽, 2000; Brouwers & Tomic, 1999; Schwab & Iwanicki, 1982). 반면에 조직적 차원의 접근에서는 학교장의 리더십, 직무 스트레스, 역할 갈등과 역할 모호성, 의사소통 유형, 직무만족, 직무동기, 보상기제 등 다양한 변인들이 중시되어 왔다(김두천, 1995; 김보람, 박영숙, 2012; 서선순, 2007; 유정이, 2002; 차선경, 권동택, 2012; Blase, 1982; Friedman, 1995; Walter & Gordon, 1998).

우리나라에서의 심리적 소진에 관한 연구는 간호사를 대상으로 한 연구(김화실, 1984)에서 출발하였으며, 점차 교사를 대상으로 한 연구들(추정선, 1985; 황계진, 1986)이 발표되면서 1980년대 중반 이후 30년 동안 교원소진 관련 연구 결과가 지금까지 꾸준히 축적되어 왔다. 이영만(2013)의 연구에 의하면 교원의 심리적 소진에 관한 국내 연구(1985~2012년)는 석사와 박사 학위논문 그리고 학술지에 기고한 논문들을 합하여 총 113편이다.[1] 심리적 소진의 측정 도구에 관한 연구는 말라크가 개발한 MBI를 사용한 연구가 전체 연구의 90% 이상을 차지할 정도로 교원소진 연구의 측정 도구로 널리 사용되고 있다.

---

[1] 필자가 2013년부터 2016년까지 교원소진에 관한 연구성과를 한국교육학술정보원(RISS)의 검색엔진에 '교원소진'이라는 키워드로 검색한 결과, 학술지에 실린 논문이 24편(2013년 1편, 2014년 12편, 2015년 11편)이 검색되었다. 이 중 주목할 만한 논문으로는 임지윤과 도승이(2014), 황수아와 최한올(2014)을 들 수 있다. 전자는 교사 정서노동이 교사의 직무와 관련한 심리적 요인에 어떠한 영향을 미칠 수 있는지를 양적으로 잘 분석한 논문이며, 후자는 심층면담을 통해 초등교사의 감정노동에 대한 인식 및 실태를 연구하는 교원소진에 관한 질적 연구 성과다. 학위논문은 12편이 검색되지만 교원소진과 직접적으로 관련된 논문은 5편 정도에 불과하다. 이 중에서도 2015년에 발표된 이태영의 박사학위논문이 눈에 띈다. 이 연구는 초등 기혼 여교사의 심리적 소진에 영향을 미치는 관련 변인들을 양적으로 분석하고 있다. 전반적으로 2013년을 전후하여 감정노동자, 소진, 힐링 등이 화두로 떠오르면서 그 주제에 대한 학계의 인식 관심이 고조된 것으로 보인다.

교사의 심리적 소진에 영향을 미치는 인구학적 배경에 관한 분석 결과에서는 학교급별, 성별, 결혼 여부, 교사의 경력과 연령, 근무 학교의 소재지, 교사의 담당 업무에 따라 다양한 연구가 진행되어 왔음을 알 수 있다.

교사의 심리적 소진 관련 변인 연구는 1985~2001년과 2002~2012년의 두 시기로 대별되는데, 전자의 연구에서는 교사의 개인적 특성, 그리고 학교의 조직적 특성과 교사의 심리적 소진과의 관계를 규명하려는 경향이 뚜렷하고, 후자의 연구에서는 교사의 심리적 소진을 유발하는 변인의 영향력을 조절(완충)하거나 매개하는 변인을 규명하는 연구가 주를 이루어 왔다(이영만, 2013). 여기서 두 시기 구분이 생겨난 이유는 교사의 심리적 소진에 영향을 주는 원인이 개인의 심리적 특성 등 조절 혹은 매개 변인 여부에 따라 달라진다는 탄력성(resilience) 모형(유정이, 박성호, 유성경, 2003; Cohen & Wills, 1985)이 2000년 이후 교원소진 연구에 큰 영향을 주었기 때문이다.

〈표 1-1〉 국내의 교원소진 연구 동향 분석(1985~2012)

1985~2001	비교 기준	2002~2012
수업 준비 및 학생지도, 잡무 부담(과부하), 권위 상실, 낮은 대우, 학교장의 관료적 운영과 비합리적 행정 절차	직무 스트레스 종류	학생지도(생활지도), 학급 관리, 업무 과다, 부당한 간섭, 권위 상실, 기술 습득(연수 등), 낮은 대우, 직무 곤란도, 역할 갈등
학교장의 지도성: 과업 중심형, 무기력형, 관료(행정 중심)형 학교조직 풍토: 학교조직 건강도, 폐쇄형, 비자율적 경영, 교사의 사기 등	학교조직 특성	학교장의 혁신적 리더십
직무 만족도, 교직 선택 이유, 교직관, 동기 유형, 소속감, 혁신 지향성, 전문직 지향, 의사결정 과정 등	개인적 특성/경험	직무 만족도, 교직 선택 이유, 교직관, 귀인 성향, 정서 조절 능력(정서 지능 등), 부정적 성격(비합리적 신념, 완벽주의 등), 자기(교사)효능감, 사회적 지지, 탄력성, 스트레스 대처 전략, 폭력 경험(부적 행동) 등

A형 성격, 사회적 기술	매개(조절) 변인	정서적 유능감(정서 지능, 부정적 기분 조절 능력, 자기 위로 능력 등), 자기(교사)효능감, 사회적 지지, 직무 자원, 적응적 대처 전략, 탄력성 등
학교교육의 효과성	심리적 소진의 결과	직무 열의, 학교교육의 성과, 학생의 학교 적응과 학업적 자기효능감, 교사의 조직 시민 행동, 정서적인 주관적 안녕감 등
–	심리적 소진의 예방/경감	인지행동적 심리교육 프로그램, 생활 체육 활동, 원예활동
–	질적 연구	교사의 소진의 원인, 대처 방안, 전개 과정, 개인차 등

출처: 이영만(2013), p. 141.

교원소진에 관한 최근 연구는 소진에 영향을 주는 변인 규명의 차원을 넘어 심리적 소진의 결과 연구, 심리적 소진의 경감과 예방 대책 연구, 교원소진에 대한 질적 연구 등과 같이 이전과는 다른 방향으로 연구가 변화하고 있음을 알 수 있다. 교원소진과 관련된 교사의 내면적 이해를 위해서는 보다 많은 질적 연구가 수행되어야 할 것이다.

4. 교원소진의 진행 과정

소진은 점진적으로 진행되는 연속적 개념이므로 소진의 과정을 이해하는 것은 소진이 심각한 수준에 이르기 전에 개입할 수 있다는 점에서 치유와 예방에 도움을 줄 수 있다. 예를 들어, 학업소진의 일반적 과정을 보면, 처음에는 직무에 에너지를 가지고 열성을 다하지만(열성 단계), 시간이 흐르면서 점차 시들해지면서(침체 단계), 여러 난관에 부딪치거나 좌절을 겪게 되고(좌절 단계), 결국에는 더 이

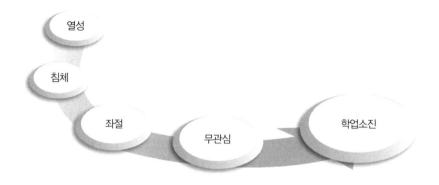

[그림 1-1] 학업소진의 단계(Edelwich & Brodsky, 1980)

상 자신의 직무에 관심이 없어지게 되는(무관심 단계) 일정한 단계를 거치게 된다 (Edelwich & Brodsky, 1980; [그림 1-1] 참조). 교원소진의 과정도 이와 유사한 경로를 따른다고 볼 수 있다.

MBI에 따르면 소진의 세 가지 차원, 즉 정서적 고갈, 비인격화, 낮은 자아성취감이 순차적으로 진행되지만, 이 검사도구는 급진적으로 진행된 소진현상이나 소진의 과정을 벗어난 경우를 설명할 수 없는 한계를 지니고 있다. 소진의 과정을 설명하는 이론으로는 라이터와 말라크(Leiter & Maslach, 1988)의 모델, 골렘뷰스키 등(Golembiewski et al., 1986)의 모델, 리와 애시포스(Lee & Ashforth, 1993)의 모델을 들 수 있다.

1) 라이터와 말라크의 모델

소진의 과정은 일반적으로 MBI의 세 가지 차원이 순차적으로 진행되는 연속성을 지니고 있다. 즉, 높은 수준의 정서적 고갈이 높은 비인간화를 유발하며, 그 결과 개인적 성취감이 저하되는 순서를 따른다.

교직사회에서 교사가 지나치게 높은 직무요구로 인해 스트레스가 높아지면 정

서적으로 지치는 탈진(emotional exhaustion)을 경험하게 되며, 그 결과 대인관계
에서 타인에 대한 냉소적 태도를 가지며 다른 사람과의 접촉을 꺼리게 된다. 이
러한 냉담과 비인간화는 자신의 일과 관련된 죄책감과 좌절을 줄이기 위한 시도
로 간주되며(Cherniss, 1980), 결국 비인간화는 자신의 효능감과 성취감을 약화
및 감소시키게 된다. [그림 1-2]는 라이터와 말라크(Leiter & Maslach, 1988)의
모델을 도식으로 잘 보여 준다.

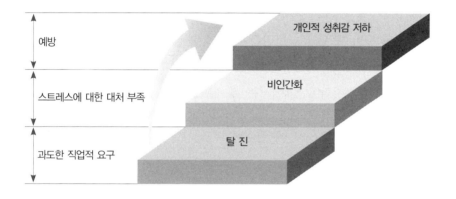

[그림 1-2] 소진 발전 과정(Leiter & Maslach, 1988)

2) 골렘뷰스키 등의 모델

골렘뷰스키 등(Golembiewski et al., 1986)의 모델은 라이터와 말라크(Leiter &
Maslach, 1988)의 모델이 소진의 과정을 벗어나거나 급진적으로 진행되는 소진
현상을 설명하지 못하였기 때문에 이에 대한 대안으로 등장한 모델이다. 이 모델
은 MBI 세 가지 하위요인에 따라 높음과 낮음의 두 가지 차원을 더하여 8단계
로 소진의 발달과정을 설명하는 특징이 있다. 〈표 1-2〉는 골렘뷰스키 등(Golem-
biewski et al., 1986)의 모델의 소진 단계를 나타내고 있다.

〈표 1-2〉 소진 단계(Golembiewski et al., 1986)

	1단계	2단계	3단계	4단계	5단계	6단계	7단계	8단계
비인간화 (냉담)	저	고	저	고	저	고	저	고
성취감 부족 (무능감)	저	저	고	고	저	저	고	고
정서적 탈진	저	고	저	저	고	고	고	고

이 모델에 따르면, 제1단계는 비인간화(냉담), 개인적 성취감 저하(무능감), 정서적 탈진의 수준이 모두 낮으며, 상위 단계로 올라갈수록 소진의 하위요인에서 수준이 높아지다가 마지막 8단계에서는 세 하위요인 모두 수준이 높아진다. [그림 1-3]은 골렘뷰스키 등(Golembiewski et al., 1986)의 모델에 따라 소진의 과정을 보여 주고 있다.

[그림 1-3] 소진 발전 과정(Golembiewski et al., 1986)

이 모델에 따르면 급진적인 소진을 경험하는 사람은 높은 수준의 정서적 고갈을 경험한 후(5단계) 세 가지 하위요인이 모두 소진된 8단계로 발전한다. 이와 반대로 만성적인 소진 경험자는 먼저 비인간화(냉담)가 증가하고(2단계), 개인적 성취감의 저하를 통해(4단계) 정서적 고갈(8단계)에 이른다.

앞에서 설명한 라이터와 말라크(Leiter & Maslach, 1988)의 모델에서는 소진 현상의 초기에 정서적 고갈이 나타나지만, 골렘뷰스키 등(Golembiewski et al., 1986)의 모델에서는 마지막 단계에서 정서적 고갈이 나타나는 특징이 있어 소진의 과정을 설명하는 방식에서 약간의 차이를 엿볼 수 있다.

3) 리와 애시포스의 모델

리와 애시포스(Lee & Ashforth, 1993)의 모델은 라이터와 말라크(Leiter & Maslach, 1988)의 모델을 적용한 것으로 비인간화가 개인의 성취감 저하에 영향을 주는 것이 아니라 정서적 고갈이 개인의 성취감 저하에 직접적으로 영향을 준다고 설명한다. 종단 연구(Lee & Ashforth, 1993)를 통해서 밝혀진 바에 따르면, 정서적 고갈이 낮은 비인간화를 가져오며, 높은 개인적 성취감이 낮은 정서적 고갈과 관련된다. 또한 개인적 성취는 낮은 비인간화와 관련이 있는 것으로 보고 있다. 이러한 연구결과는 높은 개인적 성취감이 높은 정서적 고갈과 관련이 있다는 기존의 연구와는 상반된 결과를 보여 주고 있어 주목을 받고 있다.

이후 타리스 등(Taris et al., 2005)은 소진의 인과적 관계를 연구한 종단 연구에서 높은 수준의 정서적 고갈이 높은 수준의 비인간화와 연관되며 점차 개인적인 성취를 저하시킨다고 하였다. 나아가, 정서적 고갈은 개인적인 성취를 저하시킨다는 결과를 제시하면서 라이터와 말라크(Leiter & Maslach, 1988)의 모델을 부분적으로 입증하였다. 결국 교원소진 현상이 단일한 변인에 의해 규명되기 힘들기 때문에 종단연구를 근거로 하여 타리스 등(Taris et al., 2005)은 라이터와 말라크(Leiter & Maslach, 1988)의 모델과 리와 애시포스(Lee & Ashforth, 1993)의 모델을 절충한 통합모델을 제시하여 교원소진의 다차원적 성격을 규명하고자 시도하였다.

5. 교원의 소진 측정 도구(MBI)

교원소진의 여러 원인 중에서 학생이나 학부모로부터 직접 언어적 · 물리적으로 폭력피해를 입은 교원은 외상 후 스트레스 장애나 우울증과 같은 심각한 정신적 공황 상황에 직면하기도 한다. 이로 인해 교원으로서의 첫 다짐이 약해지고, 사명감이 현저히 떨어지며, 교원으로서의 행복한 가르침을 지속할 수 있는 동력을 잃게 될 수도 있다. 교육활동 중에 교권 침해 및 피해를 입은 교원은 심각한 직무 스트레스를 받게 되며, 이러한 스트레스가 지속되면 결국 교원으로서의 성취감 상실과 더불어 우울증, 낮은 사기, 기대수준 이하의 교육효과, 대인기피, 좌절감, 자존감 상실 등의 증상으로 발전되어 휴직을 하거나 명예퇴직으로 이어질 가능성도 배제할 수 없다. 다수의 경력교사가 교직에서 얻은 고통과 상처로 교단을 떠난다면 이는 국가의 교육력(敎育力) 상실과 직결되는 문제이므로 교육당국은 교원의 사기를 증진시키기 위한 예방과 대책을 마련해야 할 것이다.

이러한 문제를 해결하기 위해서는 교원의 상처와 정신적 소진을 검증된 검사도구를 활용하여 합리적인 진단과 판별을 할 수 있는 체계를 구축하는 일이 시급하다. 즉, 직접적으로 교권 피해나 침해를 입은 교원은 물론 문제의 소지를 잠재적으로 지니고 있는 대다수의 교원에게 예방 차원에서 다양한 치유 프로그램을 개발하여 내면적 상처를 치유할 수 있는 기회를 제공해야 할 필요가 있다.

교사의 심리적 소진의 정도를 측정하는 도구로는 국내외에 널리 사용되는 말라크와 잭슨(Maslach & Jackson, 1981)의 말라크 소진 측정 도구(Maslach Burnout Inventory: MBI)를 들 수 있다. MBI는 국내의 연구자들에 의해서 번안되었으며, 이 중 김정휘(1991)와 김두천(1995)의 검사도구가 비교적 널리 사용되고 있다. 다음 〈표 1-3〉은 김정휘(1991)가 번안한 MBI 소진 측정 도구의 하위문항과 신뢰도를 나타낸 것이다.

〈표 1-3〉 MBI 소진 측정 도구(김정휘, 1991)

심리적 소진 하위문항	문항번호	계	신뢰도(Cronbach α)
정서적 고갈	1, 2, 3, 6, 8, 13, 14, 16, 20	9	.863
비인간화	5, 10, 11, 15, 22	5	.792
성취감 요인	4*, 7*, 9*, 12*, 17*, 18*, 19*, 21*	8	.694
	계	22	.867

* 역채점 문항

MBI는 대인관계로 인해 피로감과 정신적 소모감이 점증되는 정서적 고갈 현상을 측정하기 위한 9문항, 부정적이고 냉소적인 경향의 태도인 비인간화 현상을 측정하기 위한 5문항, 그리고 개인이 자신의 목표를 달성할 수 없다고 느끼는 개인의 성취감 상실을 측정하는 8문항 등 총 22문항으로 구성되어 있다. 각 문항은 5점 리커트 척도(1 = 항상 그렇지 않다, 5 = 항상 그렇다)로 응답하도록 되어 있으며, 총점 범위는 22~110점이며 점수가 높을수록 소진이 높다는 것을 의미한다. 김정휘(1991)의 연구에서 문항별 신뢰도는 정서적 고갈 .863, 비인간화 .792, 성취감 요인 .694이며, 전체적인 신뢰도는 .867이다.

이 연구에서는 김정휘(1991)의 번안본을 토대로 웹 설문지를 개발하여 설문 대상자의 시간과 노력을 절감하고자 하였다. 웹 설문을 통한 자가진단의 장점은 자신의 컴퓨터나 스마트폰을 사용하여 언제 어디서나 쉽고 편하게 설문에 응할 수 있으며, 자율적으로 자신의 소진 정도를 체크하여 회신할 수 있다. 반면, 연수 대상자 선발과 관련지을 경우 피검자가 일부러 검사의 총점을 높게 하여 연수 참여에 선정되기 위한 인위적 조작을 할 개연성을 배제할 수 없다. 이 연구에서는 MBI 검사 결과를 개인별로 총점을 매긴 다음 성별, 학교급별, 교직 경력 등을 고려하여 교원힐링캠프 참석 대상자를 선발하는 데 활용하였다.

제2장

교원힐링스타트 프로그램

1. 프로그램 개요

'교원힐링스타트'는 교원이 안심하고 교육활동에 전념할 수 있는 여건을 마련하기 위한 교육활동 침해 및 피해 교원 진단 및 판별 프로그램을 체계적으로 구축하는 데서 출발하였다. 이를 토대로 교육활동 침해 및 피해 교원의 치유 및 예방 프로그램 개발과 운영을 통하여 교원의 사기 저하, 교육력 하락, 정서적·신체적 소진 등의 문제를 해결하고, 구축된 체계에 의해 지속적 교원치유의 기회를 제공함으로써 '교원의 잘삶(good life)과 행복한 학교문화 창조'에 기여하고자 하였다.

그 목적을 이루기 위하여 우선 소진의 일반적 현상을 파악한 후 교직에서의 교원소진 현상의 원인을 분석하고 다양한 모델에 근거하여 소진의 과정을 이론적으로 고찰하였다. 그다음으로 교원소진 현상을 과학적으로 측정할 수 있는 도구를 찾아내어 그 구성요소와 장단점을 분석한 후 컴퓨터와 웹상에서 상시 활용할수 있는 소진 교원의 진단 및 판별 프로그램을 구축하였다. 그 무엇보다도 심혈을 기울였던 작업은 교육활동과 관련된 상처와 소진으로 인해 특별한 교육 및 상담 처방이 필요한 교원에 대하여 신체적·정서적·정신적·영적 내용으로 구성된 '교육활동 침해 및 피해 교원의 치유 및 예방 프로그램'을 개발하는 일이었다. 그런 다음 전인적 성장과 치유를 목적으로 개발된 프로그램에 따라 대상 인원, 연수기간, 프로그램 내용의 변화를 통한 '힐링캠프'를 실시하여 각 캠프의 만족도와 장단점을 분석하고 최적화 모델을 탐색하였다. 집단이 참여하는 프로그램 외에 여타의 힐링캠프에서 찾기 힘든 교원상담 지원 프로그램(Teacher Assistance Program: TAP)을 도입하여 질적으로 심층면담을 통한 교사의 내면적 고통과 상처에 접근하여 교사 내면의 고민과 상처를 깊게 이해하고자 하였다. 평가와 환류(feedback) 면에서 힐링스타트는 캠프 참여 교원의 만족도 조사를 통한 추수 점검을 실시하고, 캠프 참여 교원을 대상으로 MBI와 SCL-90-R을 사전 및 사후에 실시하여 프로그램의 효과를 객관적으로 검증하고자 시도하였다.

제1장의 5절에서 제시한 MBI와 웹상에서 손쉽게 검사할 수 있는 방안을 개발함과 동시에 SCL-90-R을 병행하여 캠프 참여 교원을 합리적으로 선발하고자

[그림 2-1] 소진 교원의 진단 및 판별 프로그램

하였다. [그림 2-1]은 소진 교원의 진단 및 판별 프로그램을 보여 주고 있다.

SCL-90-R은 간단하면서도 정신 관련 다양한 하위요인을 분석하는 데 장점이 있다. SCL-90-R은 드로가티스 등(Derogatis et al., 1976)이 개발한 'Symptom Checklist-90-Revision(SCL-90-R)'을 우리나라에서 사용할 수 있도록 김광일 등(1984)이 재표준화한 자기보고식 다차원 증상목록 검사다. 총 90개의 문항으로 구성되어 있으며 각 문항은 각각 1개의 심리적인 증상을 포함하고 있다. 검사의 응답자는 오늘을 포함해서 지난 7일 동안 경험한 증상의 정도에 따라 '전혀 없다(0점)'에서 '아주 심하다(4점)'까지의 5점 평점을 하게 되어 있으며, 점수의 합이 낮을수록 정신건강 상태가 좋은 것으로 해석된다. 이 검사는 신체화, 강박증, 대인민감성, 우울, 불안, 적대감, 공포불안, 편집증, 정신증 등 총 9개의 하위유형과 부가적인 증상 척도로 구성되며, 9개의 증상 차원을 구체적으로 살펴보면 다음과 같다.

• 신체화(Somatization: SOM, 12문항)

자율신경계의 영향하에 있는 순환기, 소화기, 호흡기 및 기타 기관의 장애와 두통 등 신체적 기능이상에 대해 주관적으로 호소하는 증상들로 구성된다.

• 강박증(Obsessive-Compulsive: O-C, 10문항)

자신은 원치 않는데도 어쩔 수 없이 되풀이하게 되는 사고, 충동, 행동 등 강박 증상을 반영한다.

• 대인민감성(Interpersonal Sensitivity: I-S, 9문항)

타인과의 관계에서 나타나는 불편감, 부적합감, 열등감 등을 측정한다.

• 우울(Depression: DEP, 13문항)

삶에 대한 관심의 철수, 동기의 결여, 활력의 상실, 절망감, 자살에 대한 생각

등으로 나타나는 기분이나 감정의 저조 등 임상적으로 우울증의 증상과 일치되는 증상들이 포함된다.

• 불안(Anxiety: ANX, 10문항)

신경과민, 긴장, 초조, 두려움, 불안과 관련된 신체적인 증상으로 구성된다.

• 적대감(Hostility: HOS, 6문항)

분노, 공격성, 자극과민성, 격분, 울분 등 부정적인 정서상태를 내포하는 사고, 감정, 행동을 반영한다.

• 공포불안(Phobic Anxiety: PHOB, 7문항)

광장공포증의 정의와 일치하는 것으로 특정한 사람, 장소, 대상 혹은 상황에 대해 지속적이고도 불합리한 두려움이 생겨 회피행동을 하게 되는 상태를 평가한다.

• 편집증(Paranoid Ideation: PAR, 6문항)

편집증적 사고를 평가하는 것으로 투사적 사고, 적대감, 의심, 자율성의 상실에 대한 두려움, 망상 등을 반영하는 내용으로 구성된다.

• 정신증(Psychoticism: PSY, 10문항)

가벼운 대인관계에서의 소원으로부터 정신병의 증상에 이르는 비교적 넓은 영역의 증상을 반영한다. 즉, 고립, 철수, 분열과 같은 생활양식 및 환각과 사고 전파와 같은 정신분열증의 1급 증상들이 포함된다.

• 부가적인 증상(Additional Items, 7문항)

9개의 증상 차원에 포함되어 있지 않고 독립적으로 채점되지도 않으나 실제로는 여러 차원에 부가되어 있어 임상적으로 매우 중요한 의미를 지니고 있는 내용으로 구성된다. 전반적인 정신건강 상태를 나타내는 척도인 표출증상합계(Positive Symptom Total: PST)와 표출증상심도지수(Positive Symptom Distress Index: PSDI)가 여기에 포함된다.

선발절차는 다음 [그림 2-2]와 같다. 우선, MBI에서 선발된 교원에 대하여 2차적으로 SCL-90-R을 우편으로 발송한 다음 90개의 문항으로 된 OMR카드에 체크한 후 그 결과를 이메일, 팩스, 스마트폰으로 회신하도록 하는 것이다. 이 검사의 장점은 90문항으로 개인의 거의 모든 정신상태와 증상을 두루 측정할 수 있고, 20분 정도의 짧은 시간에 검사가 이루어지므로 비교적 손쉽게 사용할 수 있다는 점이다. 교육활동 침해나 피해를 입은 잠재적 교원을 대상으로 좀 더 심층적인 정신검사를 실시함으로써 관찰자가 공유할 수 없는 해당 교원의 주관적인 경험에 접근할 수 있다. 이 검사는 전문적인 도움을 요하는 교권 침해 및 피해 교

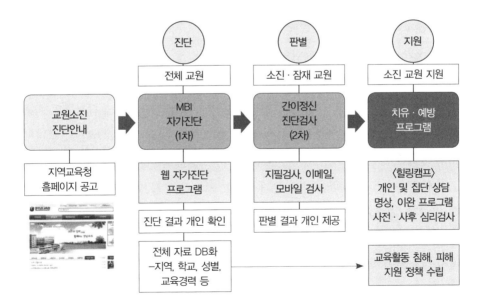

[그림 2-2] 교원소진 진단 및 판별 체계 구축

원을 선별하는 중요한 도구로도 활용이 가능하다. 예를 들어, MBI와 SCL-90-R의 검사결과를 토대로 해당 교원을 전문 치료기관과 연계하여 교원의 상처와 소진을 전문적으로 치유할 수 있다.

힐링스타트는 진단과 판별 외에도 치유 및 예방 프로그램을 계획하여 선발된 교원에게 제공하고, 그 성과를 분석하여 환류 체계를 갖추는 일련의 과정을 포함하고 있다. 개발, 운영, 평가, 환류에 관해서는 이어지는 장들에서 체계적으로 다루고 있다.

2. 프로그램의 이론적 근거와 내용

[그림 2-3]은 교육활동 침해 및 피해 교원 치유 및 예방 프로그램을 개략적으로 보여 주고 있다.

이 프로그램의 내용은 독일의 교육철학자 빌헬름 폰 훔볼트(Wilhelm von Humboldt, 1767-1835)의 인간도야이론(theory of 'Bildung')과 페스탈로치(Pestalozzi, 1746-1827)의 전인교육론에 이론적 근거를 두고 있으며, 이와 더불어 인간의 전인통합치유에 기여할 수 있는 심리학 일반이론, 심리치료, 상담이론, 대체의학, 요가 및 명상, 예술치료, 통합심리학의 다양한 관점을 종합적으로 수용하여 구성된 것이다(강신주, 2013; Botton, 2013; Heidegger, 2010; 엄찬호, 최병욱, 2013; 정혜신, 2013; Wilber, 2010; 조효남, 안희영, 2013; 최훈동, 이송미, 2013).

최우선적으로 인간의 도야를 본격적으로 거론한 훔볼트는 '인간성의 조화로운 발달'을 강조하고 있다는 점에서 인간성의 회복과 치유를 위한 기본 관점을 제공해 준다. 그에 따르면, 신체적 · 인지적 · 정의적 · 도덕적 · 사회적 차원의 능력이 조화롭게 발달할 때 인간의 바람직한 인성이 함양될 수 있다. 이처럼 인간 도야의 과업이 어느 일면에 한정된 것이 아니고 인간발달의 모든 영역과 전체적으로 연관되어 있다면, 인간은 지식과 사고력의 배양에도 힘써야 하지만 정서

심리 · 정서테라피
- 개인심층상담
  (Teacher Assistance Program)
- 색채, 도예, 음악테라피
  (Color, Ceramic, music Therapy)
- 영화, 차, 웃음테라피
  (Cinema, Tea, Laughter Therapy)
- 집단심리상담(Psycho-counseling)

인지테라피
- 에니어그램
  - 자기분석   - 자기이해
  - 자기통찰   - 자기개념 사각
  - 통합적 자기인식
- 힐링 전문가 초청 특강
- 인문학과 잘삶

Healing Start

신체 테라피
- Meditation; Vipassana(호흡명상)
- 힐링테라피
- 댄스테라피
- 풍욕/산림욕 테라피
- 푸드테라피

사전 · 사후 심리진단
- 설문지 검사
  - MBI
  - SCL-90-R

[그림 2-3] 교육활동 침해 및 피해 교원 치유 및 예방 프로그램 개요

적 · 심미적 · 신체적 측면의 고른 발달에 노력을 기울여야 한다.

동일한 맥락에서 교육실천의 아버지라고 할 수 있는 인류의 스승 페스탈로치 또한 손(hand), 마음(heart), 머리(head)의 삼육(三育)을 내세워 인간의 온전한 삶을 위해서는 전인적 성장과 발달이 중요함을 역설하였다. 손에 의한 신체적 도야는 단순한 운동에서 복잡한 기능으로 발전해 간다. 마음에 의한 도덕적 교육에서는 사랑 · 신뢰 · 사고 · 복종심을 길러 주며, 결국 신에 대한 경외심과 복종심을 길러 주는 데까지 나아간다. 머리에 의한 지적 교육은 어두운 직관에서부터 명확한 직관으로 나아가며, 마지막으로 분명한 개념으로 발전한다. 교육의 삼위일체에 해당하는 삼육론을 주장함으로써 페스탈로치는 인지적 · 정의적 · 신체적 능력의 조화로운 발달을 꾀하는 전인교육론에 기틀을 제공하였다. 그의 명제 '삶이 곧 도야한다(Das Leben bildet).'는 실제 삶 속에서 몸과 체험을 통해 체득하는 공부가 인간성 실현에 기여한다는 메시지를 남기고 있다(Klafki, 1991). 이 관점을 교원의 전인통합치유에도 반영하고자 하였다.

통합심리학 혹은 트랜스퍼스널(transpersonal) 심리학을 추구한 켄 윌버(Ken Wilber)는 1973년 『의식의 스펙트럼』에서 서양심리학과 노자의 『도덕경』에서 다분히 영향을 받은 동서의 신비사상을 통합하는 포괄적인 이론 모델을 제출했다. 이는, 자연과학에서 전자파의 스펙트럼·계층 모델을 사용하여 방사선, 적외선, 가시광선과 같은 대역을 구분하듯이, 인간의 의식도 그와 유사한 논리로 설명하려는 창의적인 시도다. 윌버는 인간 의식 전체를 표층부터 순서대로 ① 그림자 레벨, ② 자아 레벨, ③ 생물사회적 레벨, ④ 실존 레벨, ⑤ 초개(超個) 레벨, ⑥ 영원-무한-우주-마음 레벨 등 6개의 레벨로 이루어진 스펙트럼·계층 모델로 보았다.

윌버가 주장하는 트랜스퍼스날 심리학은 첫째, 인간 의식의 성장은 자아 이전(prepersonal)에서 자아의 확립 또는 자기실현이라는 말로 표현되는 개인성(personal)의 레벨에서 정점에 이르는 것이 아니라, 타자-인류-전 생명-우주와의 정체성의 확립, 즉 '자기초월(transpersonal)'의 레벨에까지 도달할 수 있다. 둘째, 마음의 모든 영역을 포착하는 구조 모델로서 의식과 개인적 무의식 외에 인류의 과거에 관한 집합적 무의식과, 미래의 가능성에 관한 집합적 무의식 또는 초의식의 영역을 인정한다. 셋째, 인간적 성장은 적절한 테라피나 수행의 실천에 의해서 촉진할 수 있다는, 세 가지 주장으로 요약해 볼 수 있다(종교학대사전, 1998). 비단 인간의식의 개인적 차원, 즉 몸과 마음을 넘어 집합 무의식과 초의식의 고차적 차원에 이르기까지 하나의 통합비전을 제시하려는 윌버의 사상은 전인통합치유의 이론과 실제에 주는 시사점이 적지 않다.

이와 같이 '조화로운 인간성의 발달' '전인적 성장과 발달' '개인의 의식, 집단 무의식, 초의식의 수행'이라는 근본적이면서도 미래 지향적인 이론에서 전인통합치유의 근거를 찾아 인간의 치유 영역을 심리·정서테라피, 신체테라피, 인지테라피 세 영역으로 구분하여 교원 치유 프로그램을 구성하였다.

세 영역 중에서도 감정과 정서의 치유가 중요하다고 판단하여 정서적 소진으로부터 교원의 심리적 안녕과 정서적 안정을 가져오기 위한 다양한 심리·정서테라피 기법과 상담을 프로그램의 내용으로 구성하였다. 정서적 영역으로는 게

슈탈트 심리치료, 색채테라피, 도예테라피, 음악테라피, 영화테라피, 차(茶)테라피, 집단상담, 개인심층상담을 들 수 있다.

마음과 몸은 하나로 연결되어 있으며, 그 치유 또한 몸의 치유와 나란히 가야 한다. 그 배경에서 몸의 기력을 회복하고 신체적 안정을 위한 신체테라피 내용으로 호흡명상, 힐링테라피, 댄스테라피, 풍욕, 삼림욕, 푸드테라피를 선정하였다.

인간의 근본적인 치유가 결국 사고방식의 변화와 두뇌의 혁신을 통해서 이루어진다는 기본 전제를 바탕으로 인지 테라피 내용을 구성하였다. 대표적으로 에니어그램, 힐링 전문가 초청 특강, 인문학과 잘삶 등과 같은 상담이론, 대체의학, 교육철학의 관점을 교원치유와 접목하려고 시도하였다. 〈표 2-1〉은 교육활동 침해 및 피해 교원 치유·예방 프로그램의 내용을 목표와 활동 중심으로 정리한 것이다.

〈표 2-1〉 교육활동 침해 및 피해 교원 치유·예방 프로그램

구 분	프로그램	목 표	활동 내용
심리·정서 테라피	게슈탈트 심리치료	스스로 성장하도록 하는 것, 자신의 삶을 지혜롭게 헤쳐 나가며 책임감을 갖도록 도와줌	욕구와 감정의 자각, 신체자각, 언어자각, 자기 부분들 간의 대화 등
	색채테라피	색채 감각과 표현 활동을 통하여 내담자의 무의식 속에 있는 내적 심상과 자신만의 색채를 찾아 심신의 균형을 찾도록 도와줌	아우라 누리에 채색, 색채분석, 컬러차트, 컬러칩, 퍼스널 컬러 경향성 분석 등
	도예테라피	도예활동을 통하여 내담자의 내외적 세계 간의 조화를 이루고 성취감 고취로 자아 성장과 회복에 도움을 줌	나만의 머그 만들기, 핀칭기법, 롤링기법, 손 물레기법 등
	음악테라피	음악을 단계적으로 사용하여 내담자의 정신과 신체 건강을 복원·유지·향상시키는 데 도움을 줌	타악기, 현악기 등 악기 연주, 다양한 음악 장르 감상, 힐링 콘서트 개최 등

심리·정서 테라피	영화테라피	심리치료의 수단으로 영화감상을 활용하여 문제를 재구조화하고 역할모델을 제공함으로써 내담자의 심리적 갈등 완화에 도움을 줌	인간의 내면세계를 잘 다룬 영화 감상 등
	차(茶)테라피	명상 및 차의 약리적 효과를 통하여 내담자의 몸과 마음의 괴로움을 완화시키고 긍정적인 삶의 자세를 갖도록 도움을 줌	다도, 차훈명상, 오감을 활용한 여러 가지 차(茶)테라피 활동 등
	집단심리상담	개인의 사회적 통합의 해결에 필요한 태도와 자기관리 능력을 습득하고 대인관계 기술을 향상시키도록 도움을 줌	경청, 공감능력 향상 활동, 자기이해·타인이해 활동 등
	개인심층상담	개인의 자아개념을 바꾸도록 돕고, 자신의 학교 생활양식과 교육적 상황을 이해하도록 도움을 줌	교육전문가와의 면대면 상담을 통해 소진 원인 진단과 대처 능력 강화
신체 테라피	호흡명상	뇌에 의식을 집중하는 과정을 통해 중추신경계의 흐름을 원활하게 함으로써 내담자의 온몸 균형을 회복시키도록 도움을 줌	뇌에 의식을 집중함으로써 혈액을 비롯해 생명에너지(기) 순환을 원활하게 만드는 '에너지 호흡법' 활동 등
	힐링테라피	참여 교원이 서로 맨손으로 사랑의 기운을 전달하는 활동을 통하여 서로의 몸과 마음이 정화되도록 도움을 줌	명상과 이완, 사랑주기 활동, 사랑의 기운 전달하기 등
	댄스테라피	움직임과 상호작용을 통하여 참여 교원의 일상적인 자각과 내부에 존재하는 무의식적인 정신과정을 이해하도록 도움을 줌	전문치료사와의 움직임을 통한 상호작용 활동 등
	풍욕/산림욕	적송이 가득한 산책로를 걸어서 체내 에너지가 활성화되고 노폐물을 배출시킴으로써 교원의 체력을 기르고 마음을 정화하는 데 도움을 줌	산책로(1시간, 30분, 삼림욕 코스 등)에서 산책과 삼림욕 활동 등

신체 테라피	푸드테라피	유기농 자연주의 식단을 통하여 참여 교원의 심신의 건강을 회복하는 데 도움을 줌	유기농 식단, 자연주의 식단, 자연 발효식품 섭취 등
인지 테라피	에니어그램	자기를 관찰하고 이해하여 궁극적으로 삶의 변화를 유도하는 유용한 도구를 활용하여, 영성적 삶으로 안내할 뿐만 아니라 궁극적으로 전 생애를 통하여 자아통합을 이루는 인생을 지향하도록 함으로써 참여 교원의 인지치료에 도움을 줌	자기분석과 자기이해, 자기통찰과 자기개념 자각을 통한 통합적 자기인식 활동 등
	힐링 전문가 초청 특강	힐링 전문가를 초청하여 특강 및 상담을 진행함으로써 피해 교원의 정서적 안정에 도움을 줌	힐링 전문가 초청 특강, 상담 프로그램 운영 등
	인문학과 잘삶	마음을 살아 있게 만드는 인문학을 통해 인간의 잘삶과 자기이해의 장을 마련하여 '관조하는 삶'을 살도록 도와줌	인문고전 읽기와 토론, 자아이해와 성찰을 위한 활동 등

이 프로그램의 특징적 요소 중의 하나는 여타의 교원 치유 프로그램과 달리 개인심층상담으로서 TAP를 시범적으로 도입하여 운영하였다는 점이다. TAP는 교사의 심리적·정서적 안정을 원조하기 위한 프로그램으로 직무 스트레스, 우울증, 학교폭력 등 교사의 다양한 고민과 상처에 대해 교육전문가로부터 직접 '상담 및 코칭'을 받을 수 있는 서비스다. 그 운영방식은 교육학 전문가의 주관하에 교사가 가지고 있는 학교 안팎의 직무 스트레스나 우울증과 같은 심리적 문제, 학교폭력, 대인관계 문제를 면대면·전화·이메일 등 다양한 방식으로 심층상담하고 문제해결을 모색해 나아가는 방식이다.

〈표 2-2〉 TAP의 개념과 운영방식

	개인심층상담으로서의 TAP
개념	교사의 심리적·정서적 안정을 지원하기 위한 프로그램으로 직무 스트레스, 우울증, 학교폭력 등 다양한 교사의 고민에 대해 교육전문가로부터 상담 및 코칭을 받을 수 있는 서비스
운영방식	교육학 전문가와 면대면·전화·이메일 등 다양한 방식으로 상담 및 코칭 제공
유의사항	개인심층상담은 프로그램 시작과 함께 개별적으로 신청, 상담할 수 있도록 유도

3. 교원힐링스타트 캠프 운영

1) 교원힐링스타트 캠프 1: 나의 길 회복 여행(2박 3일 A형)

처음으로 시작된 2박 3일간 '나의 길 회복 여행'에서 교사로서의 첫걸음 시절을 회상하도록 하고, 교육활동 중에 입은 정신적 피해에서 벗어날 수 있도록 힘과 용기를 북돋아 주고자 하였다. 프로그램 내용은 앞서 구성한 심리·정서테라피, 신체테라피, 인지테라피 프로그램을 조화롭게 제공하여 참여 교원의 심리적·정서적 안정과 함께 신체적 리듬을 회복하고, 인지적으로도 자아존중감과 자신감을 회복하는 데 도움을 주고자 하였다. 〈표 2-3〉은 2박 3일 A형 '나의 길 회복 여행' 교육 일정 및 프로그램을 보여 주고 있다.

〈표 2-3〉 2박 3일 A형 교육 일정 및 프로그램

시간＼날짜	1월 6일(월)	1월 7일(화)		1월 8일(수)
07:00~07:50		기상 및 개인명상		
08:00~08:50		유기농 아침식사		
09:00~10:20	등 록	인문학과 잘삶 1		인문학과 잘삶 2
10:30~11:20	개강식 및 연수 안내	풍욕/삼림욕 1		풍욕/삼림욕 2
11:30~12:50	에니어그램 1 나를 찾아 떠나는 여행	에니어그램 2 나의 길을 따라가는 여행		사후 심리검사 설문지 및 소감 발표 수료식
13:00~13:50	유기농 점심식사			
14:00~14:50	휴(休) - 차테라피	댄스테라피	개인심층 상담 TAP	
15:00~16:50	웃음치료			
17:00~17:50	힐링테라피 - 명상과 이완	힐링 전문가 초청 특강		
18:00~18:50	유기농 저녁식사			
19:00~20:50	도예치료	색채치료		
21:00~	인원 점검 및 취침			

A형 프로그램의 전반적 내용에서 볼 수 있듯이, 첫 프로그램은 참여 대상자의 처지를 고려하지 않은 채 일정을 지나치게 빠듯하게 잡다 보니 치유(healing)가 아니라 사람잡는 격이 되고 말았다. 이로 인해 교사가 지치고, 불만도 터져 나왔다. 이후 참여 교원의 요구를 반영하여 프로그램을 수정하였다.

2) 교원힐링스타트 캠프 2: 나의 마음 회복 여행 休(2박 3일 B형)

두 번째 캠프에서는 2박 3일 간 '나의 마음 회복 여행'을 통하여 교사로서의 사명감과 가르침에 대한 숭고함을 회상하도록 하고, 교육활동 중에 입은 정신적 피해로부터 벗어나 새로운 힘과 용기를 얻도록 하였다. 근본 취지는 첫 번째 캠프와 같았으나, 철저히 '쉼(休)'에 초점을 두고 프로그램을 진행하였다. 〈표 2-4〉는 2박 3일 B형 '나의 마음 회복 여행' 교육 일정 및 프로그램을 보여 주고 있다.

〈표 2-4〉 2박 3일 B형 교육 일정 및 프로그램

날짜 / 시간	1월 9일(목)	1월 10일(금)		1월 11일(토)
07:00~ 07:50		기상 및 개인명상		
08:00~ 08:50		유기농 아침식사		
09:00~ 10:20	등 록	집단심리상담 1		집단심리상담 2
10:30~ 11:20	개강식 및 연수 안내	풍욕/삼림욕 1		풍욕/삼림욕 2
11:30~ 12:50	에니어그램 1 나를 찾아 떠나는 여행	에니어그램 2 나의 길을 따라가는 여행		사후 심리검사 설문지 및 소감 발표 수료식
13:00~ 13:50		유기농 점심식사		
14:00~ 14:50	휴(休) – 차테라피	보성녹차 해수탕	개인심층 상담 TAP	
15:00~ 16:50	힐링 전문가 특강			
17:00~ 17:50	힐링테라피 – 명상과 이완			
18:00~ 18:50		유기농 저녁식사		
19:00~ 20:50	도예치료	힐링 콘서트		
21:00~		인원 점검 및 취침		

2박 3일 B형에서는 다소 지루하게 느꼈던 인문학 강의 대신 서로 내면의 이야기를 나눌 수 있는 집단상담 프로그램을 신설하였고, 해수녹차탕에 몸을 담근 채 피로와 스트레스를 날릴 수 있는 기회도 제공하였다. 인근 해수녹차탕이 치유센터와 거리가 떨어져 있어서 버스를 대여해야 하는 수고와 목욕을 원하지 않은 교원이 있어서 특별한 배려를 해야 하는 어려움이 있었으나 프로그램상의 획기적 발상은 전반적으로 좋은 평을 얻었다. 저녁시간에도 인지 프로그램을 하는 대신 가벼운 힐링 콘서트를 개최하여 교원의 향수를 자극하고 잠시나마 감성이 충만한 시간을 제공할 수 있게 되어 프로그램 자체가 주는 짐에서 벗어날 수 있었다.

3) 교원힐링스타트 캠프 3: 내적 치유 여행(3박 4일)

세 번째로 시행된 3박 4일간 힐링캠프에서는 '내적 치유 여행'을 통하여 교육활동 중에 입은 정신적 · 신체적 피해를 회복하고, 교권 침해 및 피해로부터 야기될 수 있는 외상 후 스트레스 장애(PTSD) 및 우울증을 치유하는 데 초점을 두고 프로그램을 진행하였다. 이 프로그램 또한 앞서 언급한 프로그램과 유사하게 심리 · 정서, 신체 및 인지 테라피 프로그램을 심층적으로 구성하여 전인통합치유를 실시하는 것이었다. 참여 교원이 전인통합치유를 통하여 심리 · 정서적으로 안정되고, 신체적 리듬을 회복하는 것은 물론 인지적으로도 자신감을 회복할 수 있도록 하고, 한걸음 더 나아가 PTSD 및 우울증 해소에 도움을 받도록 프로그램을 운영하였다.

두 차례의 실험적 운영에서 얻은 교훈은 실로 컸다. 생각보다 효과가 적었던 차 테라피 시간을 축소하고 자유시간을 늘려 쉬거나, 동료교원과 학교생활에서 겪는 고민거리를 서로 이야기할 수 있는 기회를 제공하였다. 저녁 프로그램에서는 강의보다는 주로 체험활동 위주로 프로그램을 운영해 나가기로 하고, 도예와 색채 치료에서는 모둠별 작품을 만들거나 개인 작품을 제작하여 나중에 소장하도록 하였다. 힐링 콘서트에서는 노래를 그냥 수동적으로 듣는 것이 아니라 직접 따라서 부르기도 하고, 신나는 노래에 맞춰 율동을 하거나 목청껏 노래를 부를 수 있도록 하였다. 운영의 묘를 살리면서 참여 교원이 저녁에도 졸지 않고, 오히려 프로그램에 신명 나게 참여하고 뭔가 새로운 의미를 찾을 수 있는 계기가 되었다. 〈표 2-5〉는 3박 4일 '내적 치유 여행' 교육 일정 및 프로그램을 보여 주고 있다.

〈표 2-5〉 3박 4일 교육 일정 및 프로그램

시간 ＼ 날짜	1월 13일(월)	1월 14일(화)	1월 15일(수)	1월 16일(목)
07:00 ~ 07:50		기상 및 개인명상		
08:00 ~ 08:50		유기농 아침식사		
09:00 ~ 10:20	등 록	집단심리상담 1	인문학과 잘삶	집단심리상담 2
10:30 ~ 11:20	개강식 및 연수 안내	풍욕/삼림욕 1	풍욕/삼림욕 2	풍욕/삼림욕 3
11:30 ~ 12:50	에니어그램 1 나를 찾아 떠나는 여행	에니어그램 2 나의 길을 따라가는 여행	에니어그램 3 너와 내가 함께 하는 여행	사후 심리검사 설문지 및 소감 발표 / 수료식
13:00 ~ 13:50	유기농 점심식사			
14:00 ~ 14:50	휴(休) – 차테라피 1	휴(休) – 차테라피 2	휴(休) – 차테라피 3	
15:00 ~ 16:50	웃음치료	힐링 전문가 특강	게슈탈트 심리치료	개인심층 상담 TAP
17:00 ~ 17:50	힐링테라피 1 – 명상과 이완	힐링테라피 2 – 명상과 이완	댄스 테라피	
18:00 ~ 18:50	유기농 저녁식사			
19:00 ~ 20:50	도예치료	색채치료	힐링 콘서트	
21:00 ~	인원 점검 및 취침			

4) 교원힐링스타트 캠프 4: 리나센떼 여행(4박 5일)

네 번째 캠프는 4박 5일간 '리나센떼 여행'을 통하여 교육활동 중에 입은 정신적 · 신체적 피해를 회복하고, 소진에서 회복되도록 도와줌으로써, 새롭게 재생(리나센떼)된 마음으로 교육현장에 복귀할 수 있도록 도움을 주기 위하여 마련된

〈표 2-6〉 4박 5일 교육 일정 및 프로그램

날짜 시간	1월 20일(월)	1월 21일(화)	1월 22일(수)	1월 23일(목)	1월 24일(금)
07:00~ 07:50		기상 및 개인명상			
08:00~ 08:50		유기농 아침식사			
09:00~ 10:20	등록	인문학과 잘삶 1	집단심리 상담 1	인문학과 잘삶 2	집단심리 상담 2
10:30~ 11:20	개강식 및 연수 안내	풍욕/삼림욕 1	풍욕/삼림욕 2	풍욕/삼림욕 3	풍욕/삼림욕 4
11:30~ 12:50	에니어그램 1 나를 찾아 떠나는 여행	에니어그램 2 나의 길을 따라가는 여행	에니어그램 3 너와 내가 함께하는 여행	에니어그램 4 통합으로 가는 여행	사후 심리검사 설문지, 소감문 발표 수료식
13:00~ 13:50		유기농 점심식사			
14:00~ 14:50	휴(休) – 차테라피 1	휴(休) – 차테라피 2	보성녹차 해수탕	휴(休) – 차테라피 3	
15:00~ 16:50	웃음치료	힐링 전문가 특강		게슈탈트 심리치료	개인 심층
17:00~ 17:50	힐링테라피 1 – 명상과 이완	힐링테라피 2 – 명상과 이완		댄스 테라피	상담 TAP
18:00~ 18:50		유기농 저녁식사			
19:00~ 20:50	도예치료	색채치료	영화로 떠나는 마음 산책	힐링 콘서트	
21:00~		인원 점검 및 취침			

것이었다. 이 프로그램은 전인통합치유의 기본 원리에 따라 심리·정서, 신체 및 인지 테라피 관련 프로그램을 조화롭게 구성하고, 소진으로부터 심신의 안정을 찾게 하는 것은 물론 사기와 자신감을 불어넣어 교사로서의 삶을 근본적으로 재생시킬 수 있는 내용을 포함하고 있다. 〈표 2-6〉은 4박 5일간의 '리나센떼 여행' 교육 일정 및 프로그램을 나타내고 있다.

캠프기간을 길게 설정한 것은 지친 교원에게 가급적 오랜 시간 동안의 쉼과 여유를 제공하고, 필요한 경우 프로그램의 심화를 가능하도록 하고자 함이었다. 치유의 시간을 길게 하는 것이 유리할 것이라는 당초 예상과는 달리 참여 교원은 3일째가 되면서 오히려 가정과 학교를 염려하기 시작하였고, 일부 교사는 과정 중에 이미 퇴소시간을 묻기도 하였다. 여기서 얻은 한 가지 중요한 결론은 치유를 위한 캠프의 기간이 너무 길면 만족도가 오히려 낮아진다는 사실이었다.

4. 관리 운영 방안

1) 개인정보 보호 대책

캠프 사전 준비 과정에서 교육활동 침해 및 피해 교원 판별을 위해 교원을 대상으로 설문조사를 실시하였다. 이때 참여 교원의 개인정보를 보호하고자 설문조사 결과에 대한 점수와 판별은 담당 전문가가 직접 실시하였고, 판별 결과는 개인정보 보호 차원에서 담당 전문가, 해당 교원 및 학교장에게만 공개하도록 사전에 조치하였다.

캠프가 실시되는 과정에서도 개인정보 보호 대책이 마련되었다. 캠프에 참여하는 전문가, 강사진 및 진행 보조원 등 참여 인원 전원에게 캠프 시작 전에 일정 양식으로 작성된 보안서약서에 자필 서명하도록 함으로써 개인정보 보호를 위한 기초 방안을 마련하였다. 캠프에 참여하는 교원의 이름과 소속을 제외한 어떠한

정보도 참여 교원 및 운영 보조진에 공개되지 않도록 하였고, 설문조사 결과에 대한 점수와 판별 결과는 개인정보 보호 차원에서 담당 전문가가 철저하게 보안을 유지하도록 조치하였다.

캠프 운영 후 사후 관리 기간에도 개인정보 보호 대책이 수립되었다. 캠프에 참여한 교원이 캠프에서 수행한 내용과 결과 및 사전·사후 심리진단 결과는 개인정보 보호 차원에서 담당 전문가가 보안을 유지하도록 조치하였다.

2) 캠프 운영 시의 비상사태, 돌발상황 및 안전대책

교원힐링스타트 캠프 내에 캠프 운영 시의 비상사태, 돌발상황 및 안전대책을 담당할 '응급안전 대처 TFT'를 구성하여 운영하였다. 응급안전 TFT에는 응급안전 요원으로 간호사, 응급구조사 등 국가보건의료인과 국가시험원 자격 보유자가 상시 참여함으로써 캠프 운영 시의 비상사태, 돌발상황 및 안전대책을 주도적으로 처리할 수 있는 시스템을 구축하였다. 캠프 수행 시, 20~30명 내외의 교원이 참여하기 때문에 안전하고 편안한 캠프 진행을 위하여 5명 내외의 코디네이터를 상시 대기하도록 하여 지원과 보조를 하였다.

교원힐링스타트 캠프 장소인 전인치유센터와 연계된 인접 병원에 캠프 운영 시의 비상사태, 돌발상황 및 안전대책을 신속히 처리할 수 있는 시스템을 구축하였다. 응급환자 발생을 대비하고자 인근 전남대학교 화순병원, 보성 아산병원에 응급처치가 가능하도록 협조를 요청하였고, 산골 지역이라 동절기 천재지변(폭설)에 의한 돌발상황이 우려되어 센터 진입이 어려울 경우 자체 승합차로 수송체계를 갖추어 대비하였다.

5. 성과 분석

1) 참여 교원 대상 만족도 조사 실시

(1) 만족도 조사 설문지 개발 및 적용

만족도 조사 설문지는 전라남도교육청 교원 직무연수와 밀접한 관련이 있으므로 교원치유 자체 프로그램에 대한 만족도와 직무연수 만족도 요구를 모두 충족하는 방향으로 개발하였다. 만족도 조사 설문지의 제목은 'Healing Start 교원 직무 연수 만족도 설문지'라고 칭하고, 두 가지 관점에서 교원의 만족도를 조사하도록 내용을 구성하였다. 인구학적 변인은 상단에 성별과 교육 경력을 표시하도록 제시하여 성별, 교육 경력에 따른 만족도 경향성을 파악하고자 설계하였다.

만족도 설문 내용으로는 연수 프로그램 전반, 연수 프로그램 내용, 강사 선정의 적절성, 연수 방법의 효율성, 캠프 운영진, 캠프 시설 및 환경, 캠프 생활 중 숙식 사항에 관한 설문을 표로 만들어서 체크하도록 하였다. 'Healing Start 교원 직무 연수'의 지속 가능성을 묻는 설문에서는 동료교원에게 동일한 직무 연수를 추천할 것인지에 관한 내용을 추가로 설문하였다. 그와 더불어 프로그램의 내용을 개선하기 위해서 도움이 되거나 바람직하다고 생각되는 교육 과목과 그렇지 않은 교육 과목을 직접 기술하도록 주관식 설문을 구성하여 제시하도록 하였다. 개방형 물음으로는 향후 'Healing Start 교원 직무 연수'에 개설하면 좋은 프로그램이나 주제를 자유롭게 기술하도록 하여 추후 시사점을 얻고자 하였고, 'Healing Start 교원 직무 연수'와 관련된 건의 사항을 자유롭게 기술하도록 하여 연수 참가자들의 다양한 의견을 경청하고자 하였다.

만족도 설문지는 매 캠프가 종결되는 시점에 실시하여 캠프 참가자가 전체 과정을 돌아보며 평가를 내리도록 하였다. 만족도 조사 외에도 캠프 운영에 관한 피드백은 프로그램 내에서 소감문 발표를 통하여, 캠프 종료 후 이메일로 보내 준 소감문을 통해 다양한 방식으로 이루어졌다.

(2) 만족도 조사 결과

2박 3일 A형에 대한 교원의 연수 프로그램 전반에 대한 만족도는 매우 만족 60%, 만족 25%, 보통 15%로 85%가 만족한 것으로 응답하였고, 불만이나 매우 불만족에 응답한 교원은 한 명도 나오지 않았다. 이를 좀 더 구체적으로 보면, 프로그램 내용 만족도 84%, 강사 선정의 적절성 90%, 연수 방법의 효율성 80%, 캠프 운영진 만족도 96%, 캠프 시설 및 환경 만족도 93%, 숙식 만족도 100%, 동료교원에게 추천 의향 100%로 나타났다. 크게 도움이 되었거나 지속 가능한 프로그램으로는 응답 교원 30명 중 13명이 댄스테라피를, 12명이 '인문학과 잘삶'을 추천하였고, 이와는 달리 도움이 적다고 생각되는 프로그램으로 11명이 도예테라피를, 8명이 힐링 전문가 특강을 꼽았다. 향후 개설하면 좋을 프로그램이나 주제로는 기체조, 뇌호흡, 원예테라피, 연극테라피, 예술테라피 등을 희망하였고, 교사들만의 충분한 대화와 토론의 시간을 보장하는 소집단 활동을 요청하기도 하였다. 교원의 건의사항으로는 프로그램 일정을 느슨하게 조정해 달라는 의견, 2박 3일 이상의 캠프 운영이 필요하다는 의견, 야간시간을 자유시간으로 하자는 의견, 교육공간이 비좁다는 의견, 소규모 밴드를 통한 노래 부르기와 같은 음악테라피 추가에 관한 의견 등이 다양하게 개진되었다.

2박 3일 B형에 대한 교원의 연수 프로그램 전반에 대한 만족도는 매우 만족 48%, 만족 37%, 보통 11%로 85%가 만족 이상으로 응답하였고, 이례적으로 매우 불만족에도 1명(4%)이 응답하였다. 이를 좀 더 구체적으로 보면, 프로그램 내용 만족도 85%, 강사 선정의 적절성 77%, 연수 방법의 효율성 85%, 캠프 운영진 만족도 96%, 캠프 시설 및 환경 만족도 78%, 숙식 만족도 78%, 동료교원에게 추천 의향 78%로 나타났다. 2박 3일 A형에 비해 시설과 환경, 숙식 만족도와 동료 추천 의향이 현저하게 낮아 대조를 보이고 있다. 크게 도움이 되었거나 지속 가능한 프로그램으로는 응답 교원 27명 중 21명이 에니어그램을, 9명이 각각 힐링 콘서트와 힐링테라피를 추천하였고, 이와는 달리 도움이 적다고 생각되는 프로 그램으로 11명이 힐링 콘서트를, 11명이 힐링 전문가 특강을 꼽았다. 여기서 힐 링 콘서트에 대한 선호도가 분명하게 엇갈리는 것을 볼 수 있다. 향후 개설하면 좋을 프로그램이나 주제로는 웃음테라피, 힐링명상, 역할극, 댄스 프로그램을 추 천하였고, 심화 과정 개설로 추후 더 깊은 치유와 명상의 시간을 원하는 교원도 다수 있었다. 참여 교원은 건의사항으로 캠프장소로 종교시설을 배제하는 문제, 야간 프로그램을 폐지하는 문제, 프로그램에서 종교적 색채를 없애는 문제, 프로 그램 외에 개인적 담화와 친교의 시간을 확대하는 문제 등을 거론하였다.

　3박 4일형에 대한 교원의 연수 프로그램 전반에 대한 만족도는 매우 만족 75%, 만족 20%, 보통 5%로 95%가 만족한 것으로 응답하여 최고치를 기록하였 고, 불만이나 매우 불만족에 응답한 교원은 한 명도 나오지 않았다. 이를 좀 더 구체적으로 보면, 프로그램 내용 만족도 95%, 강사 선정의 적절성 95%, 연수 방 법의 효율성 85%, 캠프 운영진 만족도 100%, 캠프 시설 및 환경 만족도 100%, 숙식 만족도 100%, 동료교원에게 추천 의향 95%로 나타났다. 전반적으로 볼 때 세 번째 유형에서 만족도가 가장 높게 나왔으며, 운영진, 시설과 환경, 숙식 등에 서는 매우 만족한 것으로 조사되었다. 크게 도움이 되었거나 지속 가능한 프로그 램으로는 응답 교원 20명 중 14명이 에니어그램을, 11명이 댄스테라피를 추천하 였고, 이와는 달리 도움이 적다고 생각되는 프로그램으로는 도예테라피와 웃음 테라피가 각각 4명으로 비교적 낮게 나타났다. 향후 개설하면 좋을 프로그램이나 주제로는 녹차해수탕, 노작교육 관련 프로그램, 자유토론, 다도 프로그램 등을 추 천하였다. 교원의 건의사항으로는 다수의 교원이 심화 과정 개설을 요청하였고, 이 외에도 넓은 치유 공간의 필요성, 연수 기간 중 휴식 시간 확대 조정, 개인의 충분한 자유시간 허용 등을 꼽았다.

　4박 5일형에 대한 교원의 연수 프로그램 전반에 대한 만족도는 매우 만족 60%, 만족 25%, 보통 15%로 85%가 만족 이상으로 응답하였고, 불만이나 매우 불만족에 응답한 교원은 한 명도 나오지 않았다. 이를 좀 더 구체적으로 보면 프로그램 내용 만족도 85%, 강사 선정의 적절성 75%, 연수 방법의 효율성 75%, 캠프 운영진 만족도 95%, 캠프 시설 및 환경 만족도 95%, 숙식 만족도 95%, 동료 교원에게 추천 의향 95%로 나타났다. 크게 도움이 되었거나 지속 가능한 프로그램으로는 응답 교원 20명 중 16명이 에니어그램을, 9명이 댄스테라피를 추천하였고, 이와는 달리 도움이 적다고 생각되는 프로그램으로는 힐링 전문가 특강이 10명으로 가장 높게 나타났다. 향후 개설하면 좋을 프로그램이나 주제로는 역할극, 개별적 자율 활동 시간, 염색테라피, 심층 개별 상담, 건강체조, 댄스테라피 등을 추천하였다. 댄스테라피를 위해서는 좀 더 충분한 시간과 공간이 필요하다는 점을 교원이 일깨워 주었다. 교원의 건의사항으로는 체험 위주 프로그램 운영, 심화 과정 개설, 연령별 프로그램 운영, 지역별 캠프 운영, 체험 위주의 도예테라피 등을 꼽았다. 예를 들어, 도예테라피는 점토를 만지고 작품을 만드는 단계에서 머물 것이 아니라 직접 공방에 가서 유약을 바르고, 화덕에 도자기를 구운 다음 나중에 완성된 작품을 제작자가 직접 선물로 가져갈 수 있는 체험 과정으로 운영해 달라는 주문을 한 것으로 볼 수 있다.

(3) 논의 및 시사점

연수 프로그램 전반에 대하여 참여 교원은 85% 이상이 만족한 것으로 나타났다. 특히 3박 4일 캠프에서는 95%의 만족도를 보이고 있어 연수기간 설정에서 최적의 형식임이 입증되었다. 〈표 2-7〉 캠프 유형별 연수 프로그램 전반에 대한 만족도를 비교한 것이다.

〈표 2–7〉 캠프 유형별 연수 프로그램 전반에 대한 만족도 비교

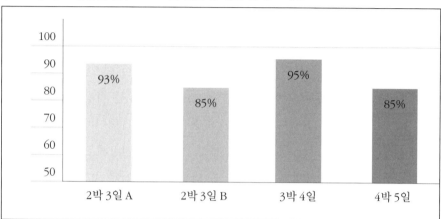

연수 프로그램의 내용에 관해서도 참여 교원은 85% 이상의 만족도를 나타내
향후 인간도야론과 전인교육론에 근거한 신체적·정서적·인지적 전인통합치유
프로그램이 지속적 발전 가능성이 있음을 시사해 주었다. 〈표 2-8〉은 캠프 유형
별 연수 프로그램 내용에 대한 만족도를 비교한 것이다.

〈표 2–8〉 캠프 유형별 연수 프로그램 내용에 대한 만족도 비교

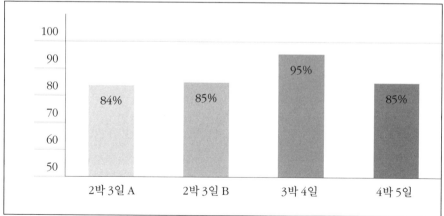

　　강사 선정의 적절성에 관해서는 77%에서 95%에 이르기까지 캠프별로 편차가 있었다. 이 점은 강사의 다양성 확보가 얼마나 중요한지를 새삼 일깨워 주는 조사결과로 해석해 볼 수 있다. 〈표 2-9〉는 캠프 유형별 강사 선정의 적절성에 대한 만족도를 비교한 것이다.

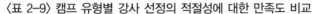

〈표 2-9〉 캠프 유형별 강사 선정의 적절성에 대한 만족도 비교

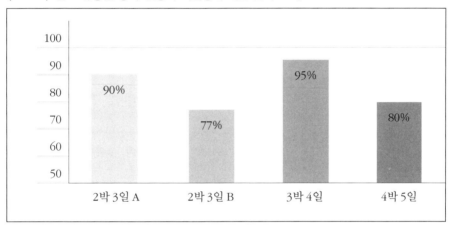

　　연수 방법의 효율성에 관해서는 참여 교원의 85% 이상이 고루 만족한 것으로 나타났다. 강의, 개인 및 집단 상담, 각종 테라피, 삼림욕 등 다양한 내용과 방법으로 연수를 진행한 결과 만족한 결과를 가져온 것으로 해석해 볼 수 있다. 〈표 2-10〉는 캠프 유형별 연수 방법의 효율성에 대한 만족도를 비교한 것이다.

〈표 2-10〉 캠프 유형별 연수 방법의 효율성에 대한 만족도 비교

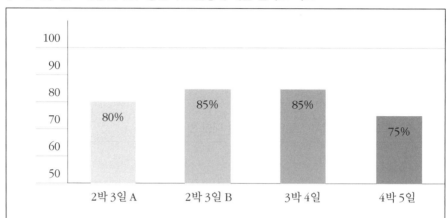

캠프 운영진에 관해서는 2박 3일과 4박 5일 캠프 참여 교원의 95% 이상이, 3박 4일 캠프에서는 100% 만족도를 보였다. 이는 캠프진의 역할 분담과 신속하고 유기적인 협조 체제와 서비스가 얼마나 중요한지를 단적으로 보여 주는 것이다. 이러한 결과는 캠프 총괄 책임자의 지도성을 바탕으로 캠프에 참여하는 운영진 각자가 성실성, 책임감, 봉사정신으로 힘들고 지친 교사를 도우려는 적극적 자세와 태도에서 비롯된 것이다. 〈표 2-11〉은 캠프 유형별 운영진에 대한 만족도를 비교한 것이다.

캠프 시설 및 환경에 관해서는 78%에서 100%에 이르기까지 만족도 편차가 심하게 나타났다. 특히, 2박 3일 B형에서 종교적 색채가 짙은 치유센터에서 일부 치유를 받고 있던 암환자들과 연수를 함께 진행한 것에 관해서 일부 교사가 불만을 토로하였다. 참여 교원이 공간적 어려움에 대한 이해를 해 준 3박 4일 캠프에서 참여 교원의 만족도는 100%에 달했다.

〈표 2–11〉 캠프 유형별 운영진에 대한 만족도 비교

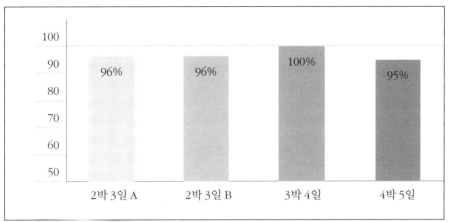

분명한 점은 종교적 색채가 강한 장소는 아무리 치유 여건이 좋다고 하더라도 사전에 피하는 것이 좋으며, 연수장소로 인해 제기될 수 있는 불만의 소지를 미리 제거하는 것이 도움이 된다는 것이다. 〈표 2-12〉는 캠프 시설 및 환경에 대한 만족도를 비교한 것이다.

〈표 2–12〉 캠프 시설 및 환경에 대한 만족도 비교

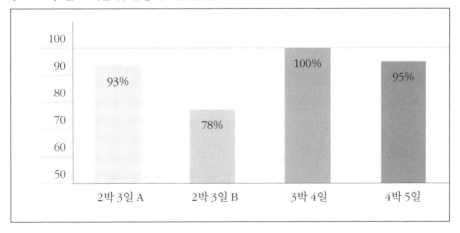

캠프 생활 중 숙식에 관해서도 2박 3일 B형의 78% 이외에 나머지 캠프에서는 100% 만족도를 보였다. 유기농 식단에 기반한 푸드테라피는 교원으로부터 긍정적 평가를 받았고, 추운 겨울에 따뜻한 난방과 편리한 시설도 만족도에 긍정적 영향을 미쳤다. 〈표 2-13〉은 캠프 생활 중 숙식 사항에 대한 만족도를 비교한 것이다.

〈표 2-13〉 캠프 생활 중 숙식 사항에 대한 만족도 비교

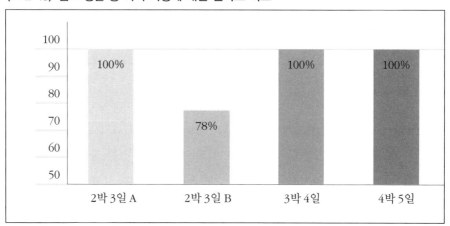

동료교원에게 '힐링스타트 교원 직무 연수'를 추천하겠느냐는 설문에 대하여 교원은 적극적으로 추천하겠다는 응답을 하였다. 2박 3일 A형과 4박 5일형에서는 100%, 3박 4일형에서는 95%, 2박 3일 B형에서는 78%의 응답률을 보였다. 참여 교원은 전반적으로 캠프에서의 독특하고 소중한 경험을 다른 동료교원과 기꺼이 나누고자 한다는 점을 알 수 있었다. 〈표 2-14〉는 캠프 유형별 동료교사의 추천도를 비교한 것이다.

도움이 되는 교육 과목(프로그램)으로는 에니어그램, 댄스테라피가 다수의 교원으로부터 지지를 받았다. 에니어그램에 대하여 교사는 자신의 성격 유형을 파악하여 자신의 직무 수행과 대인관계에 도움이 될 것으로 보았다. 댄스테라피에

〈표 2-14〉 캠프 유형별 동료교사에 대한 추천도 비교

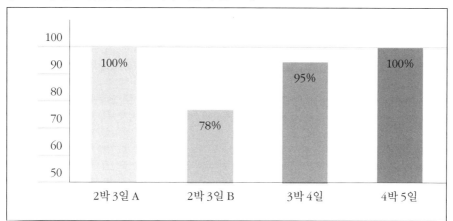

서는 춤과 명상, 나눔과 소통의 시간을 통하여 진정으로 내면의 치유를 받았음을 참여 교원들이 한목소리로 이야기하였다.

　반면, 도움이 되지 않은 과목으로는 도예테라피, 힐링 전문가 특강이 대체로 지지를 받지 못하였다. 도예테라피는 강사의 전문성이 결여된 데다가, 빚은 작품을 구워 내지 못하고, 그 결과를 개별 교사가 소유할 수 없었기 때문에 만족도가 현저하게 떨어진 것으로 보인다. 목사님이 진행한 힐링 전문가 특강은 종교적 색채에다 지루함마저 더해 전문성을 지닌 정신과 의사나 전문 강사의 초빙이 절실하다는 것을 깨닫게 해 주었다.

　향후 개설될 주제나 프로그램에 대하여 참여 교원은 다양한 의견을 제시하였다. 의견을 정리해 보면, 몸의 활동성을 증진하자는 요구사항(기체조, 체육활동, 노작, 체험활동 등)과 소집단 활동의 확대(자유토론, 학교현장 문제 토의 등)에 대한 의견이 지배적이었다. 참여 교원은 강의 위주에서 체험과 활동 위주로, 수동적 참여자에서 적극적 참여자로 나서고자 하는 열망과 요구를 적극 표출하였다. 캠프에서 반영하지 못한 아로마테라피, 역할극, 입관 체험을 요구하는 의견도 찾을 수 있었다. 일부 교원은 힐링캠프이니 만큼 문자 그대로 '편하게 쉴 수' 있는 휴식

시간을 최대한 줄 것을 요청하기도 하였다.

참여 교원의 건의사항에서는 캠프에서 드러난 문제점을 중심으로 건설적인 의견들이 개진되었다. 무엇보다도 심화 과정을 개설하여 교원 힐링 캠프가 지속되어야 한다는 주장이 강력하게 제기되었다. 이외에도 교원은 강사의 다양성 확보, 소집단 활동 장려, 참여자 상호 간 교류와 친교를 증진할 수 있는 프로그램 개발, 느슨한 일정과 충분한 휴식시간, 역할극 실시 등 창의적이고 다양한 아이디어를 제시하였다.

2) 사전 · 사후 심리진단 검사 실시

(1) MBI 사전 · 사후 검사 결과

교사소진 측정을 위한 MBI의 사전 검사는 캠프 참여 신청 시 실시하였으며, 사후 검사는 각 유형별 캠프 프로그램이 끝난 직후 바로 실시하였다. 〈표 2-15〉는 캠프 유형별 MBI 사전 · 사후 검사의 결과를 표로 나타낸 것이다.

〈표 2-15〉 캠프 유형별 MBI 사전 · 사후 검사 결과

캠프 유형	검사 참여 교원 수	사 전		사 후	
		평균	표준편차	평균	표준편차
2박 3일 A	30명	77.73	13.89	50.53	12.02
2박 3일 B	27명	78.26	11.65	57.74	10.91
3박 4일	17명*	73.29	13.03	49.47	14.30
4박 5일	20명	77.10	11.91	50.35	11.42

* 3박 4일 MBI 검사 시, 사후 검사 설문지 미제출 인원(3명) 제외

2박 3일 A형에서는 사전 검사의 평균 점수가 77.73에서 사후 검사에서는 50.53으로 27.20이 낮아졌다. 비교적 만족도가 낮았던 2박 3일 B형에서는 사전

검사의 평균 점수가 78.26에서 사후 검사에서는 57.74로 20.52로 낮아져 A형보다는 그 변화의 폭이 적었다. 가장 만족도가 높았던 3박 4일형에서는 사전 검사의 평균 점수가 73.29에서 사후 검사에서는 49.47로 23.82가 낮아졌다. 4박 5일형에서도 마찬가지로 사전 검사 평균 점수가 77.10에서 50.35로 26.75로 낮아져 전반적으로 모든 캠프 유형에서 프로그램 실시 이전의 MBI 점수보다 사후 MBI 점수가 낮아진 것을 볼 수 있다.

　물론 짧은 기간 동안의 프로그램 실시와 전후 점수 차를 비교하여 프로그램의 효과를 제시하는 것 자체가 방법론적 한계를 지닐 수 있다. 그 한계를 극복하고자 장시간의 시간 경과 후에도 여전히 그 효과가 지속되는지를 보기 위해서 3개월 후 추수 검사를 원래 기획하였으나 실현되지는 못했다. 그 이유는 추수 검사가 실시되는 시점이 학기초라 교사가 새 학기에 학교에서 다양한 스트레스에 노출될 수 있고, 그에 따라 MBI 점수는 다시 상승 곡선을 보일 것으로 예상하였기 때문이다. 〈표 2-16〉은 캠프 유형별 MBI 사전·사후 검사 결과를 그래프로 나타낸 것이다.

〈표 2-16〉 캠프 유형별 MBI 사전·사후 검사 결과 비교

(2) SCL-90-R 사전 · 사후 검사 결과

　SCL-90-R 사전 검사는 캠프에 선정된 교원만을 대상으로 실시하였고, 사후 검사는 각 유형별 캠프 프로그램이 끝난 직후 바로 실시하였다. 앞서 설명한 바와 같이 SCL-90-R은 9개의 증상을 검사하여 90개의 문항에서 각 증상 점수의 합이 많을수록 정신건강이 좋지 않다는 것을 의미한다.

　증세의 경중은 T점수가 70점 이상이면 중증을 나타낸다. 중증은 학교생활이나 사회생활 전 영역에서 부정적인 상태로 대인관계에서 어려움을 갖고 있을 뿐만 아니라 남에게도 어려움을 줄 수 있다는 것을 의미한다. 경증은 T점수가 60~69점에 속한 교원이 해당되며, 학교나 사회생활에 다소 불편함을 느끼며, 외부에 노출되지 않고 잠재된 상태를 말한다. 정상은 T점수가 60점 미만으로 학교나 사회생활에 어려움이 없다는 것을 나타낸다.

　좀 더 구체적으로 살펴보면, 신체화(SOM)에서 표출증상합계(PST)에 이르기까지 모든 캠프에서 심리 진단검사 사전 평균 점수보다 사후 평균 점수가 낮아진 것을 볼 수 있다. 사전 검사 점수에서도 참여 교원의 T점수는 60점 이하로 정신건강에 커다란 문제가 없는 것으로 나타났다. 다만 프로그램 실시 후에 점수가 낮아진 것은 교원치유 프로그램이 교원의 정신건강 향상에 긍정적 효과를 준 것으로 해석해 볼 수 있다. 〈표 2-17〉 캠프 유형별 SCL-90-R 사전 · 사후 검사 결과를 보여 주고 있다.

〈표 2-17〉 캠프 유형별 SCL-90-R 사전 · 사후 검사 결과

T-score 척도	2박 3일 A		2박 3일 B		3박 4일		4박 5일	
검사 평균	사전	사후	사전	사후	사전	사후	사전	사후
신체화(SOM)	50.17	41.87	53.74	44.63	49.15	40.30	50.95	42.15
강박증(O-C)	51.63	42.50	55.96	46.81	50.50	37.80	52.70	44.05
대인예민성(I-S)	52.60	43.93	55.48	48.93	54.05	40.55	56.50	46.45
우울(DEP)	52.20	42.73	55.41	45.30	52.40	38.70	54.80	42.70
불안(ANX)	49.00	41.67	55.07	45.26	49.50	38.95	50.10	41.80
적대감(HOS)	50.40	42.27	54.78	45.70	50.05	39.75	51.45	43.75
공포불안(PHOB)	51.17	46.23	51.85	47.19	48.30	42.45	51.70	43.15
편집증(PAR)	49.90	42.83	54.59	46.74	54.10	40.75	55.25	48.50
정신증(PSY)	50.13	43.20	52.93	45.93	50.75	41.25	50.95	45.20
전체심도지수(GSI)	50.70	41.03	55.00	45.19	51.00	37.70	52.95	42.80
표출증상합계(PST)	52.37	44.67	57.85	48.52	51.95	42.05	56.35	47.75
표출증상심도지수(PSDI)	49.07	38.83	50.89	44.22	50.85	34.70	48.80	40.55
참여 교원	30명		27명		20명		20명	

[그림 2-4]는 2박 3일 A형 SCL-90-R 사전 · 사후 검사 결과를 좀 더 구체적으로 보여 주기 위하여 그래프로 나타낸 것이다.

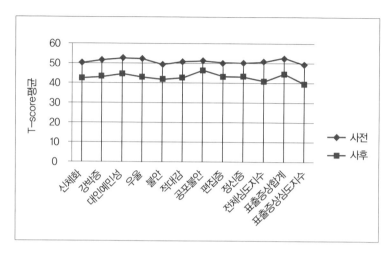

[그림 2-4] 2박 3일 A형 SCL-90-R 사전·사후 검사 결과

[그림 2-5]는 2박 3일 B형 SCL-90-R 사전·사후 검사 결과를 좀 더 구체적으로 보여 주기 위하여 그래프로 나타낸 것이다.

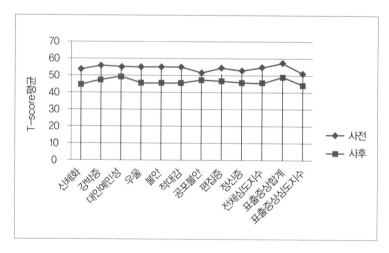

[그림 2-5] 2박 3일 B형 SCL-90-R 사전·사후 검사 결과

[그림 2-6]은 3박 4일형 SCL-90-R 사전·사후 검사 결과를 좀 더 구체적으

로 보여 주기 위하여 그래프로 나타낸 것이다.

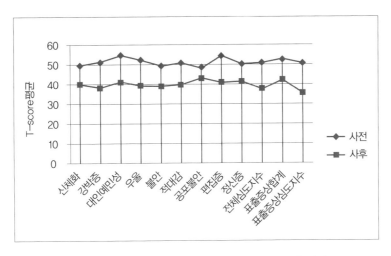

[그림 2-6] 3박 4일형 SCL-90-R 사전 · 사후 검사 결과

[그림 2-7]은 4박 5일형 SCL-90-R 사전 · 사후 검사 결과를 좀 더 구체적으로 보여 주기 위하여 그래프로 나타낸 것이다.

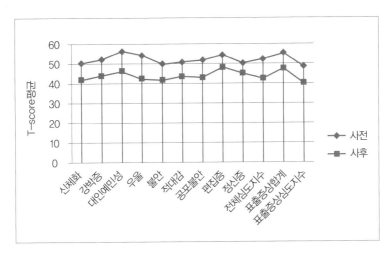

[그림 2-7] 4박 5일형 SCL-90-R 사전 · 사후 검사 결과

(3) 논의 및 시사점

교사의 소진 정도를 측정하는 MBI 사전 검사에서 스마트폰이나 컴퓨터를 활용하여 손쉽게 자신의 소진 정도를 측정할 수 있도록 하였다. 하지만 검사 실시의 편리성을 높였으나 검사 자체에 대한 설명과 안내를 충분히 하지 못하여 아쉬움이 남는다. 예를 들어, MBI 사전 검사 점수는 힐링캠프에 참여하기 위한 대상자를 선발하는 기준으로 삼았는데, 이 과정에서 의도적으로 높은 점수를 나오게 하여 대상자 선발 확률을 높이려는 일부 교사의 조작 의도가 발견되었다. 이 점은 참가 대상자 선발 및 사전 검사에 대한 한계로 볼 수 있다.

프로그램의 효과를 알아보기 위해서는 일정 기간 경과 후 추수 검사를 실시하는 것이 바람직하지만, 실제로 실시하지 못하여 아쉬움이 남는다. 교원힐링스타트 캠프는 프로그램 종료 직후 사후 검사를 실시하였다. 짧은 간격에도 불구하고 네 가지 유형별 MBI 점수가 20점에서 27점까지 크게 감소율을 보였다. 이는 교원힐링 프로그램이 교사의 피로감과 정서적 소모감을 줄이는 데 일조하였음을 단적으로 보여 준다.

이와 함께 힐링캠프 참여 교원을 대상으로 SCL-90-R을 실시하여 교육활동에서 교사의 정서적 곤란 상태를 측정하고 이를 통해 교사의 심리적 특성 변화를 파악하고자 하였다. SCL-90-R에서 전반적 심리장애의 정도를 나타내는 전체심도지수(GSI) 교사 평균은 네 유형 모두 정상 범주에 속하였으며, 이는 심리적 어려움으로 인해 불편감을 느끼지만 정신적 문제로 인해 일상생활에 지장을 미치는 정도는 아니라는 것을 의미한다.

하지만 전체 참여 교사 97명 중 전체심도지수(GSI)가 T-점수를 기준으로 70점 이상 '중증'에 해당하는 교원은 9명(2박 3일 A형: 2명, 2박 3일 B형: 5명, 3박 4일형: 0명, 4박 5일형: 2명)으로 나타났으며, 이번 힐링캠프 참여 후 사후 검사에서는 모두 정상 범위로 낮아졌다. SCL-90-R의 9개 하위유형(신체화, 강박증, 대인민감성, 우울, 불안, 적대감, 공포불안, 편집증, 정신증)의 사전·사후 T-점수 결과를 비교한 결과 9개 하위유형 모두 감소되었으며, 교육활동으로 인한 정서적 소진을 경험한 교사에게 이번 힐링캠프가 정신건강을 증진시키는 데 긍정적인 영향을 미치고 있음을 보여 주는 결과로 해석해 볼 수 있다.

이러한 결과는 교육활동 침해 및 피해 교원을 대상으로 한 지속적인 힐링캠프의 실시를 통해 참여 교원의 정신건강의 변화 정도 및 경력, 직위, 학교급, 지역 분포 등에 따른 소진 및 치유 정도를 분석하여 체계적인 치유예방 프로그램의 시스템을 구축하기 위한 기초 자료로 활용할 수 있음을 보여 준다. 아울러 교원의 특수성을 반영한 주관적 안녕감 측정 및 소진의 정도를 진단하는 검사도구를 개발하고, 향후 교육활동 침해 및 피해 교원을 치유하고 예방하는 프로그램에 활용하기 위한 초석이 될 수 있을 것이다.

제3장

에코힐링티처스 프로그램

1. 프로그램 개요

'에코힐링티처스 프로그램'은 교원의 잘삶을 증진시키고, 궁극적으로 행복한 학교문화 창조에 기여하고자 마련된 프로젝트다. 교원힐링스타트와 마찬가지로 교원이 안심하고 교육활동에 전념할 수 있도록, 여기서도 교육활동 침해 및 피해 교원의 치유 및 예방 프로그램 개발과 운영을 통하여 교원의 사기 저하, 교육력 하락, 정서적·신체적 소진 등의 문제를 해결하는 데 도움을 주고자 하였다.

이 프로젝트에서는 치유의 장소를 선택하는 데 무엇보다도 신중함을 기하였다. 그리하여 종교적 색채를 피할 수 있고, 자연의 품 안에서 심신이 평화를 찾을 수 있는 장소를 우선적으로 고려하였다. 다양한 탐문 결과 최종적으로 정원의 도시 순천만에 자리 잡고 있는 '순천만 에코촌 유스호스텔'로 정하기로 하였다. 에코촌은 공간적으로 우리나라에서 보기 드물게 한옥 체험형 주거공간을 만들어 색다른 체험의 기회를 제공할 뿐만 아니라 주변이 야산과 들로 이루어져 있어 낮에는 새소리를 들을 수 있고, 밤에는 청정 자연의 한가운데서 총총한 별들을 볼 수 있는 장점을 지니고 있다.

치유 프로그램에서 장소의 문제가 순조롭게 해결되면서 에코힐링티처스 프

| 비전 | **Eco Healing Teachers**
교원의 잘삶과 행복한 학교문화 창조 |

| 목표 | • 교육활동 침해 피해 교원의 치유 · 예방 위한 체제 구축
• 질 높은 교원 힐링 프로그램 개발 및 운영
• 피해 교원을 위한 교원 감정 해우소 설치 및 상시 운영 |

ECO HEALING TEACHERS

1	피해 교원의 치유 관련 프로그램 개발 및 구축 Aid program for heartache teacher	개발
2	에코힐링티처스 여름 캠프 A형(3박 4일) Get-up-and-go trip for inner healing	실행 1
3	에코힐링티처스 여름 캠프 B형(3박 4일) Get-up-and-go trip for inner healing	실행 2
4	에코힐링티처스 겨울 캠프 A형(3박 4일) Get-up-and-go trip for inner healing	실행 3
5	에코힐링티처스 겨울 캠프 B형(3박 4일) Get-up-and-go trip for inner healing	실행 4
6	피해 교원 상시 상담을 위한 교원 감정 해우소 On-giong counseling center for burn-out teachers	지원
7	만족도 조사 및 환류 체계 구축 Teacher's satisfaction analysis and feedback system	관리

[그림 3-1] 에코힐링티처스의 비전, 목표, 내용

로그램 구성 작업도 탄력을 받았다. 실제로 '에코'와 '힐링'을 조합하여 프로그램 내용을 전면적으로 재구성하였다. 순천만 국가정원을 거닐며 몸과 마음을 새롭게 하려는 의도로 '에코가든힐링'을 실시하였고, 에코촌 주변의 숲길과 들길을 걸으면서 산책과 명상을 할 수 있는 여유와 여가의 시간을 배려하였다. 강의와 이론 위주의 기존 프로그램에서 과감히 탈피하여 인간의 운명과 미래에 대한 진단과 예언을 담은 '명리학 특강'과 커피에 관한 소소한 이야기와 함께 한 잔의 커피를 음미하면서 지나온 삶을 반추해 보는 '커피테라피' 강좌를 신설하여 운영하였다.

이 프로젝트에서 가장 중요한 것은 TAP 연장선상에서 교사 각 개인의 고민과 어려움을 해소할 수 있는 장치로 '교원 감정 해우소'를 운영하게 된 점이다. 교원 감정 해우소는 개인심층상담을 통해 교원의 정신적·심리적 문제를 경청하고, 함께 해결책을 제시해 주었던 첫 번째 사업의 성과를 좀 더 확대하려는 노력의 결실로 탄생한 것이다. 캠프가 진행되는 기간 중에 자발적으로 참여한 교사의 고민과 상담 문제를 접수한 후 일정을 잡아 학기 중에 상담 전문가와 동양의 명리학 전문가가 함께 문제를 진단하고 해결하는 방식으로 진행하였다. 교원의 소진과 상처의 원인이 다양한 만큼 그 진단과 해결책도 쉽지 않았는데, 서양의 상담과 동양의 명리학을 접목함으로써 전인통합치유의 새로운 장을 열 수 있는 계기를 마련하였다.

2. 프로그램의 내용과 적용

에코힐링티처스는 교육활동에서 비롯된 소진 교원의 자아존중감과 교육활동에서의 자신감을 회복할 수 있도록 전인통합치유 프로그램을 개발하는 데 주안점을 두었다. 이를 위하여 심리·정서, 신체 및 인지 테라피와 같이 대영역을 나누고, 각각의 영역별로 세부적인 프로그램을 개발하였다. 에코힐링티처스에서

〈표 3-1〉 에코힐링티처스 프로그램 내용

구분	프로그램 명	목표	활동 내용
심리·정서 테라피	가족코칭	가족 구성원과의 원만한 대화방법과 서로를 이해할 수 있는 공감과 수용의 방법을 배워 가정에서 활용할 수 있도록 도움	서로의 욕구 탐색, 행동에 대한 평가, 계획을 실행에 옮길 수 있는 것에 대한 평가, 대화법 등
	시네마 테라피	심리치료의 수단으로 영화감상을 활용하여 문제를 재구조화하고 역할모델을 제공함으로써 교사의 심리적 갈등 완화에 도움	교육 관련 영화를 감상한 후 교원의 내면과 청소년 문제, 수업과 생활지도 문제를 집단 토의 등
	커피테라피	커피의 유래와 커피가 우리에게 주는 안식과 평화를 통하여 피해 교원의 몸과 마음의 괴로움을 예방하고 완화시키면서 긍정적인 삶의 자세를 갖도록 도움	커피와 마음 건강의 연관성, 우리가 즐기고 있는 다양한 커피의 종류 등을 탐색하고 오감을 활용한 여러 가지 커피 치유 활동 등
	집단심리상담	개인의 사회적 통합의 해결에 필요한 태도와 자기관리능력을 습득하고 대인관계 기술을 향상시켜 주는 데 도움	경청, 공감 능력 향상 활동, 자기이해·타인이해 활동 등
	개인심층상담	개인의 자아개념을 바꾸도록 돕고, 자신의 교육적 상황을 이해하도록 도움	교육 전문가와의 면대면 상담을 통해 소진 상황에 대한 대처 능력 강화
신체 테라피	호흡명상	뇌에 의식을 집중하는 과정을 통해 중추신경계의 흐름을 원활하게 함으로써 피해 교원의 온몸 균형이 회복되도록 도움	뇌에 의식을 집중함으로써 혈액을 비롯해 생명에너지(기) 순환을 원활하게 만드는 에너지 호흡법 활동 등
	테라피 요가	피해 교원이 서로 맨손으로 사랑의 기운을 전달하는 활동을 통하여 서로의 몸과 마음이 정화되도록 도움	명상과 이완, 사랑주기 활동, 사랑의 기운 전달하기 등
	댄스테라피	움직임과 상호작용을 통하여 교원의 일상적인 자각과 내부에 존재하는 무의식적인 정신과정을 이해하도록 도움	치료사와의 움직임을 통한 상호작용 활동 등

신체 테라피	에코워킹	에코촌과 동천 주변의 산책로를 걷는 것으로 체내 에너지를 활성화시키고 노폐물을 배출시킴으로써 피해 교원의 심신 치유에 도움을 줌	에코촌 인근의 동천, 순천만, 순천만 국가정원을 활용하여 걷기와 느림의 미학을 몸소 체험하고 마음의 휴식과 평화를 얻는 활동
	푸드테라피	유기농 자연주의 식단을 통하여 피해 교원의 심신의 건강을 회복하는 데 도움	유기농 식단, 자연주의 식단, 자연 발효 식품 섭취 등
	웃음치료	웃음을 잃어버린 현대인에게 웃음을 통해 평소 사용하지 않고 있는 안면 근육의 사용법을 알려 주고 웃음의 효과성을 체험하도록 도움	다양한 웃음을 시연을 통해 배운 뒤 웃음과 신체를 활용하여 생의 활력과 세라토닌을 증진시키는 활동
	자유감정 기법 (EFT)	EFT는 Emotion Freedom Technic의 약자로 자유감정기법이며, 감정을 스스로 조절할 수 있게 하여 몸과 마음을 편안하게 하는 상담기법 교육으로 감정 치유에 도움	자유감정기법은 강의, 시범 회기, 실습으로 수업이 구성되며, 자기탐구와 내적 평화를 위한 다양한 기법들을 소개하고 실제로 실습을 하면서 진행
	에코가든 힐링	'행복의 공간, 웰빙의 공간' 정원에서 꽃과 식물로 치유하는 방법으로 꽃과 나무를 사랑하는 행위가 감동과 즐거움을 가져다주어 몸과 마음을 치유하는 데 도움	오감으로 자연을 탐닉하게 하는 걷기와 호흡을 통하여 쉼의 미학을 즐기면서 식물의 변화가 주는 편안함을 느끼기
인지 테라피	에니어그램	자기를 관찰하고 이해하여 삶의 변화를 유도하고, 궁극적으로 자아통합을 이루는 인생을 지향하도록 함으로써 교원의 인지치료에 도움	자기분석과 자기이해, 자기통찰과 자기개념 자각을 통한 통합적 자기인식 활동 등
	힐링 전문가 초청 특강	전문가를 초빙하여 힐링 특강을 실시함으로써 교원의 자존감과 심리적 안정에 도움을 주고 인생의 방향 정립을 할 수 있도록 도움	일상에서의 활용할 수 있는 풍수지리 사상과 동양학에서 얻을 수 있는 인생 성공 비결 등에 관한 특강 실시
	인문학과 잘삶	마음을 살아 있게 만드는 인문학을 통해 인간의 잘삶과 자기이해의 장을 마련	인문고전 읽기와 교원의 개인적 삶에 대한 토론 및 자아이해와 성찰을 위한 다양한 활동
	소집단 토의	교원으로서 소진과 상처에 대한 유사한 체험을 소집단 활동에서 공유하게 함	소집단에서 자신의 내면을 드러내게 하고, 자기와 타인을 깊게 이해하는 활동

비교적 초점을 두었던 개별 프로그램의 내용과 실제 운영 상황을 살펴보면 〈표 3-1〉과 같다.

교원소진의 한 요인으로 가족의 문제를 배제할 수 없다는 전제하에 가족코칭 (Family Coaching)을 설정하고 비교적 많은 시간을 할애하였다. 가족 구성원과의 원만한 대화방법과 서로를 이해할 수 있는 공감과 수용의 방법을 배워 가정에서 활용할 수 있도록 실제 사례 발표와 역할극을 수행하였다. TAP에서 드러난 바와 같이 교원의 소진은 기본적으로 배우자, 자식, 부모의 문제에서 비롯되는 경우가 적지 않다. 그 점에서 가족코칭의 비중을 높이고, 이론보다는 현실적 사례를 중심 으로 프로그램을 진행하였다.

시네마테라피(Cinema Therapy)는 심리치료의 수단으로 영화 감상을 활용하여 문제를 재구조화하고 역할모델을 제공함으로써 교사의 심리적 갈등 완화에 도움 을 주는 방법이다. 하지만 정작 어떤 영화를 선정할 것인가는 쉽지 않았다. 지친 교사에게 심오한 의미를 전달하는 영화보다는 좀 더 가벼운 마음으로 재미를 느 끼고, 잔잔한 감동을 받을 수 있는 영화가 치유용으로 적합하다고 판단하였다. 최 소한의 원칙을 정한 후 교육 관련 영화외 치유 관련 영화를 두루 찾아 나선 결과 실제로 활용할 수 있는 10여 편의 국내외 영화를 수집할 수 있었다.

심리 관련 영화로는 〈A Dangerous Method〉(2011)와 〈Disconnect〉(2012) 를 찾았으나 일반 교사에게 상영하기에는 지나치게 특별한 주제를 다루고 있 어서 부적합하다는 판단을 내렸다. 음악 관련 영화로는 〈El Sistema〉(2008)와 〈Hello, Orchestra〉(2012)를 찾아 이 중에서 한국적 정서를 반영하면서도 정 서적 안정과 잔잔한 감동을 주었던 리처드 용재 오닐 주연의 영화 〈Hello, Or-chestra〉(2012)를 선택하였다. 시네마테라피를 진행하면서 다양한 교육과 치유 관련 영화를 접하게 된 것은 의외의 소득으로 볼 수 있다. 이 중에서도 〈Social Network〉(2010) 〈JOBS〉(2013) 〈Billy Elliot〉(2000) 〈In a better world〉(2010) 〈Detachment〉(2011) 〈American Hustle〉(2013) 〈명왕성〉(2012) 등은 비교적 좋 은 평을 받는 영화로 교사와 함께 볼 만한 영화들이다.

커피가 소진 교원에게 어떤 도움을 줄 수 있을 것인가? 커피테라피(Coffee Theraphy)는 이색적인 치유방식으로, 커피가 우리에게 주는 안식과 평화를 통하여 피해 교원의 몸과 마음의 괴로움을 완화시키면서 긍정적인 삶의 자세를 갖도록 하는 데 도움을 줄 것으로 보았다. 실제로 인근에서 커피 체인점을 운영하는 커피전문가 사장을 초빙하여 커피에 얽힌 이야기를 듣고, 오감을 활용하여 커피를 즐기면서 참여 교원은 행복한 시간을 누렸다. 여성 교원의 참여 비중이 높았던 덕분에 커피가 주는 안식과 낭만은 치유의 기능을 충분히 수행하였고, 은퇴 후 커피전문점 운영 등에 관한 상담 등이 활발하게 이루어지면서 의외로 유익한 시간이 되었다.

테라피요가는 참여 교원이 서로 맨손으로 사랑의 기운을 전달하는 활동을 통하여 서로의 몸과 마음이 정화되도록 도움을 주는 활동적 프로그램이다. 요가 동작과 이완법의 수련을 통해 몸에는 활기를 주고 마음은 평온한 자유에 이르게 한다. 강화 동작과 이완 수련으로 몸의 모든 기능이 활력을 찾고 민첩해지며, 마음의 스트레스와 무기력함은 사라지고 고요함에 이른다. 뿐만 아니라 경직된 몸을 부드럽게 풀어 주어 일상의 피로를 풀고 원기를 회복하는 데 도움을 줄 수 있다. 프로그램이 진행되는 동안 교원은 다양한 동작 수련으로 몸의 근 골격을 바르게 정렬하고 몸에 생기를 불어넣었고, 명상적 요가 자세와 이완 동작의 수련으로 몸

[그림 3-2] 가족코칭   [그림 3-3] 테라피요가

을 안정시키는 것은 물론 요가 니드라(Yoga Nidra) 수련으로 마음의 치유와 몸의
휴식을 몸소 체험할 수 있었다.

먼저 실시한 힐링스타트 교원치유 프로그램에서 가장 만족도가 높았던 댄스테
라피는 프로그램 선정에서 우선권을 부여하였다. 춤과 치유가 결합된 이 방법은
교원이 자신의 몸과 감정을 인식하고 통합하여 스스로 자신을 치유할 수 있는 방
법을 찾을 수 있도록 돕는다. 참여자는 집단으로 원을 그리며 춤과 움직임을 통
해 몸의 감각을 일깨우면서 감정을 인식하는 법을 터득하였다. 집단 구성원과의
친화적인 움직임을 통해 서로 지지하고 격려해 주는 경험을 하였고, 몸의 감각을
깨우기 위한 느린 체조와 느린 짝춤은 흥미를 유발하였다. 댄스테라피의 백미는
'미러링(mirroring)' 기법과 적극적 명상을 통한 내면의 '핵심 정서 알아차리기'
다. 참여자는 원으로 둘러앉아 마음 그림 그리기와 나누기를 통해 자신의 내면을
들여다보고, 주변의 소중한 타인을 돌아보는 계기를 찾게 된다. 정리 단계에서 참
여 교원들은 전체가 하나가 되어 천연색의 기다란 소도구를 잡고 함께 움직이면
서 서로의 마음을 표현하고 지지를 받거나 나누게 된다.

에코가든힐링은 순천만 국가정원을 실제로 방문하여 해설사와 함께 정원의 아
름다움을 완상하고 체험하는 생생한 프로그램이다. 인간은 정원이라는 '행복의
공간, 웰빙의 공간'에서 꽃과 식물로 치유를 경험할 수 있다. 오감으로 자연을 탐

[그림 3-4] 커피테라피

[그림 3-5] 에코가든힐링

닉하게 하는 걷기와 호흡을 통하여 쉼의 미학을 즐기면서 식물의 변화가 주는 편안함을 느끼게 된다. 심신의 고단함을 지닌 교원에게 꽃과 나무를 직접 보고, 사랑하는 행위는 잔잔한 감동과 즐거움을 줄 수 있어 몸과 마음을 치유하는 데 궁극적으로 도움을 주었다. 더구나 정원 해설사로부터 순천만 국가정원의 꽃과 나무, 언덕과 정원, 다리와 조형물 등에 관한 이야기(narratives)가 곁들여지면서 교원은 행복감도 느낄 수 있었다.

　에니어그램은 에니어그램 성격검사를 실시한 후 각각의 성격 유형에 대한 설명과 함께 힘의 중심과 정신역동을 중심으로 대화를 풀어 나가는 방법이다. 자신과 타인의 성격 유형 및 정신역동을 이해함으로써 교원은 자신의 정신적 건강을 되찾아 사회적 기술과 대인관계 능력을 향상시킬 수 있다. 성격 유형별 특성을 이해하게 되면 자신의 성격을 이해하고 수용할 수 있게 되며, 나아가 주변의 동료교사, 학생, 학교장, 배우자, 자녀와의 관계에서 한층 원만한 관계를 유지할 수 있게 된다. 실제 프로그램에서는 심리검사를 실시하고, 에니어그램 이론에서 강조하는 핵심적 내용들, 예컨대 힘의 중심(머리/가슴/배) 이해, 기본 성격 유형의 이해, 날개의 의미와 역할, 성격과 이상심리, 성격과 방어기제, 자신을 성장시키는 전략을 체계적으로 학습하고 훈련받았다. 이로써 자신과 타인의 성격, 대인관계의 소중함을 느낄 수 있는 공감의 시간이 되었다.

[그림 3-6] 에니어그램

[그림 3-7] 인문학과 잘삶

'인문학과 잘삶'은 전인통합치유 중에서 유일한 인문학 강좌에 속한다. 인문학 강좌는 교사의 삶과 일(교직)에 대한 본질적인 질문에서 출발하였다. 이어 인문학 읽기가 교원의 삶의 문제를 치유하는 데 도움을 줄 수 있는지, 그 필요성과 접근 방법은 무엇인지에 대한 진지한 토론과 대화를 나눌 수 있는 소통의 기회를 제공하였다. 인문학의 정수가 질문에 있는 만큼 이 강좌에서는 교사의 삶과 일에 관련된 날카로운 질문이 제기되었고, 그에 대한 답을 따로 혹은 또 같이 찾고자 하였다. 교직은 진정 가치 있는 '일'인가? 좀 더 근본적으로 삶에서 자신이 하고 있는 일(교직)은 어떤 의미를 갖는가? 자신의 잘삶 안에 일(교직)이 차지하는 위상은 어느 정도인가? 인문학 열풍이 불고 있는 사회적 풍조를 주시하면서 인문학의 가치와 방향을 성찰하는 예리한 질문이 던져지기도 하였다. 인문학과 자기계발서의 차이점은 무엇인가? 지금 우리 시대에 인문학이 화두가 되고 있는 이유는 무엇인가? 이러한 물음에 대한 근본적인 논의는 결국 '왜 사는가?'라는 실존적인 물음으로 귀착된다. 따라서 여러 철학자들의 삶과 존재에 대한 논의와 성찰을 담은 인문학을 천착하지 않을 수 없으며, 인문학 독서와 사유의 과정에서 위에서 제기된 다양한 질문에 대한 해결의 실마리를 찾을 수 있을 것으로 보았다.

3. 캠프 운영의 실제

에코힐링티처스 여름캠프는 3박 4일 동안 '내적 자아로 떠나는 여행'을 통하여 초임교사 시절의 다짐을 돌아보게 하고, 그동안 교육활동 중에 입은 심신의 고통과 상처를 서서히 치유하여 다시금 교사로서의 확고한 정체성을 되찾고 자신감을 회복할 수 있도록 도와주는 데 그 목적을 두었다. 힐링캠프는 더위가 최절정으로 치닫던 2014년 8월 4일부터 8월 7일까지 3박 4일간 순천만 국가정원 인근의 '에코촌'에서 실시되었다. 〈표 3-2〉는 에코힐링티처스 여름캠프 교육 일정 및 프로그램을 보여 주고 있다.

캠프에 참가한 사람들은 대부분 힐링과 자기치유를 요하는 초 · 중등 교원이었다. 원칙적으로 교권 침해 및 피해 교원을 우선적으로 선발한 후 캠프 참여 희망자에게 순차적으로 기회를 부여하였다. 첫 사업인 힐링스타트 캠프에는 소진 정도가 비교적 높은 교원이 대거 참여하였으나, 이 사업에서는 주위 교사의 권유나 단순한 휴식을 취하기 위해서 참가한 경우가 많았다. 그러다 보니 캠프가 진행되는 동안 교원의 표정은 밝았으며, 개인의 정신적 · 심리적 소진의 문제를 개별 상담하고자 신청하는 교원도 없었다.

〈표 3-2〉 에코힐링티처스 여름캠프 교육 일정 및 프로그램(30시간)

날짜 시간	8월 4일(월)	8월 5일(화)	8월 6일(수)	8월 7일(목)
07:00~07:50	기상 및 산책			
08:00~08:50	아침식사			
09:00~9:30	등록	명상	명상	집단심리 상담 (A, B)
9:30~10:00	개강식			
10:00~10:50	인문학과 잘삶	에니어그램	명리학 특강	
11:00~11:50				
12:00~13:50	점심식사			폐강식
14:00~14:50	웃음치료	커피테라피	살풀이춤	
15:00~15:50				
16:00~16:50	가족코칭 (A, B*)	테라피요가	댄스테라피	
17:00~17:50				
18:00~19:00	저녁식사			
19:00~21:00	EFT	에코가든힐링 (A, B)	시네마테라피 TAP	

* A, B는 분반을 의미하며, 소규모 집단을 구성하여 프로그램 효과의 극대화를 모색함.

당초 30명을 모집하였으나 개인 사정과 연수 일정 변경으로 2명이 중도 탈락하여 최종 28명이 연수를 마쳤다. 연수 이수자를 좀 더 구체적으로 보면 남자 9명, 여자 19명으로 여자 교원이 더 많고, 공립학교 교원이 26명인 데 비해 사립학교 교원은 2명에 불과하였다. 초등과 중등학교 교원의 비율은 거의 동등한 수준이었다. 〈표 3-3〉은 에코힐링티처스 여름캠프 참여 교원 현황을 보여 주고 있다.

〈표 3-3〉 에코힐링티처스 여름캠프 참여 교원 현황(30시간)   (단위: 명)

계획 인원	수료 인원	남자	여자	공립	사립	초등	중등
30	28	9	19	26	2	13	15

여름캠프의 프로그램은 전인통합치유의 이론적 근거에 따라 심리·정서, 신체 및 인지 테라피 프로그램을 고루 제공하여 참여 교원으로 하여금 정서적 안정과 더불어 신체적 리듬과 인지적 자신감 회복에 도움을 주고자 하였다. 심리·정시 테라피에서는 시네마테라피, 커피테라피, 가족코칭, 집단심리상담, EFT를 제공하여 정서적 안정감을 찾을 수 있도록 도움을 주었다. 특히 가족코칭의 경우 프로그램의 효과를 극대화하기 위하여 소규모 집단으로 분반하여 진행하였다. 가족 내의 역동 관계를 역할극으로 표현함으로써 참여 교원은 가족의 소중함과 자기 자신을 되돌아보는 소중한 시간을 가질 수 있었다.

신체테라피에서는 호흡명상, 댄스테라피, 테라피요가, 살풀이춤, 에코가든힐링, 웃음치료 프로그램을 실제로 운영하였다. 프로그램이 실내에서 이루어지다 보면 지루함과 노곤함이 수반되는 고역의 시간으로 느껴지게 된다. 이러한 한계를 극복하기 위해서는 신체적 동작과 야외 활동이 프로그램 과정에 들어와야 한다. 이러한 점에서 드넓은 순천만 국가정원에서 산책과 생태체험으로 과정이 운영된 에코가든힐링은 에코힐링티처스의 대표적 프로그램으로 보아도 손색이 없을 것이다. 하지만 한국의 전통 춤을 소재로 감상과 시연을 병행하여 살풀이춤을 프로그램에 도입하였으나 당초의 의도와는 달리 교원이 힘들고 어렵게 받아들여 소기의 성과를 거두지는 못하였다.

인지테라피에서는 에니어그램, 명리학, 인문학과 잘삶 프로그램을 실제로 운영하였다. 이 중에서도 명리학 특강은 의외의 놀라운 반응을 얻었다. 사주와 팔자, 운명의 예언 등으로 이루어진 강의에서 교원은 자신의 현재적 상황을 점검하고, 새로운 미래를 설계할 힘을 발견하고자 하였다. 강의가 끝나자 교원은 강사에게로 몰려와 자신의 운명을 명리학으로 풀어 줄 것을 요청하였다. 사주와 팔자, 점괘와 같은 토속적 신앙이나 운명학과는 거리가 멀 것 같은 교원이 자신의 운명과 미래적 삶을 누군가에 의탁하여 알고자 하다니 그들의 존재적 불안감이 밖으로 드러난 순간이었다. 그 순간을 포착하여 결국 명리학 상담 요청을 받게 되었고, 교원 감정 해우소에서 동양적 상담과 서구의 상담이론을 접목하여 전인통합치유를 지향하는 새로운 유형의 상담이 탄생하게 되었다.

에코힐링티처스 겨울캠프는 2015년 1월 5일부터 1월 8일까지 3박 4일 동안 여름캠프와 동일한 방식으로 순천만 국가정원 인근 에코촌에서 실시되었다. 가장 큰 차이점은 에코가든힐링의 시행 방식에서 찾을 수 있다. 여름에는 주간에 날씨가 더워 야외활동을 하기 힘들기 때문에 야간 개장 시간을 이용하여 정원 산책과 순천만 인근야경을 감상하는 방식으로 진행하였다. 캠프 기간이 겨울 혹한기다 보니 야외활동 자체에 대한 우려가 제기되었다. 엄동설한 한겨울에 꽃과 나무가 시들해진 정원을 걷는 것이 의미가 있을까 하는 의문도 들었다. 다행히도 에코가든힐링이 실시되던 날 해가 나고 바람도 잦아 한겨울 정원 산책의 색다른 묘미를 느낄 수 있었다. 황량한 정원의 동토와 나목에서도 교원은 자신의 존재 의미를 돌아보고, 겨울의 추위와 바람에 맞서면서 불굴의 의지와 인내심을 다지게 되었다. 〈표 3-4〉는 에코힐링티처스 겨울캠프 교육 일정 및 프로그램을 보여주고 있다.

〈표 3-4〉 에코힐링티처스 겨울캠프 교육 일정 및 프로그램(30시간)

시간＼날짜	1월 5일(월)	1월 6일(화)	1월 7일(수)	1월 8일(목)
07:00~07:50	기상 및 산책			
08:00~08:50	아침식사			
09:00~9:30	등록	명상	명상	집단심리 상담 (A, B)
9:30~10:00	개강식			
10:00~10:50	커피테라피	에니어그램	에코가든힐링 (A, B)	
11:00~11:50				
12:00~13:50	점심식사			폐강식
14:00~14:50	웃음치료	테라피요가	EFT	
15:00~15:50	가족코칭 (A, B)		댄스테라피	
16:00~16:50		인문학과 잘삶		
17:00~17:50				
18:00~19:00	저녁식사			
19:00~21:00	무예예술	명리학 특강	시네마테라피 TAP	

겨울캠프에서는 여름캠프보다 많은 40명을 모집하였으나 개인 사정과 연수 일정 변경으로 2명이 중도 탈락하여 최종 38명이 연수를 마쳤다. 에코촌 강의실의 수용 인원을 감안하여 겨울에는 가급적 분반을 실시하여 프로그램 진행자의 부담을 덜어 주었다. 프로그램에 따라 합반과 분반을 탄력적으로 운영하였다. 연수 이수자를 좀 더 구체적으로 보면 남자 4명, 여자 34명으로 여자 교원이 압도적으로 많았고, 공립학교 교원이 35명인 데 비해 사립학교 교원은 3명에 불과하였다. 초등과 중등의 구분에서는 초등학교 교원이 15명, 중등학교 교원이 23명으로 중등의 비중이 높았다. 〈표 3-5〉는 에코힐링티처스 겨울캠프 참여 교원 현황

을 보여 주고 있다.

〈표 3-5〉 에코힐링티처스 겨울캠프 참여 교원 현황   (단위: 명)

계획 인원	수료 인원	남자	여자	공립	사립	초등	중등
40	38	4	34	35	3	15	23

4. 성과 분석

1) 참여 교원 대상 만족도 조사 실시

만족도 조사 설문지의 제목은 'ECO Healing Teachers 교원 연수 만족도 설문지'라고 칭하고, 성별, 교육 경력에 따른 만족도 경향성을 파악하고자 하였다. 만족도 설문 내용으로는 연수 프로그램 전반, 연수 프로그램 내용, 강사 선정의 적절성, 연수 방법의 효율성, 캠프 운영진, 캠프 시설 및 환경, 캠프 생활 중 숙식 사항에 관한 설문을 표로 만들어서 체크하도록 하였다. 'ECO Healing Teachers 교원 연수'를 동료교원에게 추천할 것인지를 묻는 설문과 크게 도움이 되었거나 바람직하다고 생각되는 교육 과목과 그렇지 않은 교육 과목을 직접 기술하도록 설문을 구성하였다. 개방형 물음에서는 향후 연수에 개설하면 좋은 프로그램과 연수 관련 건의사항을 자유롭게 기술하도록 하였다. 만족도 조사 외에도 캠프 운영에 관한 피드백은 캠프 종료 후 이메일로 보내 준 소감문을 통해 이루어졌다.

설문 결과 연수 프로그램 전반에 대하여 참여 교원은 96% 이상이 만족한 것으로 나타났다. 연수 프로그램의 내용에 관해서도 참여 교원은 여름캠프에서 96%, 겨울캠프에서 100%의 만족도를 보였다. 프로그램 내용에 대한 만족의 정도에서 볼 때 향후에도 전인통합치유에 근거한 신체적·정서적·인지적 치유 프로그램을 더욱 정련하여 교원의 소진 예방과 치유에 활용할 필요성을 느끼게 되었다.

강사 선정의 적절성에 관해서는 참여 교원은 92% 이상의 만족도를 보였고, 연수 방법의 효율성에 관해서는 참여 교원의 94% 이상이 고르게 만족도를 나타냈다. 이는 강의, 개인 및 집단 상담, 각종 테라피, 산책과 명상 등 다양한 내용과 방법으로 연수를 진행한 결과 대체적으로 만족한 결과를 가져온 것으로 파악된다.

캠프 운영진에 관해서 참여 교원은 여름캠프에서 96%, 겨울캠프에서 100%의 만족도를 보였다. 이는 운영진의 이전 경험으로부터 역할 분담과 신속하고 유기적인 협조와 서비스가 가능한 데서 기인한 것이며, 캠프 기간 내내 운영진이 보여 준 친절과 성실성, 책임감과 봉사 정신 등이 높이 평가된 것으로 해석해 볼 수 있다.

캠프 시설 및 환경에 관해서 참여 교원은 여름캠프에서 100%, 겨울캠프에서 97%의 만족도를 보였다. 계절에 따라 약간 차이가 나는 것은 여름에는 나무와 한지로 구성된 한옥에서의 생활이 쾌적함을 주었고, 겨울에는 단열의 한계로 외풍에 대한 불만 요소가 있었기 때문이다.

캠프 생활 중 숙식에 관해서 참여 교원은 여름캠프에서 100%, 겨울캠프에서는 97%의 만족도를 보였다. 전반적으로 에코촌에서 제공하는 유기농과 채식 위주의 자연 식단이 교원의 호응을 받은 것으로 분석된다.

동료교원에게 'Eco Healing Teachers 교원 직무 연수'를 추천하겠느냐는 설문에 대하여 교원은 적극적으로 추천하겠다는 응답이 여름캠프에서 96%, 겨울캠프에서 97%로 나와 캠프 참여에서 얻은 만족감을 다른 동료교원에게도 그대로 전하고자 하는 것으로 드러났다.

도움이 되는 교육 과목(프로그램)으로는 댄스테라피, 에니어그램이 전반적으로 많은 지지를 받았다. 1차년도 힐링스타트 프로그램에서와 마찬가지로 댄스테라피에서 진정으로 치유를 받았다는 교원이 많았다. 정적인 명상과 동적인 춤동작이 결합된 댄스테라피는 자아의 심연으로 돌아가도록 함으로써 진정한 자아와 대면하게 함은 물론 자기와 관계를 맺고 있는 사람과의 관계를 다시금 성찰하게 하여 자아정체성을 확립하고 대인관계 능력 향상에 도움을 준 것으로 보인다. 에니어그램 또한 교원 자신과 주변 사람의 성격 유형을 파악함으로써 가정과 학교에서의 대인관계는 물론 지도성 향상에도 긍정적 효과를 가져다준 것으로 보인다.

반면, 도움이 되지 않은 과목으로는 EFT, 커피테라피, 무예예술 등이 지지를 받지 못하였다. 강의식으로 지루하게 전개된 EFT는 '자유감정기법'이라는 명칭과 달리 호응을 받지 못하였고, 여름캠프에서는 커피 이야기와 실제 커피 시음으로 호응을 받았던 커피테라피가 강의식으로 진행되면서 겨울에는 별다른 호응을 얻지 못했다. 겨울에만 새롭게 선보인 무예예술은 무예의 시범과 따라하기로 교원의 흥미를 유발하기는 하였으나 애초에 기본 개념 없이 흥미와 놀이 위주로 프로그램을 진행하다 보니 교원의 만족도가 낮게 나왔다.

향후 개설될 주제나 프로그램에 대하여 참여 교원은 다양한 의견을 개진하였다. 그중에서도 체육활동, 도예, 다도, 숲체험 활동과 같이 신체 활동성을 담은 프로그램을 개설해 달라는 요구가 많았다. 그 외에도 소집단 활동의 확대(자유토론, 학교현장 문제 토의 등), 음악(간단한 악기 연주)과 미술테라피가 개설되길 희망하였고, 아로마테라피, 역할극, 심리극, 상담기술(실습), 교권 옹호 프로그램 개설에 관한 의견을 주기도 하였다.

건의사항에서는 캠프에서 드러난 문제점을 중심으로 건설적인 의견들이 개진되었다. 무엇보다도 심화 과정을 개설하여 교원치유 사업이 지속되어야 한다는 주장이 압도적으로 많았다. 힐링스타트 캠프 때와 마찬가지로 교원의 치유 사업이 일회성으로 끝나지 않고 지속되어 더 많은 교원이 최소한의 복지 혜택을 받을 수 있기를 간절히 희망하였다. 사업이 지속된다는 전제하에 교원은 이를 뒷받침하기 위한 유관기관의 행정적·재정적 지원, 강사의 다양성 확보, 소집단 활동 장려, 참여자 상호 간 교류와 친교를 증진할 수 있는 프로그램 개발, 느슨한 일정과 충분한 휴식시간 안배, 역할극 실시, 초·중등 분리 프로그램 운영과 같은 창의적이고 건설적인 의견을 피력하였다.

2) 추수 심리진단 검사 실시

(1) MBI 사전·사후 검사 결과

[그림 3-8]은 에코힐링티처스 여름캠프 MBI 사전·사후 검사 결과를 그래프로 보여 주고 있다.

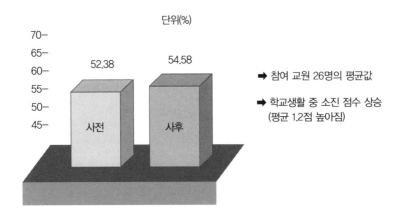

[그림 3-8] 여름캠프 MBI 사전·사후 검사 결과

여름캠프에서 MBI 사후 검사 점수가 사전 검사 점수 평균보다 높게 나온 것은 역설적이지 않을 수 없다. 만족도 결과에서 보는 바와 같이 캠프 전반에 대한 만족도가 95% 이상이 나왔음에도 불구하고 소진의 정도가 소폭 상승한 것은 상식적으로 이해하기 힘들기 때문이다. 사후 검사 결과의 평균치가 오히려 높아진 이유는 사후 검사를 캠프가 끝난 직후 시행한 것이 아니라 2학기가 새로 시작한 9월 중에 실시하여 시기적으로 치유의 효과가 오히려 감소되었기 때문이다. 새 학기에 접어들면 교원의 스트레스와 업무 부담이 가중되며 소진의 정도도 점차 높아지기 마련이다. [그림 3-9]는 에코힐링티처스 겨울캠프 MBI 사전-사후 검사 결과를 그래프로 보여 주고 있다.

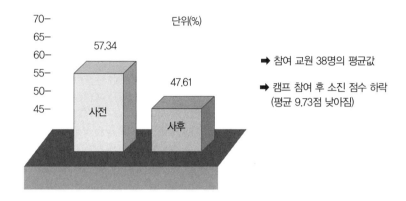

[그림 3-9] 겨울캠프 MBI 사전·사후 검사 결과

　겨울캠프에 참여한 교원은 사전 검사 점수 평균이 여름캠프 참여자보다 높았다. 애초에 40명을 한꺼번에 하다 보니 진행하는 입장에서도, 참여하는 입장에서도 어려움이 많았다. 그럼에도 불구하고 캠프 직후 시행한 MBI 점수의 평균치가 9.73점 낮아질 정도로 효과가 있었다.

　두 번의 캠프에서 MBI 사전·사후 검사를 실시한 결과 얻은 시사점은 다음과 같다. 여름캠프에서는 프로그램의 효과를 알아보기 위해 캠프가 한참 지난 시점인 2학기 시작 무렵에 사후 검사를 실시하였더니 평균 점수가 오히려 더 높게 나왔다(1.2점 상승). 이는 캠프 참여 교원이 학교현장으로 돌아가서 경험하는 스트레스로 인해 검사의 결과에 영향을 준 것으로 보인다. 이와는 달리 겨울캠프에서는 프로그램 종료 직후 사후 검사를 실시하여 MBI 점수가 9.73의 감소를 보였으며, 이는 에코힐링티처스 프로그램이 교사의 피로감과 정서적 소모감을 감소시키는 데 효과가 있었음을 보여 주는 증거로 해석해 볼 수 있다.

　이러한 결과를 토대로 볼 때 교육활동 침해 및 피해 교원을 대상으로 한 힐링캠프가 지속적으로 실시될 필요가 있음을 알 수 있다. 참여 교원의 정신건강의 변화 정도 및 경력, 직위, 학교급, 지역 분포 등에 따른 소진 및 치유 정도를 분석해 나간다면 체계적인 치유예방 프로그램 시스템을 구축할 수 있을 것이다. 아울러 교원의 특수성을 반영한 주관적 안녕감 측정 및 소진의 정도를 진단하는 검사 도구를 개발하여 상시적으로 활용할 수 있는 방안도 마련할 필요가 있다.

3) 체계적 성과 분석

(1) 캠프 환경 및 시설에 대한 성과 분석

캠프에 참가한 교원은 몸과 마음을 치유할 수 있는 자연환경에 대하여 만족감을 표시하였다. 도심 외곽에 위치한 공간은 조용하고 치유하기에 적합한 장소로 간주되었고, 참가자는 도시의 소음에서 벗어나 고즈넉한 자연 풍경과 더불어 자기 자신과 연수 프로그램에 집중할 수 있었다. 한 가지 아쉬운 점은 캠프 장소가 도심 외곽에 위치하고 있어 자가 차량이 없을 경우 교통편이 없어 다소 불편함을 느끼는 경우가 있었다는 것이다.

치유에 적합한 숙박 시설(한옥)과 식사는 참여 교원의 취향과 잘 어울려서인지 만족도가 높았다. 캠프 장소인 에코촌은 친환경으로 지어진 한옥인 데다가 고즈넉한 자태를 간직하고 있어서 이곳에 숙박하면서 옛 향취를 마음껏 느낄 수 있었다. 아름다운 한옥의 멋과 운치가 있어 캠프 환경 자체만으로 치유의 효과를 가져온 것이다. 로컬 푸드로 만들어진 유기농 채식 위주의 소박한 남도 한정식 식사는 한옥과 조화를 잘 이루어 참여 교원의 만족도에 기여하였다. 숙박 장소로서 에코촌은 습한 여름에는 쾌적하지만, 겨울에는 외풍이 있는 것이 단점으로 지적되었다.

(2) 캠프 프로그램 운영 및 적용에 관한 성과 분석

교사의 몸과 마음을 치유할 수 있는 교육 프로그램에 대한 참여 교원의 요구를 미리 파악하여 캠프를 준비함으로써 만족도를 높일 수 있었다. 이전의 캠프를 면밀하게 분석하여 교사가 선호하는 교육 프로그램을 제공할 수 있었다. 참가자들은 전반적으로 인지·정서테라피보다 신체테라피 프로그램을 선호하였고, 이론보다는 체험 위주의 프로그램에 높은 관심을 보였다. 캠프에 참여한 다수의 교원이 자신이 직접 체험한 프로그램에 더 많은 동료교사가 참여할 수 있도록 해 달라는 요구를 하였다. 하지만 일부 참여 교원은 노작과 음악 연주 등 전체 교원과 더불어 시행하기 어려운 프로그램을 요구하는 경우도 있었다. 경우에 따라서는 교육 프로그램에 대한 교사 각각의 요구와 선호가 너무 다양해 이를 충족시키기 어려운 난점에 봉착하게 된다.

(3) 소진 예방과 강사의 질 관리에 관한 성과 분석

캠프를 통해 '소진' 및 '잠재적 소진' 교사에게 집중적 치유 및 예방 프로그램을 실시하였다. 이로써 신체와 인지적 · 정서적으로 지쳐 있는 소진 교사에게 자신을 새롭게 이해하고 성찰할 수 있는 다양한 기회를 제공할 수 있었다. 일부 교원은 에니어그램 성격 유형 검사를 통해 자신의 성향을 파악할 수 있었고, 타인과의 관계 설정에서도 많은 도움을 받았다는 의견을 제시하였다. 좀 아쉬운 부분은 집중적 교육 프로그램과 야간 운영 프로그램으로 인해 일부 참여 교원은 피로감을 호소하였다.

캠프 결과 교육 프로그램의 적합성과 강사의 질 관리 필요성을 다시금 확인할 수 있는 계기가 되었다. 교사의 삶과 직접적으로 연관된 교육 프로그램의 내용과 방법을 확인하였고, 캠프별 모든 교육 프로그램에 대한 설문조사를 실시함으로써 신체적 · 인지적 · 정서적으로 치유할 수 있는 프로그램의 적합성을 파악할 수 있었다. 대체로 교원은 강의식 프로그램에 대해서는 집중도와 만족도 모두 떨어졌다. 이러한 한계를 극복하고 교사에게 적합한 교육 프로그램을 제공하기 위해서는 강사의 질 관리가 절실하게 필요하며, 강사들과의 오리엔테이션을 통해 강의의 방향과 질을 조절할 필요가 있다.

(4) 개별 교원의 심층상담에 관한 성과 분석

교사 개개인에 대한 심층상담의 필요성이 이번 캠프에서도 부각되었다. 특히 교사의 체험 수기 작성을 통해 교사의 소진과 교육활동 침해 사례가 복잡하고 다양함을 확인하게 되었다. 하지만 현실적으로 교육활동에 대한 전문 상담가는 턱없이 부족한 실정이다. 우리가 정작 필요로 하는 상담가는 일반 상담뿐만 아니라 교직의 특수성을 이해하고 경험이 풍부한 교육전문 상담가가 필요하다. 이 점에서 교육 경험이 풍부한 동료교원을 활용하거나 은퇴한 교원 가운데서 상담을 해 본 경험자를 초빙하는 방법도 고려해 볼 만하다. 개인심층상담은 많은 시간이 소요되며, 단번에 문제가 해결되지 않는 경우도 있으므로 충분한 준비와 배려가 필요하다고 본다. 프로그램에 참여한 모든 교원이 상담을 받을 수 있도록 멘토가 가능한 교원을 프로그램에 참여시키는 방법도 생각해 볼 만하다. 또한 원활한 개별상담이 이루어질 수 있도록 프로그램 운영의 유연성을 확보하여 원하는 경우 캠프 프로그램 참여 대신에 전문 상담가와 충분한 상담과 대화를 나눌 수 있도록 분위기를 조성해 나갈 필요가 있다.

제4장

교원감정코칭 프로그램

감정노동(emotional labor)은 말투나 표정, 몸짓 등 드러나는 감정 표현을 직무의 한 부분으로 연기하기 위해 자신의 감정을 억누르고 통제하는 일을 수반하는 노동을 말한다. 이러한 유형의 노동은 인간의 노동과 상품 위주의 산업화 시대에는 보기 드물었으나, 산업이 고도화되고 서비스업 종사자가 늘어나면서 눈에 띄게 증가하였다. 이 용어는 원래 혹실드(Hochschild, 1983)의 『통제된 마음(The Managed Heart)』에 최초로 등장한 용어다. 이러한 감정노동을 실제로 수행하는 사람들을 일러 감정노동자라고 칭한다.

대개 서비스업에 종사하는 사람의 감정노동이 특히 심각한 것으로 알려져 있지만, 감정노동은 자본가-노동자, 기업주-고용자의 상하 질서가 작동하는 자본주의 사회에서는 그 업종을 불문하고 널리 상존한다고 볼 수 있다. 더구나 우리 사회에서처럼 사회 전 영역에 걸쳐 '갑을 관계'가 버티고 있는 상황에서는 우리 나라 사람의 거의 대다수가 감정노동에 시달리고 있다고 해도 과언이 아닐 것이다.

자신의 직업 유지와 생존을 위해 많은 감정노동자가 인격적 모욕을 참으며 겉으로는 웃음을 팔아야 하는 현실이 씁쓸한 미소를 짓게 하지만 돈으로 다른 사람의 인격까지 살 수 있다는 생각, 돈만 내면 다른 사람의 인격을 지배하고 무시할 수 있다는 우리 사회의 빗나간 '소비자 권리의식'이 사라지지 않는 한 감정노동자의 고통과 탄식은 우리 주변을 계속 맴돌 것이다.

감정의 문제가 사회의 화두로 전면에 부각된 이후 새롭게 관심을 받고 있는 주제가 바로 '감정코칭(emotional coaching)'이다. 이 용어는 심리학의 임상 분야와 상담의 실제에서 화와 분노 조절법으로 널리 알려져 왔으나, 최근에는 감정코칭이란 이름으로 많은 사람들에게 두루 퍼져 있다. 교원힐링스타트와 에코힐링티처스 프로그램 실시 이후 참여 교원은 이구동성으로 하나의 심화 과정 개설을 요구하였고, 그 요구에 부응하고자 새롭게 구성된 프로그램이 바로 교원감정코칭 프로그램이다.

원래 감정코칭은 이혼율이 세계 최고인 미국(50~60%)에서 이혼의 상처와 후유증을 예방하고 치유하기 위한 효과적인 방법으로 채택하면서 널리 퍼지게 된 하나의 인간심리치료의 방법으로 볼 수 있다. 가트맨(Gottman, 2011b)은 감정코칭을 받는 아동이 감정지능이 높은 어른으로 성장한다는 신념하에 감정코칭을 받은 사람이 다음의 영역에서 장점을 가질 수 있다고 말한다. 즉, 충동조절과 즉각 만족을 지연시킬 줄 아는 능력, 기분이 나쁠 때 자기진정을 할 수 있는 능력, 심장박동을 안정시키는 능력, 집중력, 자기 동기부여 능력, 타인과 연결되는 능력, 우수한 학습 능력과 높은 성적, 인생의 굴곡에 잘 대처하는 능력 등이 그것이다.

가트맨(Gottman, 2011a)의 연구결과에 따르면, IQ보다는 정서적 알아차림과 감정을 잘 조절할 수 있는 능력이 인생의 모든 경로에서 가족관계를 포함한 성공과 행복을 결정짓는다. 집안의 부모로서 혹은 학교의 교사로서 성인이 아동·청소년을 대할 때 감정코칭을 활용한다면 자신의 감정을 잘 다스리는 것은 물론 자신과 마주하는 자녀 및 학생의 감정을 잘 읽고 대처할 수 있는 능력을 발휘할 수 있다는 것이다. 가트맨(Gottman, 2011a; 2014)은 감정코칭의 방법을 습득한다면 누구나 훌륭한 감정코칭 전문가가 될 수 있음을 역설한다. 교사와 학생의 관계를 예로 들어 감정코칭을 설명하면 다음과 같다.

첫째, 학생이 작은 감정을 보일 때 재빨리 알아차림으로써 감정이 격해질 필요가 없게 한다. 감정을 분출하기 이전에 교사는 그 원인을 미리 예감하고 막아 감정폭발의 예기치 못한 부정적 결과로부터 학생을 보호할 수 있게 된다. 감정의 표출이 워낙 순간적이기 때문에 평소 학생의 성격과 성향을 잘 이해하고 파악해 두는 일은 교사의 지혜에 속한다고 볼 수 있다.

둘째, 학생이 감정을 보일 때가 유대감과 친밀감을 형성하고, 감정코칭하기 좋은 때라고 인식하는 것이 좋다. 긍정적 감정 표출은 바람직한 것이기 때문에 교사의 개입이 군이 필요하지는 않지만, 화를 내거나 짜증을 부리는 경우, 슬퍼하거나 수치심을 느끼는 경우 교사는 그 상황에 주목하고 조심스럽게 다가가 그 감정의 근원을 탐색해 나갈 필요가 있다.

셋째, 학생의 감정을 경험하면서 공감하고 수용해 주어야 한다. 문제를 일으킨 학생과 대화를 나누다 보면 감정이 어떻게 발생하여 진화해 왔는지를 가늠할 수 있다. 그 학생의 곁으로 다가가 그의 편이 되어 주고, 귀를 열어 주는 것만으로도 그 학생은 심리적 안정감을 느낄 수 있게 된다.

넷째, 학생이 이해할 수 있도록 감정을 명료화해 줄 필요가 있다. 감정은 분명 기분이나 정서와 관련된 정의적 영역이지만 그 접근은 오히려 합리적 이성과 논리로 접근하는 것이 현명할 때가 있다. 감정 발생의 원인에 대하여 학생이 차분하게 이성적으로 들여다보게 하고, 한걸음 물러나 객관적으로 살펴볼 수 있는 시야를 가질 수 있도록 교사가 도와주어야 한다. 적어도 감정을 다스리는 방법과 경험은 교사가 더 잘 알고 있으므로 현명한 해법을 제시해 줄 수 있다.

다섯째, 학생이 기분 나쁜 상황을 대처하거나 문제해결을 할 수 있게 적절한 방법을 스스로 찾아내도록 도와주어야 한다. 감정으로 인한 대인관계의 문제가 발생하였을 경우 그 대처와 해결은 결국 그 당사자인 학생의 몫이다. 다만, 교사의 입장에서는 상대방에게 피해를 주지 않으면서도 합리적으로 문제를 풀어 갈 수 있는 조언과 지혜를 줄 수 있는 조력자, 촉진자의 역할을 충실하게 수행할 필요가 있다.

1. 감정코칭 치유 · 예방 프로그램 개발

1) 프로그램의 목적

2014년 겨울에 수행한 힐링스타트 교원 직무 연수 및 2015년 여름과 겨울에 실시한 에코힐링티처스 교원 직무 연수 성과와 노하우를 계승하여 보다 체계적이고 심층적인 연수를 제공하고자 교원감정코칭 프로그램을 수행하게 되었다. 이전의 프로그램에서 지향했던 목적과 마찬가지로 교원에게 최적화된 치유 프로그램을 제공하여 그들의 사기를 끌어올리고, 정서적 · 신체적 소진으로부터 삶의 내적 치유 능력을 고양하는 데 목적을 두었다. 교원의 사기와 자신감 회복은 학교생활에서의 행복감을 증진시키는 데 도움을 줄 것이며, 교원의 잘삶은 궁극적으로 행복한 학교문화 창조에 기여할 것이다. [그림 4-1]은 교원 감정치유 및 예방 프로그램이 생겨난 배경을 그림으로 보여 주고 있다.

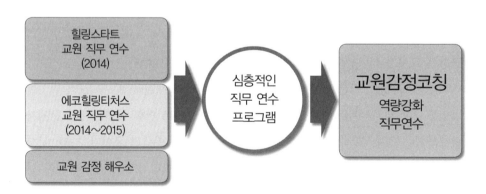

[그림 4-1] 교원감정코칭의 설립 과정

2) 프로그램의 구성과 특징

교육활동에 지친 교원의 자아존중감, 교육활동에서의 자신감 회복을 위하여 참만남, 감정코칭, 역할극과 같은 감정 조절 및 치유 프로그램을 기획하여 교원의 심리적 · 정서적 안정과 더불어, 신체적 리듬 회복 및 인지적 자아존중감과 자신감 회복을 도울 수 있도록 특화된 교원감정코칭 프로그램을 개발하였다. [그림 4-2]는 학습권과 교육권 보장을 위한 교원감정코칭 프로그램을 보여 주는 것이다.

교원감정코칭 프로그램은 전문성을 요하는 만큼 기획단계에서부터 교육학자 1인, 상담전문가 1인, 감정코칭 전문가 1인의 주도하에 TFT를 꾸려 프로그램의 성격과 내용을 사전에 면밀하게 협의하여 범주를 설정하고 세부적 내용을 개발하는 형식을 취했다. 3박 4일 진행되는 캠프 일정에 맞추어 프로그램 구성에서도 '선택과 집중'의 방식을 따랐다. 캠프 시작은 낯선 사람들 간의 만남이 시작되는 중요한 순간이므로 그 첫 만남을 잘 이끌어야 한다. 첫날 참만남 집단을 성공적으로 이끌기 위해서 상담전문가 1인의 주도하에 자신 및 타인과의 만남부터 점진적으로 화(분노)의 만남의 심층 단계로까지 나아가는 순서를 밟도록 하였다.

[그림 4-2] 학습권과 교육권 보장을 위한 교원감정코칭 프로그램

진정한 의미에서의 감정코칭은 둘째 날 감정코칭 전문가와 함께 본격적으로 수행되었다. 교원을 대상으로 하는 단기연수의 특성상 많은 시간을 할애하지 못한 아쉬움이 있지만, 초빙된 감정코칭 전문가의 전문성을 바탕으로 1일 맞춤형 감정코칭 프로그램을 구성할 수 있었다. 이 특별한 시간에 교원은 자신의 감정을 알아채서 그 감정을 다양한 방식으로 치유하는 시간을 가질 수 있었다. 특히, '걱정인형 만들기'와 같은 체험 활동은 오히려 참여 교원을 동심의 세계로 안내하여 잠시나마 마음의 안식과 평화를 되찾을 수 있는 기회를 제공하였다.

셋째 날에는 역할극 전문가를 초빙하여 감정의 심연으로 여행을 떠날 수 있도록 하였다. 역할극은 자기 자신의 감정과의 대면을 중심으로 진행되는 개인적 역할극과 사람들과의 만남에서 빚어지는 다양한 감정의 스펙트럼에 주목하여 진행되는 사회적 역할극 등 두 차례로 나누어 구성하였다. 교원의 직업적 속성상 참여자 대부분이 차분하고 자신의 감정을 드러내지 않기 때문에 역할극이 과연 성공할 수 있을 것인가 걱정과 우려가 앞섰다. 그렇지만 심화 과정의 기획 단계부터 감정의 심연과 조우할 수 있는 역할극을 비켜 갈 수는 없다고 판단하였다. 〈표 4-1〉은 학습권과 교육권 보장을 위한 교원감정코칭 프로그램의 목표와 활동 내용을 개괄하여 보여 주고 있다.

〈표 4-1〉 학습권과 교육권 보장을 위한 교원감정코칭 프로그램

구 분	프로그램명	목표	활동 내용
참만남	소통을 위한 첫만남	참여 구성원들의 참여 동기 및 기대를 알아보고 자기소개 활동을 통하여 친밀감을 형성할 수 있도록 도움	자기소개 및 친밀감 형성을 위한 게임 활동, 얻고자 하는 기대 알아보기 등
	자신과의 참만남	자기 자신을 객관적으로 정확하게 이해하기 위해 자기의 마음, 감정, 경험을 비롯하여 자신의 성격이나 특성을 이해할 수 있도록 도움	참만남 질문카드를 활용하여 평소 자신에 대해 미처 생각하지 못하거나 인식하지 못했던 자신의 모습 이해, 자기수용, 자기노출 활동

참만남	타인과의 참만남	타인을 객관적이고 정확하게 이해하기 위해 타인의 생각, 느낌, 경험을 접하고 그들의 이야기를 통하여 타인의 특성을 잘 파악하고 이해할 수 있는 인간적인 대화와 교류가 가능하도록 도움	경청, 공감 능력 향상을 위한 게임 활동, 대화를 잘 이끌어 나가기, 도움주는 대화전략 등을 활용한 의사소통 능력 강화
	화(분노)와의 참만남	자기의 욕구나 목표를 달성하고자 하는 정당한 행동이 방해받거나 격심한 스트레스를 유발하는 사건에 당면해서 경험하게 되는 분노 감정을 다루기 위해 분노 통제, 분노 조절, 화를 내고 후회하지 않기 위한 자기관리 능력을 습득하여 긍정적인 삶의 자세를 갖도록 도움	분노 각성과 수행 능력, 다양한 '분노의 얼굴' 극복하기, 분노 조절 전략, 갈등 해결 능력 강화
감정코칭	감정 알아채기와 감정 조율	나의 감정을 인식하고 심장호흡을 통해 감정을 조율하는 방법을 배우고 긍정적 삶의 태도 향상	감정날씨 차트를 통한 감정 인식하기, em-wave를 통한 감정 조율, 장점 인터뷰를 통한 긍정성 쌓기
	감정코칭이론 및 초감정 점검	감정코칭의 기본 이론을 알고 양육 자유형과 초감정을 인식함	감정코칭 이론, 나와 내 부모의 양육유형을 인식하기, 초감정찾기(찰흙 작업)
	초감정 치유	초감정의 원천을 알아보고 자기를 지지하는 시간을 통해 치유의 시간을 공유함	상징물을 통한 초감정 치유와 자기지지, 당위적인 삶에서 실존적 삶으로 패러다임 전환하기
	걱정인형 만들기와 힐링	걱정인형 만들기와 행복일기를 통한 상처의 치유와 억눌린 감정의 해소	걱정인형 만들기, 행복일기 쓰기 활동
역할극	몸살림 운동	몸살림 운동을 통해 척추교정 등 바른 자세를 배우고 신체적 역량 강화에 기여	누워 온몸 펴기(와불운동), 발바닥 지압하기, 하체 풀기 등 다채로운 심신활동
	영화치료	심리치료의 수단으로 영화 감상을 활용하여 문제를 재구조화하고 역할모델을 제공함으로써 교사의 심리적 갈등 완화에 도움	심리치유 영화를 감상한 후 상처의 원인과 치유에 대한 사고와 대화를 자유롭게 전개

| 역할극 | 심리극 치료 | 심리극은 개인이 겪는 마음의 문제들을 극화시켜 내재된 감정을 정화하고 문제를 새롭게 이해시킴 | 빈 의자를 활용하여 각 개인이 겪는 감정적 상처를 표출하게 하고, 한 개인을 주인공으로 선정하여 그가 겪는 감정적 상처를 다루고 집단이 함께 공유 |
| | 사회극 치료 | 교사가 공통으로 겪는 삶의 주제들을 선정하여 이를 극적으로 표현함으로써 억압된 감정을 해소하고 문제에 대한 해결책을 모색 | 교사가 겪는 공통의 이슈를 선정하여 이를 역할극으로 표현한 후 억압된 감정을 적절히 해소하고 문제에 대한 합리적 대안 모색 |

2. 감정코칭 치유 · 예방 프로그램 운영 실제

2014년 겨울 '교원감정코칭(Emotional Coaching)' 겨울캠프를 3박 4일 집중코스로 진행하게 되었다. 이 캠프는 '자신의 내면으로 떠나는 여행'의 연장선에서 참여 교원으로 하여금 교직생활 초기의 기억을 되살리고, 교직을 수행하는 동안 겪었던 정신적 피로와 상처를 치유해 주고, 조금이나마 그들에게 위로를 주고자 마련된 것이다. 자기치유가 필요한 초 · 중등 교원, 그중에서도 2014년 10월 8일 실시한 '교원침해 예방을 위한 단위학교 컨설팅' 대상 학교의 관련 교사를 우선 선발 대상으로 하였다. 〈표 4-1〉에서 제시한 바와 같이, 화와 분노 조절, 감정 코칭 및 역할극 프로그램을 교원의 감정상태를 고려한 후 순차적으로 구성하여 정서적 안정과 더불어 감정조절 및 인지적 자아존중감과 자신감을 회복하는 데 도움을 주고자 하였다. 특히 이번 캠프에서는 소수의 집중적인 참만남 집단 활동을 활성화하는 데 많은 노력을 기울였다. 참여 교원의 감정치유는 참여 교원의 집단역동이 성공적일 때 교사 내면의 치유력 강화에 그만큼 더 효과적일 수 있기 때문이다. 〈표 4-2〉는 교원감정코칭 겨울캠프 교육 일정 및 프로그램을 보여 주고 있다.

〈표 4-2〉 교원감정코칭 겨울캠프 교육 일정 및 프로그램(30시간)

시간＼날짜	1월 12일(월)	1월 13일(화)	1월 14일(수)	1월 15일(목)
07:00～07:50	기상 및 산책			
08:00～08:50	아침식사			
09:00～9:30	등록	명상	명상	집단 심리상담
9:30～10:00	개강식			
10:00～10:50	소통을 위한 첫 만남	감정 알아채기와 감정 조율	몸살림 운동	
11:00～11:50				
12:00～13:50	점심식사			폐강식
14:00～14:50	자신과의 참만남	감정코칭이론 및 초감정 점검	역할극	
15:00～15:50				
16:00～16:50	타인과의 참만남	초감정 치유		
17:00～17:50				
18:00～19:00	저녁식사			
19:00～21:00	화(분노)와의 참만남	걱정인형 만들기와 힐링	영화치료	

　　첫째 날 각 지역에서 참가자들이 캠프 장소로 집결하여 등록을 마쳤다. 예상했던 바와 같이 참여 교원은 대부분 표정이 그리 밝지 않았고, 유난히도 서로를 낯설게 대하는 모습이 역력하였다. 그만큼 그들이 그동안 교육활동에서 어려움을 겪어 왔음을 실감하는 순간이었다. 다양한 문제를 지닌 낯선 사람들과의 참만남 집단을 이끌어 가는 일은 쉽지가 않다. 그럼에도 불구하고 상담전문가인 이수진 박사는 자기소개 활동을 하면서 참여자들의 감정을 건드리지 않으면서도 자기 내면의 문제를 드러낼 수 있는 소통의 시간을 잘 이끌어 주었다. 첫날 저녁이 되어서야 참여 교원은 서로 대화를 나누며 서서히 자신의 교직 생활의 고민과 애로를 끄집어내기 시작하였다.

[그림 4-3] 자신과의 참만남

[그림 4-4] 타인과의 참만남

둘째 날에 초빙된 감정코칭 전문가 박정원 선생은 최성애 박사의 감정코칭 전문가 과정을 수료하였기에 많은 기대를 모았다. 기대를 저버리지 않고 첫날의 피로로 인하여 다소 가라앉아 있었던 집단의 분위기를 한층 끌어올렸다. 참여 교원은 자신의 감정을 알아채고 나자 자기 문제의 근원이 어디에 있는지를 찾기 시작하였다. 초감정 인식과 치유가 진행되면서 그들은 그 문제가 외부에 있는 것이 아니라 바로 자신의 내부에 있음을 깨닫기 시작하였다.

초감정(meta-emotion)[1] 문제를 접하게 되면서 참여 교원은 초감정이 '감정에 대한 감정'으로, 자신이 느낀 감정에 대해 느끼는 감정을 말한다는 것을 새롭게 인식하게 되었다. 예를 들어, '자신이 화가 난다는 사실에 대한 슬픈 감정'이 바로 초감정의 예에 해당된다. 초감정은 다른 사람의 감정에 대한 감정뿐만 아니라 자신의 감정에 대한 다차원적 감정을 두루 포괄하고 있다. 초감정은 하나가 아니라 여럿일 수도 있고 여러 층위로 나타날 수도 있다. 초감정은 대개 아동기에 환경이나 문화의 영향을 받아서 형성되기 때문에 사람마다 초감정이 다르게 표출된다. 이러한 감정은 대개 어려서 분별력이 생기기 전에 흡수되므로 전혀 의식하지 못하는 경우가 많아 실제로 다루기가 쉽지 않은 난점이 있다.

---

1) 초감정 문제를 실제적으로 이해하기 위해서는 조벽과 최성애(2011)의 『내 아이를 위한 감정코칭』과 가트맨(Gottman, 2014)의 『결혼 클리닉』을 참조하길 바란다.

　우리가 부적절한 행동을 습관적으로 반복하는 가장 큰 이유는 자신의 초감정을 의식하지 못하기 때문이다. 초감정이 우리 삶에서 중요한 것은 그 의식이 곧 변화로 이어지지 않는다 하더라도 최소한 변화의 출발점이 될 수 있다는 데 있다. 자신의 초감정을 아는 것은 상황이나 상대방의 감정을 읽는 데도 절대적으로 필요하다. 감정이 그렇듯 초감정도 그 자체로 좋고 나쁜 것이 아니다. 즉, 초감정이 다 부정적이거나 불편한 것은 아니라는 뜻이다. 감정이 좋고 나쁜 것이 아니고 자연스러운 현상이듯, 초감정도 좋고 나쁜 것이 아니라는 사실을 있는 그대로 받아들일 필요가 있다.

　걱정인형 만들기 시간은 참여 교원에게 특별함을 선물해 주었다. 원래 걱정 인형은 옛 마야 문명의 발상지인 중부 아메리카의 과테말라에서 오래전부터 전해 오는 인형이다.[2] 아이가 걱정이나 공포로 잠들지 못할 때 부모는 작은 천 가방 혹은 나무 상자에 인형을 넣어 아이에게 선물해 줬다. 그 속엔 보통 6개의 걱정인형이 들어가 있다. 아이가 하루에 하나씩 인형을 꺼내 자신의 걱정을 말하고 베개 밑에 넣어 두면 부모는 베개 속의 걱정 인형을 치워 버린다. 그리고 아이에게 "네 걱정은 인형이 가져갔단다."라고 이야기한다. 이 과정이 특히 중요하다. 아이

[그림 4-5] 초감정 점검

[그림 4-6] 초감정 치유

2) 걱정인형 만들기 내용은 유만찬, 김진경(2013)의 『갖고 싶은 세계의 인형』에서 참조하였음을 밝힌다.

는 인형이 자신의 걱정과 함께 사라졌다는 사실을 확신하기 때문이다. 아이는 걱정인형에게 자기의 걱정거리를 이야기하는 순간부터 걱정을 지워 나간다. 부모에게도 쉽게 말할 수 없는 크고 작은 모든 걱정들을 털어놓을 수 있다. '걱정인형이 내 걱정을 대신해 줄 것'이란 믿음은 의학적으로도 유용한 '처방'이다.

실제로 병원이나 아동상담센터 등에서 아동의 수면장애나 심리치료의 목적으로 이용하기도 한다. 걱정이 없어진다는 믿음이 진짜로 걱정을 없애는 것이다. 참여 교원은 걱정인형을 정성스럽게 만들었으며, 그 인형을 통해 자신의 걱정거리를 하나둘씩 해소해 나가는 적극성을 보였다.

셋째 날의 시작은 자기 명상과 몸살림 운동으로 시작하였다. 자신의 감정 인식과 치유로 교원은 지친 표정이 역력하였다. 심신을 잘 추슬러야만 감정의 최고조 단계로 들어갈 수 있는 준비가 이루어진다. 이 점에서 몸살림 운동은 신체의 이완과 정신의 통일을 위한 예비 과정으로서 참여 교원으로부터 커다란 호응을 받았다.

몸살림 운동본부[4]는 1999년 '활선(活禪)'과 2004년 '몸살림'의 활동을 시민운동 차원으로 승화시켜 사단법인 몸살림 운동본부로 출범하면서부터 주목을 받기

[그림 4-7] 걱정인형 만들기

[그림 4-8] 몸살림 운동

---

3) 몸살림 운동 내용은 사단법인 몸살림 운동본부(http://www.momsalim.kr/)에서 참조하였음을 밝힌다. 실제로 몸살림 강의에서 강사는 몸살림에 관한 기본 원리와 방법을 이론적으로 알려 준 다음 참여자와 함께 방

시작한 단체다. 여기서는 병의 원인을 고관절이 틀어진 것에서 찾는다. 고관절이 틀어지면 처음에는 허리가 아프지만 우리 몸에는 스스로 통증을 줄이고 차단하는 기능이 있기 때문에 수일 후면 통증이 사라진다. 그리고 고관절이 틀어졌다고 해도 고관절 자체에 통증이 오는 경우는 거의 없기 때문에 고관절이 틀어진 것을 모르고 사람들은 살아가게 된다. 하지만 이런 상태가 오래 지속되면 등과 허리가 굽고 어깨가 한쪽으로 처지는 등 몸이 점점 틀어지며 굳어 버리게 되어 몸에 이상이 나타나게 된다. 오랜 시간에 걸쳐 몸이 틀어지고 굳게 되면 원상태로 돌아가는 일은 그리 녹록치 않게 된다. 그 왜곡과 경직성을 짧은 시간에, 더구나 다른 사람이 치유하기란 거의 불가능에 가깝다. 자신의 몸과 마음은 오직 자신의 의지로 부단한 수련과 운동을 통해서만 그 해결이 가능하다.

몸살림 운동본부에서는 몸의 그릇된 발달을 교정하기 위하여 가장 손쉬운 '숙제'부터 시작한다. 그 숙제는 누구나 한 번만 배우면 쉽게 따라 할 수 있으며, 운동을 하는 데 시간이 많이 들어가지도 않고 힘도 들지 않는다. 가장 기본으로 제시하는 두 가지 숙제는 매일 아침 걷기 숙제 20분과 방석 숙제 10분이다. 몸살림 운동 유경험자에 따르면, 기본 숙제야말로 그 어떤 보약이나 운동법보다 건강에 많은 도움을 준다.

교원감정코칭 캠프에서 이러한 몸살림 운동의 전모를 다 경험할 수 없기 때문에 두 가지 기본 숙제를 중심으로 몸살림팔법의 중요성에 대한 강의를 청취하고 부분적으로 시연하였다. 몸살림팔법의 목적은 목뼈, 등뼈, 허리뼈, 고관절, 무릎, 발목, 어깨의 각 마디와 모든 관절을 부드럽게 함으로써 유연성을 키워 주고, 주변의 근육 연성을 강화시켜 각각의 뼈가 제자리를 찾게 하여 건강을 지키는 데 그 목적이 있다. '척추를 바로잡고' '공명을 숨 쉬게' 하며 '오장육부가 제자리를 찾게' 하는 것을 목표로 하는 몸살림팔법은 온몸운동, 서서 허리 굽히기, 서서 팔

석 운동과 걷기 운동 실습을 즉석에서 실시하였다. 몸살림 운동에 관한 자세한 내용은 김철(2012)의 『알기 쉬운 몸살림 운동』을 참조하기 바란다.

돌리기, 팔 뒤로 어깨 젖히기, 앉아서 허리 비틀기, 누워 등뼈 바로잡기, 누워 공명 틔우기, 앉아 척추 세우기 등의 8가지로 구성되어 있다.

몸살림 운동본부에 따르면 사람이 살아가면서 겪는 질환의 90% 이상은 고관절의 이상에 그 원인이 있다. 고관절의 이상은 몸의 균형을 무너뜨려 위로는 척추를 틀어지게 하고, 아래로는 무릎과 발목을 틀어지게 하여 이 때문에 병이 생기게 된다고 본다. 따라서 먼저 고관절의 이상을 바로잡고 나서 위로는 엉치와 척추의 이상을 그리고 아래로는 무릎과 발목의 이상을 바로잡아 주어야 근본적으로 나을 수 있다는 것이다. 다만, 증상마다 틀어진 곳이 다르고 그 정도가 다르기 때문에 이에 따라 해법도 달라지지 않을 수 없다고 본다. 몸살림 운동을 실제 경험한 이후 참여 교원은 그 시간을 늘려 줄 것을 강력하게 요청하였다. 참여 교원들은 그만큼 몸살림 운동이 유용하다고 느꼈던 것이다.

셋째 날 오후는 다소 긴장감이 감돌았다. 역할극 전문가인 박희석 교수를 어렵게 초빙하였으나 교사의 몰입이 걱정되었기 때문이다. 차분하고 전문가적인 코스 운영에도 불구하고 낯설고 서먹한 분위기가 오래 지속되었다. 원래 역할극은 루마니아 태생인 정신과 의사 모레노가 창시한 심리요법으로 전문적인 용어로는 사이코드라마로 불린다. 특히 극의 주제가 사적인 문제를 취급할 때만 사이코드라마라고 하고, 공적인 문제를 주제로 할 때는 소시오드라마(sociodrama)라고

[그림 4-9] 역할극 Ⅰ

[그림 4-10] 역할극 Ⅱ

한다. 분석자(analyst)와 피분석자(analysant) 간의 전이(interference)와 역전이를 통해 이루어지는 정신분석이 의사-환자의 주종관계에 의한 일방향적 소통이라면 사이코드라마는 맡은 역할에 의해 자유롭게 전개되는 쌍방향적 소통이다. 분석자와 피분석자의 역할 또한 교환될 수 있으므로 환자 스스로에 의한 치유가 가능하다. 이것이 바로 모레노의 '역할설'과 '자발성' 이론이다(Moreno, Blomkvist, & Rützel, 2005).

사이코드라마는 일정한 대본이 없고 등장인물인 환자에게 어떤 역할과 상황을 주고 그가 생각나는 대로 연기를 하게 하여 그의 억압된 감정과 갈등을 표출하게 해서 적응장애(適應障碍)를 고치는 방법이다(최현진, 2003). 이 경우 자신이 상대역을 하고 상대방이 자신의 역할을 하는 식으로 역할을 교환하면 타인이 자기를 보는 것처럼 객관적으로 자신을 볼 수 있으며 통찰하기도 쉽다. 이것을 역할연기(role-playing)라고 한다. 심리극에는 시나리오가 있어서는 안 되며, 사전에 연습을 해서도 안 되고 오로지 즉흥극이어야만 한다. 특정한 옷을 입을 필요도 없으며 무대도구도 필요하지 않다. 다만, 무대장면을 상상만 하면 된다. 그러나 그것만으로 극 속으로 뛰어들 수 없을 경우에는 무대를 어둡게 하거나 여러 가지 색의 조명이 사용된다. 극은 감독이 지도하지만 감독은 환자가 갖고 있는 문제(예: 열등감, 심술, 적개심 등)를 미리 알고 있어야 한다. 그리고 극이 문제의 핵심에서 벗어나는 경우 감독은 즉시 시정해 주어야 한다. 심리극에는 관객도 있다. 심리극의 관객은 연기를 하는 사람과 똑같은 문제를 가진 사람들로 구성되는 경우가 많기 때문에 극을 보고 극에 참여함으로써 각자의 심리적 장애를 치료하게 된다. 그러므로 이것은 일종의 집단심리요법이 된다(Dayton, 2012).

사이코드라마는 보통 무대와 주인공, 보조자, 연출자 그리고 관객으로 구성되며 3단계로 이뤄진다(한국문학평론가협회, 2006). 첫 번째 단계인 '워밍업(warming-up)'에서는 게임 등으로 참여자들이 긴장을 깨고 자발적으로 드라마에 빠질 수 있도록 하며, 주인공도 뽑는다. 두 번째 단계는 주인공이 자신의 문제를 무대위에서 행동으로 옮기는 '액팅(acting)'으로 사이코드라마 그 자체다. 주인공은 연출자의 지도에 따라 다양한 상황을 행위하며 죄의식, 원한, 두려움, 갈망 등의 억압된 감정들을 표현하게 된다. 세 번째는 참여자와 관객이 드라마를 통해 경험한 감정들을 서로 나누는 '셰어링(sharing)' 단계다.

사이코드라마가 경우에 따라서는 증상이 더 악화되는 방향으로 전개될 수도 있다(한국문학평론가협회, 2006). 따라서 보조자아와 감독의 역할이 중요하다. 보조자아는 환자의 상대역으로 주인공의 욕망과 요구를 잘 파악하여 행동해야 한다. 이때 무조건 환자가 원하는 대로 움직이지 않고 적절한 저항(resistance)을 주인공에게 부여하는 것이 중요하다. 감독은 보조자아와 환자의 관계를 주시하고 파악하여 최소한의 중지, 개입 등을 통해 극을 올바른 방향으로 이끌어 가도록 노력해야 한다. 이러한 과정에서 감독 – 보조자아 – 환자의 삼자 간 전이가 일어나게 된다.

셋째 날 저녁에는 영화치료 시간을 가졌다. 캠프의 마지막 날 밤 교원은 심화과정의 강도로 인해 심신이 지쳐 있었다. 원래 프랑스의 전설적인 여가수의 파란만장한 삶을 음악과 함께 풀어낸 〈라 비 앙 로즈(La Vie En Rose)〉(2007)를 상영할 예정이었으나, 지친 교원에게 자칫 피로감을 증폭시킬 수 있을 거라는 판단하에 좀 더 가벼운 마음으로 재미를 느끼고, 잔잔한 감동을 받을 수 있는 영화를 상영하게 되었다. 참스승의 힘을 음악과 함께 감동적으로 보여 준 프랑스 영화 〈코러스(Les Choristes)〉(2004)가 최종 선정된 것은 우연이 아니다. 〈코러스〉는 제2차 세계대전 직후 프랑스 작은 기숙사 학교에서 토요일이면 하염없이 아버지를 기다리는 전쟁고아 페피노와 어머니의 관심을 끌기 위해 말썽을 일으키는 모항주가 바로 그 주인공이다. 돌아갈 곳 없이 쓸쓸한 여름방학을 보내는 아이들의 학교에 미완성의 악보를 든 마티유가 임시직 교사로 부임해 온다. 마티유는 강한 체벌로 다스리는 교장에 맞서 아이들의 닫힌 마음을 열기 위해 포기했던 작곡을 하고 노래를 가르친다. 점차 아이들의 하모니가 교내에 울려 퍼지면서, 모항주는 놀라운 음악적 재능을 드러내고, 페피노는 마음의 보금자리를 교문 밖에서 마티유 옆 교탁으로 옮기게 된다.

참여 교원은 아이들의 천진난만함과 교사 마티유의 아이들에 대한 사랑과 교육적 헌신에 연신 눈시울을 적셨다. 캠프의 마지막 시간에 교원은 영화를 통하여 교사로서의 자신의 존재를 돌아볼 수 있는 잔잔한 감동의 시간을 맞이했던 것이다.

3. 성과 분석

1) 연수이수자 분석

교원감정코칭 심화연수 과정은 가급적 최소 인원으로 캠프 효과를 극대화하고자 기획하였다. 당초 계획한 대로 25명을 모집하여 3박 4일 동안 치유의 시간을 가졌다. 남자 교원 9명, 여자 교원 16명으로 연수 과정 내내 여성 참여자들의 적극성이 두드러졌다. 공립학교 교원 22명, 사립학교 교원 3명으로 대부분 공립학교 교원이 캠프에 참가하였다. 사립학교의 특성상 개별 교원이 교육활동 침해와 피해의 문제를 드러낼 수 없는 여건에서 이러한 연수에 참여하기란 쉽지가 않다. 우선 학교장의 허가를 얻어야만 연수가 가능하기 때문이다. 치유를 원하는 사립학교 개별 교원은 많지만 현실적으로 허가를 얻어 나오기란 힘들다. 교원감정코칭 연수에 참가한 사립학교 교원은 이구동성으로 연수를 나오는 과정에서 학교당국과 적지 않은 마찰이 있었음을 토로하였다. 학교급별로 보면 초등학교보다 중등학교 교원이 연수에 더 많이 참여하고 있음을 알 수 있다.

〈표 4-3〉 교원감정코칭 연수 참여 교원 및 이수자 내역   (단위: 명)

계획 인원	수료 인원	남자	여자	공립	사립	초등	중등
25	25	9	16	22	3	9	16

2) 참여 교원 대상 만족도 조사 결과 분석

(1) 설문지의 구성과 내용

만족도 조사 설문지의 제목은 'Emotional Coaching 교원 직무 연수 만족도 설문지'라고 칭하고, 두 가지 관점에서 교원의 만족도 내용을 구성하였다. 인구학적 변인에서는 성별 만족도를, 그리고 교육 경력에 따른 만족도를 파악하고자 하였다. 내용 면에서는 연수 프로그램 전반, 연수 프로그램 내용, 강사 선정의 적절성, 연수 방법의 효율성, 캠프 운영진, 캠프 시설 및 환경, 숙식 사항에 관한 설문에 표시하도록 하였다. 'Emotional Coaching 교원 직무 연수'의 지속 가능성을 묻는 설문에서는 동료교원에게 동일한 직무 연수를 추천할 것인지에 관한 내용을 추가로 설문하였다. 프로그램의 내용을 개선하기 위해서 도움이 되었거나 바람직하다고 생각되는 교육 과목과 그렇지 않은 교육 과목을 직접 기술하도록 주관식 설문을 구성하여 제시하였다. 더불어 향후 'Emotional Coaching 교원 직무 연수'에 개설하면 좋은 프로그램이나 주제를 기술하게 하여 추수 프로그램에 반영하고자 하였다. 마지막으로 'Emotional Coaching 교원 직무 연수'와 관련된 건의사항을 자유롭게 기술하도록 하여 연수 참가자의 다양한 의견을 반영하고자 노력하였다.

'Emotional Coaching 교원 직무 연수 만족도 설문지'는 캠프가 종결되는 시점에 실시하여 캠프 참가자들이 전체 과정을 돌아보며 평가를 내리도록 하였다. 이외에도 캠프 운영에 관한 피드백은 프로그램 중에는 소감문 발표를 통하여, 캠프 종료 후에는 이메일로 자신의 소감을 써 줄 것을 당부하였다.

(2) 참여 교원 대상 만족도 조사 결과 분석

전체적으로 볼 때 'Emotional Coaching 교원 직무 연수' 만족도는 매우 만족 72%, 만족 20%, 보통 8%로 92%가 만족을 나타내었다. 우선 참여 교원 중에서 불만족이 없었다는 점은 고무적이며, 프로그램 내용, 강사 선정, 숙식과 주변 환경, 캠프 운영진의 서비스 등 연수 전반에서 최상의 만족도를 보인 것은 더욱 고무적인 일이다.

더구나 참석자들이 소진의 정도가 크거나 대개 교육활동 중에 이래저래 불유쾌한 일로 연루되어 마음고생을 한 교원이 많아 프로그램 자체를 진행하기가 쉽지 않았다. 그럼에도 불구하고 그들이 서서히 마음을 열고 나중에 미소를 짓고, 떠나는 날 프리허그 타임에 감동의 눈물을 보여 준 것은 만족도 수치 이상의 성과로 그 가치를 평가해 볼 수 있겠다. [그림 4-11]은 연수 프로그램 전반에 대한 만족도를 보여 주고 있다.

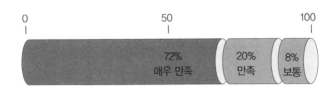

[그림 4-11] 연수 프로그램 전반에 대한 만족도(N=25)

연수 프로그램의 내용에 관해서 참여 교원은 매우 만족 60%, 만족 32%, 보통 8%로 92%가 만족을 나타내었다. 비교적 교육활동의 침해나 피해 경험이 있는 교원이 참여한 탓에 프로그램 내용 구성 단계에서 숙고를 많이 한 것이 그나마 교원으로부터 좋은 반응을 얻은 것이 아닌가 생각해 본다. 참만남 프로그램을 통해 조심스럽게 서로 간의 마음을 열게 하고, 점차 본격적으로 초감정 읽기와 치유 그리고 걱정인형 만들기로 고조를 시킨 다음, 몸살림으로 심신의 긴장을 풀고, 역할극으로 감정의 극단까지 체험하게 하여, 영화치료로 마무리하는 프로그램 구성과 내용이 그대로 적중한 것이다. 둘째 날 감정코칭 초입에 참여자들이 몰입을 할 수 없어서 긴장감이 감돌기도 하였고, 셋째 날 역할극에서도 일부 참여자들이 도저히 역할극을 볼 수 없어 자리를 박차고 나가는 바람에 진행에 어려움이 있기도 하였지만 전반적으로는 좋은 흐름에서 진행된 것으로 판단된다. 추운 겨울 날씨에 캠프가 진행된 탓에 외부에서 자연과 더불어 교감할 수 있는 시간을 충분히 갖지 못하여 일부 참여 교원은 실내 생활에서의 피로감을 호소하는 경우도 있었다. 이 점은 어떤 방식으로든 자연과 교감할 수 있는 프로그램을 개발해야 하며, 몸을 부단히 움직이는 체험활동 프로그램을 다양하게 제공하여야 함을 말해 준다. 가까이에 순천만 국가정원이 있음에도 불구하고 매서운 겨울 날씨 때문에 정원을 거닐며 자기를 돌아볼 시간을 갖지 못한 점은 아쉬움으로 남는다. 그렇지만 프로그램 내용에 대한 만족도 결과는 감정코칭을 통한 심리적 · 정서적 · 인지적 치유 프로그램이 추후에도 심화연수 프로그램 내용으로 적절하다는 점을 시사해 준다. 이번 캠프의 결함을 보완해 나간다면 더 나은 프로그램으로 진화할 수 있는 가능성이 얼마든지 있다. [그림 4-12]는 연수 프로그램 내용에 대한 만족도를 보여 준다.

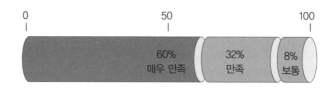

[그림 4-12] 연수 프로그램 내용에 대한 만족도(N=25)

강사 선정의 적절성에 관해서 참여 교원은 매우 만족 76%, 만족 24%로 모든 교원이 전반적으로 만족을 나타내었다. 몇 차례의 힐링캠프를 통해서 알 수 있었던 사실은 프로그램의 성패에 강사의 역할이 결정적이라는 점이다. 이번 캠프에서도 강사의 역량이 얼마나 중요한지를 다시금 느낄 수 있었고, 교원의 강사 만족도 결과는 이 점을 여실히 보여 준다. 이번 캠프에서는 심화 과정의 이름에 걸맞게 한 명의 강사가 하루씩 집중적으로 당일 프로그램을 운영함으로써 프로그램 진행자와 참여자 간에 충분한 교감이 이루어질 수 있도록 하였고, 선정 프로그램의 전문가를 초빙한 덕분에 자신의 역량을 맘껏 발휘하여 매 시간 몰입도를 끌어올릴 수 있었다. 참만남 집단 프로그램을 진행한 이수진 박사는 참여 교원의 성향과 소진 정도를 미리 파악하여 그들이 캠프 기간 내내 편안하게 프로그램에 참여할 수 있는 소통의 기반을 마련해 주었다. 다소 어둡고 가라앉아 있던 분위기를 초반에 잘 이끌어 주었기에 그 이후 프로그램이 순조롭게 진행될 수 있었다. 우리나라 감정코칭 분야의 전문가인 최성애 박사로부터 지도를 받은 박정원 선생은 감정코칭 시간에 섬세하게 개별 교원을 격려하고 지지해 주었다. 부드러운 카리스마로 세례를 받은 소진 교원은 점차 자신의 마음을 들여다보기 시작하였다. 사이코드라마 전문가인 박희석 교수는 집단역동을 파악한 후 교원을 학교의 문제 상황으로 끌어들여 참석자들의 공감을 받았다. 역할극 도중 극적인 상황을 차마 보지 못하고 눈물을 보였던 교원이 적지 않았다. 이처럼 강사들의 전문성, 열정 그리고 상황대처 능력 등이 어우러져 참여자는 심리적 안정감과 신뢰 속에서 자신의 내면을 드러내 보이고, 감정의 진면목을 볼 수 있었다. [그림 4-13]은 강사 선정의 적절성에 대한 만족도를 보여 준다.

이 밖에도 연수 방법의 효율성에 관해서는 매우 만족 72%, 만족 24%, 보통 4%로 참여 교원의 96%가 만족한 것으로 나타났다. 참만남, 감정코칭, 몸살림 운동, 역할극, 영화치료 등 깊이 있는 내용과 심화된 방법으로 연수를 진행한 결과 만족도가 높아진 것으로 보인다. 그리고 캠프 운영진에 관해서 참여 교원의 84%가 매우 만족, 16%가 만족을 나타내 100%의 만족도를 보였다. 캠프진의 역할 분담과 신속하고 유기적인 협조 체제는 만족도에 긍정적인 영향을 미친 것으로 보

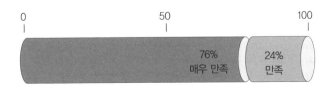

[그림 4-13] 강사 선정의 적절성에 대한 만족도(N=25)

인다. 참여 교원의 특수성과 심화 과정의 몰입도 향상을 위해서 전문성을 지닌 최소한의 캠프 운영진을 투입한 것도 만족도 향상에 기여한 것으로 보인다.

이전의 캠프에서와 같이 캠프 시설 및 환경에 대하여 참여 교원의 60%가 매우 만족, 40%가 만족을 나타내 100%의 만족도를 보였다. 순천만 국가정원 인근에 위치한 에코촌의 깨끗하고 쾌적한 환경이 캠프의 효과를 극대화시킨 것으로 볼 수 있다. 더불어 캠프 생활 중 숙식에 관해서도 참여 교원은 매우 만족 60%, 만족 36%, 보통 4%로 대부분 만족한 것으로 나타났다. 지방자치단체에서 관할하는 한옥형태의 유스호스텔은 신선함과 쾌적함을 주었고, 유기농 식단으로 구성된 푸드테라피는 캠프 생활을 더욱 활기차고 알차게 만드는 요인으로 작용한 것으로 보인다.

동료교원에게 'Emotional Coaching 교원 직무 연수'를 추천하겠느냐는 설문에 대하여 교원은 적극적으로 추천하겠다는 응답 76%, 추천하겠다는 응답 24%로 대부분이 추천하겠다는 의사표시를 하였다. 이 점은 교원감정코칭에 참여한 연수 대상자들이 일정 부분 치유 효과를 본 것으로 볼 수 있으며, 동료교원에게도 이 연수를 추천할 의향이 있음을 직접적으로 보여 준 것이리 할 수 있다.

이 밖에도 크게 도움이 되었거나 바람직하다고 생각되는 교육 과목(프로그램)으로는 감정코칭, 몸살림, 역할극, 참만남, 영화치료 순서로 응답하였다. 향후 프로그램에서도 감정코칭과 몸살림 시간을 적극적으로 확대해서 실시할 필요가 있음을 알 수 있다. 반면에 도움이 적었다고 생각되는 교육 과목(프로그램)으로 감정 코칭(3명), 역할극(2), 몸살림(1명), 영화치료(1명)를 지목하였다. 반대 의견이 나온 것은 일부 참여 교원이 그 프로그램에 적응하기 쉽지 않았거나 아니면 선호도가 낮아서 빚어진 결과로 해석해 볼 수 있다.

향후 개설될 주제나 프로그램에 대하여 참여 교원은 다양한 의견을 개진하였다. 무엇보다도 몸의 활동성을 증진하자는 요구가 가장 많았다. 예를 들어, 몸살림 운동, 요가, 스트레칭 시간을 확대하자는 의견이 많았다. 또한 자연환경을 활용한 힐링 프로그램, 예컨대 산책이나 등산을 통한 야외활동을 요구하는 의견도 있었다. 소수이긴 하지만 개인을 대상으로 하는 깊이 있는 개별상담, 개별면담, 역할극 확대, 유명강사 초청 강연, 웃음치료, 구체적 해결책을 담은 교류분석 등을 프로그램으로 개설해 줄 것을 요구하는 의견도 있었다. 끝으로, 건의사항으로는 참여 대상을 연령별로 유형화하여 진행하자는 의견이 나왔다. 예를 들어, 교원을 연령별(20~30대, 40~50대)로, 직급별(관리직, 부장급 교원, 일반 교원)로 나누어 실시하자는 의견이다. 이외에도 연수 기간을 연장해 달라는 의견과 자연환경을 활용한 프로그램 운영에 대한 의견도 있었다. 프로그램 운영에서 느슨한 일정과 충분한 휴식의 필요성을 제기한 의견도 있었다. 이러한 의견들은 모두 현재 프로그램의 한계를 적절하게 지적한 것으로 추후 프로그램에서 충분이 반영할 가치가 있는 소중한 의견이라고 본다.

3) 교원감정코칭 프로그램 개발 방향

(1) 사업 진단 및 프로그램 선호도

학습권과 교육권 보장을 위한 교원감정코칭 역량 강화 직무연수 교원의 만족도를 분석한 결과 모든 부분에서 90% 이상의 매우 높은 만족도를 보여 교원의 치유를 위한 심화 과정이 추후에도 지속적으로 실시되어야 한다는 당위성을 확보할 수 있었다. 심화 과정의 특성상 깊이 있고 심도 있는 감정코칭 프로그램 위주의 캠프를 진행(인지·정서 프로그램)하였지만 추후에는 실내에서의 집중교육으로 인한 심신의 피로를 풀어 줄 만한 실외 활동 및 자연환경을 활용한 프로그램이 보완되어야 함을 강력하게 시사한다. 참여 교원은 인지적·정서적 프로그램보다 신체적 프로그램을 선호하는 것으로 나타나 추후 신체적 치유 프로그램 개발에 보다 심혈을 기울여야 할 것으로 보인다.

(2) 체계적 시스템 구축을 위한 정책 제언

집단적 치료와 캠프를 통해서도 치유되지 못한 교권 침해 및 피해 교원을 대상으로 개별상담을 통한 지속적 관리가 필요하다. 힐링캠프 이후 보다 전문적으로 교육활동 교권 침해 및 피해 교원의 침해 사례를 다루고자 할 경우 교원 감정 해우소를 상시적으로 운영하여 교원의 심리적 고통과 상처를 치유해 나가야 할 것이다.

[그림 4-14] 교원 감정 해우소의 상시적 운영 체계

　건강 · 경제 · 가족 문제와 같은 교원 개인의 삶의 문제를 포함하여 학생, 학부모, 학교의 관리자로부터 발생하는 교육활동의 제반 문제와 관련된 신체적 · 정신적 · 심리적 소진과 고통이 심각한 수준일 경우, 보다 전문적인 심리치료 기관이나 휴양시설과 연계하여 치유의 기회를 제공해 나가야 할 것이다. 가벼운 상담이나 개별면담 수준에서는 교원 감정 해우소가 그 업무를 감당할 수 있으나, 좀 더 소진이 심각하여 우울증이나 강박증으로 발전한 교원의 경우 인근 정신과병원과 연계를 해서 전문적인 심리치료를 하는 것이 합리적이다. 또한 학교폭력이나 학부모와의 불화로 어떤 문제가 법적인 소송으로 비화한 사례가 있다면 시 · 도교육청 산하 법률지원단의 도움을 받아 문제해결을 해 나가야 한다. 이처럼 교원이 교육활동 수행 과정에서 겪는 심리적 · 정신의학적 · 법률적 문제에 직면하여 도움을 받을 수 있는 안전장치가 있다면 교원은 자신감을 가지고 더 활기차게 교직 업무를 수행할 수 있을 것이다.

　그리고 중장기적으로 교원 치유의 문제를 전체적으로 기획 · 실행 · 평가하는 하드웨어와 소프트웨어, 그리고 휴먼웨어를 갖춘 교원 치유기관의 설치가 시급

하다. 그 바탕하에 교원 치유 프로그램 개발과 캠프 운영을 위한 전문 인력 양성
사업이 지역의 대학과 연계하여 진행될 필요가 있다.

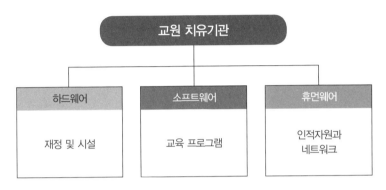

[그림 4-15] 교원 치유기관의 설립과 구성

제5장

교원소진에 관한 질적 사례연구

1. 질적 연구로서 전기연구와 내러티브 인터뷰

현대사회로 접어들면서 전통과 현재의 단절이 커지고, 개인주의적 삶이 팽배해질수록 개인의 삶을 구성 혹은 재구성하려는 관심은 더욱 커지고 있다. 삶의 기술(Beschreibung)로서의 전기가 일생 동안 지속되는 하나의 기획이 된 것이다 (Flusser, 1994). 오늘날 자신의 삶을 구성하는 역량이 커진 만큼 각 개인은 자신의 삶을 부단히 돌보고 스스로 기획해 나가야만 한다. 개인의 자신의 전기에 대한 관심은 전기연구를 가져오는 계기가 되었다.

1) 전기연구

전기연구(Biographiforschung)는 인간 삶에 대한 인식 관심이 학문적으로 승화된 사회과학의 한 방법이다. 개인적 삶의 표현으로서 전기에 대한 관심은 사회학, 심리학, 역사학 분야는 물론 교육학의 다양한 영역에서도 지속적으로 증가하고 있다. 개인주의가 심화될수록 그리고 다양한 규범이 혼재될수록 각 개인이 자신의 삶의 이야기를 어떻게 구성하고, 삶의 난제를 또 어떻게 극복해 나아가는지를 정확하게 볼 필요성이 커진다. 현대사회에서 교원의 삶 또한 예외는 아니어서 그들이 교직생활에서 겪는 고통과 상처 등을 삶의 이야기를 통해서 이해할 수 있다면 교원소진의 속내를 더 자세히 들여다볼 수 있는 계기를 마련할 수 있을 것이다.

학문적으로 볼 때 전기연구는 사회학에서 하나의 중요한 분과로 자리매김한 지 오래고, 심리학이나 심층심리학에서도 중요한 연구방법으로 간주된다. 자전적 구술에서 두드러지는 언어와 행위들은 사회학적ㆍ심리학적 관점에서 사회구조, 인간 내면의 심층과 동기, 인간의 성장과 도야를 이해하는 단서를 제공해 줄 수 있다.

전기연구가 독일에서 1970년대 전후로 심리학, 사회학, 교육학에서 학문적으로 부각되었지만, 교육연구에 실제로 적용된 것은 훨씬 이전으로 소급될 수 있다. 1900년 이전에도 아동연구에서 전기연구를 활용한 흔적을 찾을 수 있기 때문이다. 발달심리학 및 교육연구의 중요한 원천으로서 자서전의 수집과 평가는 학문적 분과로서의 교육학 자체와도 비견될 만큼 역사가 오래되었다. 1990년대 이후 독일에서 교육학적 전기연구는 질적 연구에서 하나의 중요한 방법으로 관심이 늘고 있다. 전기와 자서전을 넘어 내러티브 인터뷰는 개인의 삶의 이야기를 직접 구술하도록 한 후 그것을 채록한 것이다. 따라서 그것은 한 인간의 도야에 관한 생생한 정보를 담고 있어 교육학적으로 활용해 볼 만한 가치가 충분하다.

그리스적 어원으로 보면 전기는 '삶의 기술(Lebensbeschreibung)'이라는 의미로 풀어낼 수 있다. 전기는 인간의 삶, 더 구체적으로는 삶의 이야기와 깊은 연관이 있다. 사회학적 전기연구에서 한 개인의 삶의 이야기는 구술적 면담을 통해 채록된 기록을 의미하는 경우가 많다. 전기는 개인의 이력(Lebenslauf)과는 달리 주관적인 것과 객관적인 것이 교차하는 하나의 문화현상으로 볼 수 있다. 자신의 학력, 경력 위주의 이력과는 달리 전기에는 개인이 주관적으로 체험한 것이 고스란히 녹아 있을 뿐만 아니라 역사적 사건이나 사회적 요소를 부분적으로 담고 있다. 전기는 순수하게 개인적인 것도 아니며, 그렇다고 완전히 사회적으로 규정되는 일면적 속성만을 지닌 것도 아니다. 예를 들어, '집단적 전기'는 전기의 역사

성과 사회성을 잘 드러내 주는 개념이다. 동시대의 개인이 어떤 역사적 조건하에서 어떤 세계관을 지니게 되는지, 삶에 대한 의미 부여는 어떻게 하는지를 집단적 전기연구에서 알 수 있다.

사회학적으로 전기를 개인과 사회 혹은 역사라는 관점에서 볼 수 있다는 명제는 교육이나 인간 도야의 연구에서도 유사하게 통용될 수 있다. 인간의 교육과 도야에서 개인적 관점과 사회적 관점은 동시에 중요하기 때문이다. 교육이 결국 '인간의 자기이해와 자기를 둘러싼 세계이해'(Humboldt, 1903)에 관련된 것이라면 우리는 인간 삶이 고스란히 담겨 있는 전기를 연구함으로써 그러한 총체적인 인간 이해의 단서를 얻을 수 있다.

그리고 전기연구는 좀 더 넓은 의미에서 전기적 자료를 다루는 모든 연구방법을 의미한다. 이러한 점에서 전기연구는 질적 사회연구의 한 부분으로 간주될 수 있다. 이때 자전적 이야기에 대한 해석적 분석은 방법적으로 중요한 기능을 한다. 광의적 의미에서 전기연구는 제3자가 어떤 개인의 삶을 기록한 것이므로 전기와 평전을, 자서전 연구는 한 개인이 자기 자신의 삶을 진솔하게 기록한 것이므로 자서전, 일기, 서간문과 같은 직접적인 삶의 기록을 중요시한다. 대개 자서전이 망자의 기록인 경우가 많지만, 내러티브 인터뷰는 지금 여기 생존한 사람의 자전적 이야기를 생성하여 기록하는 사회과학적 방법으로 볼 수 있다. 이 점에서 내러티브 인터뷰는 자서전 연구의 연장선상에 있다고 말할 수 있다.

역사적으로 볼 때 전기연구는 18세기 말 헤르더(Herder, 1778)로 거슬러 올라갈 수 있다. 그는 인간 삶에 대한 인식관심을 '인간 정신의 인식과 발견'으로 표현하며, 심리학(그 당시에는 철학에서 분화되기 이전의 학문이었음)의 관점에서 전기를 학문적으로 활용하였다. 그 뒤를 이어 프로이센 학술원 회원이었던 포켈스(Pockels)와 마이몬(Maimon)은 10권짜리 『경험적 정신학』을 편찬하였고, 여기서 활용된 전기연구의 방법을 모리츠(Moritz)가 발전시켜 19세기에 아동의 전기와 자서전을 주요 원천으로 하는 아동심리학의 발전에 기여하였다.[1]

하지만 전기적 방법을 대학이라는 기관에서 하나의 방법으로 활용하여 인간의 행위와 심리적 연관성을 연구한 인물은 심리학의 창시자 분트(Wundt, 1879)였다. 분트가 다분히 실험심리학에 치중한 반면 19세 후반 몇몇 정신의학 분야의 학자들(크레펠린, 칼바움)은 정신적 질환의 체계적 진단과 처방을 위하여 환자의 삶의 이야기를 수집하여 적극 활용하였다. 정신질환을 앓고 있는 환자의 자전적 이야기는 오늘날에도 심리치료나 정신의학 분야에서는 비교적 널리 활용되고 있다.

다른 한편, 사회학에서는 '사회연구의 완전한 원천자료'로서 전기적 자료를 인식한 최초 연구자로 토머스와 츠나니키(Thomas & Znaniecki, 2007)를 꼽을 수 있다. 미국에 이주한 폴란드 농부들의 삶의 이야기[2]를 사회연구에 활용한 이들의 연구는 사회학 연구방법론의 발전에 기여하였으나, 그 당시 실험과 처치를 위주로 한 사회과학 연구 풍토에서는 적지 않은 저항에 직면하기도 하였다. 반대자들은 무엇보다도 연구결과의 일반화 문제에 대한 비판과 더불어 시간과 비용이 많이 드는 방법적 한계를 지적하였다. 19세기를 전반적으로 돌아볼 때 사회학에서 전기연구가 주변부에 머물러 있었으나 인성심리학에서는 커다란 반향을 일으켰다는 평가를 내릴 수 있다.

전후 독일교육학의 경우 1960년대 경험론과 실증주의에 이어 1970년대 비판이론이 독일교육학계를 강타한 후 1990년 초반부터 전기연구가 포스트모더니즘의 다원주의적 학문 경향과 맞물리면서 서서히 대두되었다. 이 시기에 주목할 분야는 바로 성인교육학 분야다. 전기이론과 문화이론의 개념을 배경으로 성인교육학에서는 전기적 주체로서 성인을 전면에 드러내기 시작하였다. 즉, 급격히 변화되는 사회에서 각각이 성인이 어떻게 자신의 정체성을 찾으려고 노력하는지

---

1) 모리츠(Moritz, 1756~1793)의 자전적 작품 『안톤 라이저(Anton Reiser)』(1785~1790)는 질풍노도기의 청년 심경을 세밀하게 묘사함과 동시에 당대 부르주아 계급에 대한 통렬한 비판을 가함으로써 심리학, 교육학, 사회학 발전에 기여하였다. 다분히 괴테(Goethe)의 영향을 받아 쓴 이 성장소설은 후일 루소(Rousseau)의 『참회록』의 서술에도 영향을 주었다.

2) 사회학 고전의 하나로 꼽히는 저술 『The Polish Peasant in Europe and America』(1918~1920)는 미국에 건너온 폴란드 이주민과 그 가족들의 삶에 관한 전기연구로서 전 5권으로 출간되었다. 이들의 선구적 연구는 후일 블루머(Blumer)로 대표되는 사회학 분야의 시카고 학파 발전에 결정적인 기여를 하였다.

그리고 삶의 위기와 문제들을 어떻게 직면하고 해결해 나가는지를 인간 학습과 도야의 관점에서 해석하게 된 것이다. 2000년 전후의 교육학적 지형을 살펴보면 (Krueger & Marotzki, 1999), 전기연구는 아동 · 청소년 · 성인의 체험이 모두 긴밀한 연관관계를 가지며, 현재라는 관점에서 그 존재감이 생생하게 드러난다. 전기가 인간의 삶의 총체적 삶에 관여하듯이 교육연구에서도 인간의 성장과 발달 단계마다 그에 상응하는 전기연구가 가능하며, 언제나 지나온 삶의 이야기를 현재적 관점에서 구성 혹은 재구성하려는 노력이 갈수록 절실해짐을 우리는 알 수 있다.

2) 내러티브 인터뷰

교사와 학생의 삶과 문화를 이해하는 일은 교육에서 기본적으로 중요하다. 그들의 삶과 문화를 도외시한 채 일방적인 교수나 주입은 진정한 학습을 보장할 수 없기 때문이다. 따라서 제대로 교육을 하기 위해서는 그들의 삶과 문화를 잘 이해하는 일이 선행되어야 한다. 그들의 삶과 문화를 이해하는 방법에는 여러 가지가 있을 수 있다. 직접 참여하여 그들의 세계를 '기술'할 수도 있고, 다양한 표현들을 통해서 그들의 삶과 문화를 '이해'할 수도 있다. 삶의 표현 가운데, 특히 자서전은 인간의 삶을 가장 직접적으로 보여 준다는 점에서 교육학적으로 충분히 연구해 볼 만한 가치가 있다. 자서전은 비단 한 개인의 삶의 역사뿐만 아니라 개인이 경험한 사회, 문화, 역사가 그 안에 고스란히 드러나 있기 때문이다.

헤닝센(Henningsen, 1981)에 따르면, 자서전이란 문서화된 과거 사람들의 기록물이다. 이로 인해 자서전을 교육연구 대상으로 삼을 때 직면하게 되는 난점이 있는데, 자서전 연구가 과거 위인 중심의 이야기를 다루게 되므로 현재를 사는 보통 사람의 이야기를 직접 다루는 데는 한계를 지닌다. 또한 이미 문서화된 기록을 대상으로 하기 때문에 현재 살아 있는 사람의 구술 자료를 다루지 못하는 아쉬움이 있다. 이러한 한계를 극복할 수 있는 대안이 바로 내러티브 인터뷰다.

　　표준화된 면접법과는 달리 내러티브 인터뷰는 되도록 면담자의 간섭 없이 면접 대상자의 체험을 구술하도록 하여 면접 대상자가 직접 겪은 경험을 재구성하는 방법이다. 이 면접법이 성공하기 위해서는 일상에서 대화하듯이 대화자 간에 자연스러운 분위기를 조성하는 일이 중요하다.

　　이 방법은 대륙의 현상학, 해석학, 담화분석 이론과 미국의 상징적 상호작용론, 민속지, 민속방법론 등을 토대로(Lemnek, 2005) 독일의 사회학자인 쉬츠(Schütze, 1977; 1983)에 의해 창안되었다. 이제까지 이 방법은 사회학은 물론 경제학, 심리학, 인류학 연구에 적용되어 왔고, 1990년대 들어서면서 마로츠키(Marotzki, 1990; 1991)에 의해 교육연구의 한 방법으로 수용되었다. 이 방법을 활용하여 우리는 개인의 생활, 문화, 교육에 관한 생생한 정보를 수집할 수 있다. 여기서 수집된 자료를 통해 우리는 개인의 일상 경험이 어떻게 이루어지는지, 한 개인이 어떻게 한 인간으로 형성되고 도야되는지를 알 수 있다. 구술적 면접은 도입 단계, 구술과 후속 질문 단계, 정리 단계 등 세 단계로 나눌 수 있다(Schütze, 1977).

　　첫째 도입 단계에서는 면담자가 면접 대상자에게 구술 방법을 설명한다. 이때 면담자는 필요한 경우에 자신의 관심을 표명하여 구술이 구심점을 찾도록 할 수 있다. 두 대화 상대자 간에 신뢰가 형성되고 어느 정도 동기가 부여되면, 면담자는 구술을 시작한다.

　　둘째 단계는 면접의 핵심 부분으로 구술 단계와 후속 질문 단계로 나뉜다. 구술 단계에서 면담자는 피면담자로 하여금 자신이 직접 체험한 이야기를 즉석에서(stegreif) 설명하도록 한다. 면접이 성공하기 위해서 연구자는 가능하면 면접할 대화 상대자를 방해해서는 안 되며, 충실한 청취자의 역할을 수행해야 한다. 피면담자가 이야기 종료의 신호를 보내면 후속 질문 단계에서 면담자는 구술 도중 불명료한 부분이나 모순된 설명에 대해서 다시 설명해 줄 것을 요청할 수 있다. 이는 피면담자의 구술 능력을 최대한 살리기 위한 방법이다.

　　셋째 정리 단계에서는 면담자가 피면담자에게 자신이 이제까지 구술한 내용에 대해서 나름의 평가를 내리게 한다. 앞의 두 단계가 구술에 의존한 것이라면, 이 단계는 구술자의 의견이나 가치 판단이 허용되는 특징이 있다.

면접 후 면담자는 구술자의 어법, 표정, 음의 고저, 침묵 등 대화 과정에서 나타난 모든 의사소통적 행위를 고려하여 되도록 상세하게 자료를 채록할 필요가 있다. 이러한 자료 채록 방법은 '자연의 언어'를 담고자 하는 내러티브 인터뷰의 기본 입장을 반영하는 것이다.

채록된 자료는 분석 및 해석되어야 한다. 우선, 원자료(raw data)를 상기한 단계에 맞게 형식적으로 구분한다. 그런 다음, 주장이나 해설과 같은 비구술적 자료로부터 '순수한 구술 자료'를 선별하는 작업이 뒤따른다. 그다음은 순수하게 구술된 내용을 주제별로 가려내는 작업이다. 예를 들어, 이야기가 학교에 관한 것인지, 취미생활에 관한 것인지, 또는 친구에 관한 것인지 아니면 가족에 관한 것인지에 따라 자료를 분석해야 하며, 각각의 분리된 이야기 고리(Erzählungskette)를 연구자의 인식 관심에 따라 해석해 나간다. 내러티브 인터뷰를 통해 한 개인의 생생한 자전적 자료를 분석·해석하는 것도 그 자체로 나름의 의의가 있으나, 연구의 일반화 문제를 생각하지 않을 수 없다. 따라서 분석한 자료를 다른 사람의 자료와 비교하여 유형화하거나 일반화를 꾀하는 작업도 연구의 마무리 단계에서 함께 고려할 필요가 있다.

이 연구에서는 연구자가 직접 구술자를 면담하여 자료를 채록하였고, 채록된 자료 자체도 원자료로서의 가치가 충분하다고 판단하여 가급적 구술자의 어감과 분위기를 잘 살려 제시하였다.[3] 그런 다음 이 연구의 주제가 '교원소진'에 있는 만큼 그 주제를 중심으로 자료를 분석하였다. 이때 주제와 관련된 구술자의 진술이 잘 드러나는 문단, 어구, 핵심어 등이 분석의 초점(focus)이 된다. 내러티브 인터뷰는 단순한 구술사(oral history)와 달리 면담자와 구술자 간의 대화와 둘 사이

---

[3] 이 연구에서 활용한 전사(transcription)의 원칙은 다음과 같다. 이름은 익명 처리한다. 괄호를 사용하여 목소리, 행위, 감정을 표시하며, 군더더기 말, 동어 반복 및 사투리에 대한 표준어를 표시한다. 문장 종료 시 온점을 찍고, 애매모호한 부분은 괄호 안에 물음표로 표시한다.

의 상호작용(interaction)이 그 핵심을 이룬다. 사람 사이의 대화 과정으로 구술되어 채록된 자료는 이제 하나의 텍스트로 간주될 수 있는데, 텍스트 해석이 필요한 것은 구술자와 면담자의 관점을 확인하고, 때로는 그 차이를 드러내기 위함이다. 텍스트 해석에서는 먼저 구술자 자신의 해석을 살핀 후 구술자 자신의 해석을 면담자가 다시 해석하는 일련의 과정을 포함한다. 다시 말해서, 한 인간이 개인이 주변 환경에 어떤 영향을 주었는지, 또는 역으로 그 환경에서 어떤 영향을 받았는지를 하나의 맥락(context) 차원에서 살피게 되는 것이다. 가장 중요한 것은 구술자의 주관적 경험이 어떻게 구성되는지 그 과정을 면밀하게 이해하려는 노력이다. 왜, 어떻게 바로 '그' 경험이 만들어졌는지를 천착하는 작업이 해석에서 놓쳐서는 안 되는 중요한 일이다(유철인, 2003: 113). 다섯 가지 사례에서 교원소진의 원인과 대처방식에 관한 유형을 도출하는 일이 다소 무리가 따를 수 있다. 하지만 그 선별된 사례들이 이미 다양한 소진 경험을 한 교사 가운데 이론적 가정을 충족시킬 만한 사례로 간주되어 심층 인터뷰를 진행하였으므로 그 현상에 대한 대략적인 경향성을 파악하는 데 도움을 줄 수 있을 것이다. 예를 들어, 필자는 교원소진의 원인이 주로 학생에서 기인한 것이라는 사실을 이미 교원힐링 캠프 신청 단계에서 어느 정도 파악할 수가 있었고, 그런 점에서 선정된 대상자는 나름의 이론적 포화상태를 거친 후 인터뷰를 실시한 것으로 볼 수 있다.

그렇다면 이 연구에서는 연구의 질을 보장하기 위해 어떤 노력을 기울이고 있는가? 이 질문은 질적 연구의 타당성 확보와 관련된 문제다. 잘 알려진 바와 같이 '타당성'은 특정한 도구가 측정하고자 하는 것을 제대로 측정하고 있는지를 따져 보는 것이다. 여기에서는 덴진(Denzin, 1978)의 다각화 검증을 활용하여 연구 자료, 연구자, 이론, 방법의 다양한 관점에서 다각화를 실현하고자 하였다. 우선 MBI 및 SCL-90-R의 검사 결과, 교육 프로그램 활동지, 질문지, 구술 자료 등 연구와 관련된 모든 자료를 최대한 활용하였다. 연구자 스스로도 질적 연구를 위해 내러티브 인터뷰의 절차와 과정을 숙지하였고, 초점 인터뷰(focused interview)에 필요한 면담 질문지를 작성하였으며, TAP에 참여하는 교원을 대상으로 심층면담의 목적과 연구윤리 사항을 자세하게 설명하였다. 인터뷰에서도 연구 목적을 벗어나지 않도록 적시에 질문을 던져 내용의 충실도를 기하였고, 전사된 내용을 여러 차례 반복하면서 수정·보완하였다. 이론 면에서도 교원소진과 감정노동자에 대한 이론과 본 연구 사례를 비교하여 기존 소진 이론이 갖고 있는 가정(assumption)의 가능성과 한계를 비판적으로 검토하고, 새로운 유형화 가능성을 탐색하였다. 연구 방법 면에서 면담자인 필자는 구술자와의 심층면담 이전에 힐링 캠프에서 그들의 활동을 면밀하게 참여 관찰하였고, 채록된 내용을 구술자로 하여금 확인을 받았으며, 마지막으로 힐링캠프에 진행 요원으로 직접 참여했던 질적 연구 수행 경험이 있는 두 명의 박사학위 소지 연구자와 함께 해석된 질적 자료에 대한 논의를 충분히 한 다음 최종 글쓰기 작업을 마무리하였다.

2. 구술 자료의 수집

다음에 제시한 사례들은 교원힐링스타트 프로그램(2014)의 TAP에서 연구자가 교원을 대상으로 인터뷰한 결과를 연구 목적을 위해 선별한 것이다. TAP는 교육 활동에서 발생하는 다양한 피해 혹은 침해 경험을 교원의 살아 있는 목소리를 통해 경청함으로써 그들의 삶의 세계를 보다 깊게 이해하고, 필요한 경우 상담과 추수 지도를 통해 그들의 삶을 돕고자 마련된 프로젝트다.

사례 분석에서 드러나겠지만, 교원은 자신이 맡고 있는 학생, 오직 학생 입장만 생각하는 학부모, 그리고 교장과 같은 학교의 관리자, 심지어는 교육청의 장학사나 상관과도 종종 갈등을 겪으며, 때로는 그들로부터 고통과 상처를 입기도 한다. 하지만 교권 피해 및 침해 교원의 심리적 고통과 상처, 내면세계를 보다 잘 드러내기 위해서는 종래의 양적 연구나 면접법만으로는 한계가 있다. 이 점에서 쉬츠(Schütze)가 고안한 내러티브 인터뷰는 교원의 삶의 세계를 이해할 수 있는 좋은 통로를 제공해 주었다. 이 방법을 활용하여 면접 대상자의 자유로운 구술 자료를 토대로 표준화된 면접에서는 얻을 수 없는 삶에 대한 깊고 넓은 정보를 얻을 수 있었기 때문이다.

교원이 대개 자기 자신의 어려움과 고통을 남에게 드러내지 않고 속으로 삭히는 경우가 많아서인지 그들의 속 깊은 이야기를 듣기란 쉽지 않았다. 다음의 다섯 가지 사례 중 자신이 용기를 내어 자발적으로 면담을 신청한 경우는 단 한 건에 불과하다. 나머지 네 건의 사례는 프로그램 도중 진행 요원의 눈에 띄어 권유를 받은 경우다. 막상 이야기의 물꼬가 트이자 이들은 점차 자신의 속내를 드러내기 시작하였다. 감정이 고조되었을 때는 눈물을 흘리거나 긴 침묵이 뒤따르는 경우도 있었다.

구술자의 보호를 위해 각 사례마다 영어 대문자 첫 자를 사용하였고, 개인적 정보와 관련된 부분은 삭제하거나 재구성하여 사례의 역할을 분명히 하였다. 이와 함께 채록된 구술 자료의 이해를 돕고자 사례의 첫 부분에 면접 대상자의 성별, 나이, 교직 경력, 재직 학교에 관한 최소한의 정보를 제시하였다.

1) 사례 K

성별: 여
나이[4]: 60대 이상
교직 경력[5]: 21~30년
재직 학교: 중학교

I[6]1:   편하게. 지금 교사로서 계신지 몇 년이나 되셨나요?

---

[4] 교원치유 프로그램 참가교원 모집에서 나이는 20대, 30대, 40대, 50대, 60대 이상으로 구분하였다.

[5] 교원치유 프로그램 참가교원 모집에서 교직 경력을 10년 이하, 11~20년, 21~30년, 31년 이상으로 구분하였다.

K1:   28년째 정도.

I2:   28년째. (K: 예) 오래되셨네요. 그래서 한번 (쭉) 그 교직생활을 돌아보신다면 어떤 것 같아요?

K2:   (5초간 침묵) 교직에 처음 발령을 받았을 때는 뭐랄까, 내가 원하는 것을 하게 돼서 너무 기뻤지요. 처음 1년 차는, 처음에 발령받았을 때는, (너무 뭐랄까) 자기가 하고자 하는 일을 하면 기쁘잖아요. 그래서 너무 항상 마음이 둥둥 떠 있었는데, 지금 생각해 봐도 그때 수업을 들어갈 때, (잠시 침묵) 얼마나 공부를 해 가지고 들어가겠어요. 그런데 계단까지는 당당하게 들어가는데, 문을 딱 열고 들어갔을 때 아이들의 얼굴을 보면 막막해지는 순간들이 좀 많았어요. 그러면서 이제 1년을 보냈었는데, 그런데 그 막막해지는 순간이 3~4년마다 한 번씩 주기가 오더라고요. 내가 지금 가르치고 있는 게 이게 맞는가? 그래서 완전히 딜레마에 빠지더라고요. 제가 교직에 들어와서 1년 동안 굉장히 열심히 했어요. 처음에는 하얗고, 내가 가르치고 있는 게 옳은가, 내가 지금 아이들에게 제대로 (뭐랄까) 전달을 하고 있는가?

I3:   과목이 혹시?

K3:   그때는 상업이었어요. 제가 원래 경영학 전공했고, 그다음에 부전공으로 또 전산을 했어요. 이기(?).

I4:   전산?

K4:   이기(?). 한참 했었잖아요. 그다음에 상담을 했어요. 그때 회계를 했는데, 아, 내가 지금 가르치는 게 옳은가? 지금 맞는가? 아이들은 다 알아먹고 있는가? 굉장히, 그때 다시 처음과 같이 처음 들어간 해와 같이 굉장히 딜레마에 빠지더라고요. 그래서 시험문제 하나 낼 때까지도 꼼꼼하게 내고, 그럼에도 실수는 있었지만, 한 3~4년 지나고 나서 그 딜레마에 또 빠지는 거예요. 막 자신감이 생기더니 갑자기 어느 날부터 내가 지금 잘하고 있나 이런 생각이 들면서 그게 한두 달 정도 가요. (한숨을 깊게 쉬며) 아! 그러면 냅다 이제 교육학 보고 공부하고 또 막 책을 갖다가 가르치기 전에 처음부터 끝까지 쫙 보고 있는 거예요. (인자) 그래 가지고 그 시기

---

6) I는 Interviewer의 약자이며, 연구자가 직접 면접을 준비하여 실행하였다.

를 잘 넘기지 않으면 굉장히 힘들더라고요. 그런 게 처음에는 제가 교직 들어가고 나서 한 3년 만에 오더니 그다음에는 2년 만에 한 번 또 오더라고요. 그래서 내가 이걸 그만두어야 하나. 진짜 그런 생각이 들었어요. 그래 가지고 그러기를 한두 번 정도 하고 나니까, 그 이후부터는 그 어떤 교사로서의 학생들 앞에 서는 두려움이, 좀 잘 가르칠까 하는 두려움, 그런 게 좀 없어지더라고요.

I5: 음, 그러니까 그 고민이 수업을 잘 하기 위해서 한 고민들이 대부분이었죠? 그때 당시에는?

K5: 그렇죠.

I6: 뭐 학생들이, 혹 생활지도에 문제가 있지는 않았나요?

K6: 그때는 아이들이 학생들이 우리한테 대든다거나 이런 경우는 없었죠.

I7: 순전히 수업을 어떻게 잘 할 것인가?

K7: 그렇죠. 내가 어떻게 아이들한테 최선을 다하고, 내가 아이들을 어떤 가르치고 있는 과목에 대해서 어떻게 좀 최고가 돼 볼까? 또는 어떻게 애들한테 내가 이런 걔네들이 학습해야 하는 어떤 그런 것들에 대해서 최선을 다해서 가르칠까. 어떻게 하면 걔네들이 잘 받아들여 줄까. 이런 것에 대해서 한참 고민을 내가…….

I8: 초기에는…….

K8: 네, 초기에는…….

I9: 그러면은 이제 지금 거의 30년 돼 가는데, 최근 들어서 고민은 어떤 것들인가요?

K9: 제가 제 나름대로 좀 성격도 밝고, 또 이제 나름대로 어떤 리더십도 그렇고 뭐 학교에서라기보다는 (인자) 스스로 생각했을 때, 그래서 아이들이 굉장히 저를 잘 따르고, 또 저도 막 꼬장꼬장한 걸 제일 싫어해요. 같은 교사로, 같은 교사지만 유독 꼬장꼬장하는 사람들이 있거든요. 그런데 꼭 저렇게 해서 아이를 갖다가 저렇게 닦달해야 될까 하는 생각이 들 때가 있더라고요. 제가 이런 말 하면 좀 그러지만. 그래서 아이들을 그렇게 닦달하진 않아요. 닦달하지는 않고 저는 좀 개운하게 풀어 줘요. 풀어 주는데, 이렇게 뭐랄까 꼭 지켜야 할 것들. 나도 너희한테 지켜야 될 것들이 있고 너희도 우리가 개인 개인이면 너를 다 봐 주지만 개인이 아니고 우리가 예를 들어서 우리가 35명, 40명 그때 초기에는 그랬잖아요. 그 아이들이 전부 다 집단생활을 하려면 기본적으로 지켜야 되는 룰이 있다. 그게 바로 교칙

이고, 그다음에 우리 반에서만 지켜야 될 어떤 뭐라 할까, 약속이나 급훈이 있듯이 급훈은 아니지만 우리가 우리 반으로서 반원으로서 지켜야 할 것들이 있다. 그런 것들을 지켜 주면 좋겠다 하고 간단하게 딱 다섯 가지만 말해 줘요……. 그래 가지고 초창기에 그러잖아요. 보통 선생님들이 한 3월 달에는 엄청 엄격하게, 정확하게, 나도 부지런해야 되고, 아이들도……. 왜냐하면 그 선생님들이 보통 그런 말씀하시거든요. 3월 달에 가장 잘 기틀을 잡아 주고 나서 애들을 때린다거나, 저는 그러지는 않고 꾸중도 안 해요. 잘. 꾸중도 안 해요. 그리고 쳐다보고 뭐야? 이렇게 뭐야? 이렇게 해 줘요. (웃음) 그러면 뭐, 뭐 이렇게 하거든요. 모르겠어요. 그때는 여학생들이라, 엄마 같은 마음으로, 딸아이하고 딸아이가 이렇게 커 가면서 10년, 15년 정도 지나면서는 중학생이 되면서 저희 딸도 그 수준이 되잖아요. 그러니까 아이들이 내가 교사라는 생각보다는 그 뭐랄까 엄마, 엄마 같은 마음으로 아이들을 다루게 되더라고요. 그리고 아이들이 또 엄마라고들 해요.

I10: 음, 실제…….

K10: 네, 지금은 좀 나이가 많아서 엄마라는 말은 안 듣지만 그때는 30대 중반, 이 정도, 30대 후반 이 정도 될 때는 아이들이 '샘님'보다는 뛰어나와서 '엄마' 이렇게도 말을 하고 또 저도 그때는 아이들이 학생들이라기보다는 "엄마가 그랬잖아." 이런 말이 이렇게 절로 (절로) 튀어나오고 그런 시절이 가장 행복했던 것 같아요. 30대 중반에서 40대까지…….

I11: 그때까지…….

K11: 40대 초반까지. 그러니까 30대 중반에서 45세 이 정도가. 모르겠어요. 그 교사 생활의 하이라이트였다고 할까? 아이들도 어느 정도 좀 크고 36~37세 이때부터 45~46세 정도까지가 가장 교사로서 학생들과 가장 밀접하게 관계 맺고 있었고, 다 주면은 그 애들이 다 받아서 받을 수 있고 그럴 때가…….

I12: 황금기였네요. 선생님 개인적으로 봐서도…….

K12: 예, 그때가 가장 행복했었고, 애들을 매를 때리긴 때리죠. 그런데 한번 강하게 잡을 때는 아주 강하게 잡는데, 저 같은 경우에는 짜질짜질하게 화를 낸다거나 때린다거나 이러지는 않아요. 한 번, (저) (인자) 몇 번 경고를 하겠죠. 이러이런 것은 이러이러하니까 하지 않았으면 좋겠다. 예를 들어서, 그런데 예를 들어서, 학교 왔

다가 지맘대로 가 버려. 9시 막 애들 다 수업 시작하는데 와 가지고 지가 좀 짱이다 이거지요. 와 갖고 뒤를 딱 돌아가지고 점심 먹고 가버려. 이건 용납할 수가 없죠. 그러면 이제 한두 번은 "하지 말아라." 하고 "네가 그러면 전체적인 반도 흐트러지고 꼭 필요하면 선생님한테 말을 해라. 무슨 선생님이 꼬장꼬장하게 안 보내 줄 것도 아니고 내가 네 계획을 들어 봐서 네가 도저히 수업 시간에 못 견디겠다거나 아니면 너무 힘들다거나 아니면 네가 있어서 반이 전체적으로 예를 들어 불편하다거나 그러면…… 내가 조치를 해 주겠다" 하는데, 그 있어요. 애들. 요렇게 쳐다보고. 그러면 교사인데도 꼭지가 꽉 돌아요.

I13: 예, 그렇죠.

K13: 그래 가지고 한번은 제일 기억에 많이 남는 게, 그때는…… 진짜 애들 많이 때릴 때였어요. 정말 저는 어떻게 생각하면은 그 아이들에게 관심도 없고 사랑도 없고 그러면은…… 처음에 저는 애들한테 손을 안 댄다고 생각했어요. 그런데 사실은 젊었을 때는 자기 화에도 자기 성질을 못 이겨서도, 그 뭐랄까, 아이들을 때리기도 하지만 정열과 열정이 없으면 아이들을 다루지 않아요.

I14: 그렇지요. 놔두죠.

K14: 예, 그런데 지금 제가 나이가 50이 넘고 (인자) 교직경력이 30년이 되고 보니까 그것에서 그러니까 내가 아무리 정열과 사랑이 있어도 손을 대지 않고 뛰어넘을 수 있는 그 한계가 있더라고요. 그러니까, 그것, 지금 시대적인 것이 시대가 요구하는 것은 뭐랄까. 아이들을 때리지 않고 지금 30년이 넘어서 내가 깨달아지는 바를 원하는 거예요. 그런데…… 그거는 제가 생각할 때는 좀 어려워요. 저는 그것이 (반복하며) 이제야 그 수많은 단계, 단계, 단계, 단계를 거쳐서 내가 이 정도 해야 매를 들지 않고도 손을 대지 않고도 아이들이 정말 쪼끔 변화되거든요. 쪼끔 변화돼요. 청소년기라는 그 자체가. 그런데…… 시대가 요구하는 것, 교육부가 요구하는 것, 교과부나 교육청에서 요구하는 것, 애들한테 매 대지, 매를 아예 대지 말라, 욕설도 하지 말라, 심한 말도 하지 말라. 아, 그거는…… 죄송합니다. 그 사람들이 한번 와서 해 보라고 그러세요. 너무 힘들어요. 이렇게 와서 한번 특강하는 것과 저희는 1년 동안 아니면 그 3년 동안 그 아이들을 계속……

I15: 부대껴야 되지요?

K15: 부대껴야 되고, 그 아이들의 뭔가를, 단순하게 어떤 지식만을 전달하는 게 아니라 학교의 가장 기본적인 틀, 인성을 갖고 나가는 거잖아요? 그런데 그 자체가 아예 없어져 버리는 거예요. 쉽게 말하면, 지금 선생님들은, 지금 선생님들이 아니라 언제부터인가 우리가 이제 스마트폰이 나오고 인터넷이라는 매체가 등장하면서부터는, 애들이, 선생님이 뭐라 하잖아요? 그러면 이렇게 사진을 찍고 이렇게 버튼 눌러 놔요. 그래서 항간에 좀 웃긴 얘기로 때릴 때 발로 때렸어요. (I: 오!) 교탁 밑으로 해서 발로…….

I16: 안 보이게?

K16: 안 보이게 (하하하) 아, 진짜로 사진 찍고, 막 그러니까. 그래 가지고는…… 그런 시기들이 있었는데, 초창기 저 같은 경우에는 그렇게 애들에게 본때를, 한번 딱 시범 케이스를 보이는 거죠. 그래 가지고 안 죽을 만큼…….

I17: 오! (K: 진짜 그때는) 여학생, 여학생한테?

K17: 예, 여학생! 두 번 제가 기억이 나요. 한번은 진짜…… 한…… 진짜…… 안 죽을 만큼 매로, 약속을 했기 때문에. 왜냐하면 아이들한테 전부 다 시범 케이스겠잖아요. 내가 "내가 세 번째 어기면 너를 100대를 때리겠다." 그래 가지고 진짜 100대를 때렸어요. 바닥에 쓰러질 정도로. 그래 가지고 제가 부모님한테 전화해서 그러니까 전화를 해서 "이 아이가 이러이러합니다. 그런데 제가 약속을 했으니까 이 아이가 오늘 매를 맞습니다." 그랬더니 (인자) 그 아이가, 그럴 정도면, 저만 속을 썩였겠어요? 부모님도 얼마나 많이 속을 썩였겠지요. 그래서 "이 아이가 쓰러질 수도 있습니다." 왜냐하면 저는 때릴 때 좀 아프게 때려요. 왜냐하면 이거는 매니까. 사랑의 매는 이렇게 그냥 이런 거는 사랑의, 이렇게 또닥또닥한 것은 매가 아니고, "네가 정말 약속을 어겼고 네가 지켜야 될 것들을 지키지 않았기 때문에 이거는 아픔이다. 이걸 통해서 네가 성찰을, 뭔가 바꿔 나가라는 의미로 너를 때리는 거지. 내가 이거 어겼으니까 화가 나서 너를 때리는 거는 아니다." 그래 가지고 딱 주저앉아 버릴 정도로 때렸어요. 그래 가지고 어머니 오시라고 해서 데리고 가라고 했어요. 그래 가지고 3일간 치료받았다고 하더라고요.

I18: 음….

K18: 그래서 제가 결석처리는 안 하고 이제 제가 그간에 있었던 일을 어머니한테 다 말

하고, 또 혼자 사시는 분이었는데 (그 아이가) 자기 통제가 안 되는 거예요. 그래 가지고 정말 학교를, 그 아이는 (인자) 그다음부터는 어째, 때리고 나서는 달래 줘야 하잖아요. 이제 안아 주고 만날 관심 두고 안 오면 집으로 전화하고, 그 후에도. 만날 잠자고 안 오니까.

I19: 좋아졌어요? 그래 가지고?

K19: 예, 그래 가지고 학교를, 그러니까 걔는 사랑이 필요했던 거예요. 그 뭐랄까.

I20: 음, 관심? 오히려…….

K20: 예, 이렇게 (인자), "가시나, 왜 안와? 왜 이렇게 늦게 왔어?" 이런 말들. 어, 그래 가지고 엉덩이 이렇게 또닥또닥해 주고 그다음에 이렇게 뭐가 흘렀으면 "뭐 묻었네. 왜 이렇게 흘리고 다니냐." 이렇게 하면서 머리를 이렇게 하면서, 머리를, 이렇게 자잘한 것들. "머리를 이렇게 하면 더 예쁠 거 같아." 그러면서 "머리를 쪼금 더 이렇게 하면 어쩌겠냐?" 이런 말들. 그러니까 이런 것들을 그 아이가 필요한 것 같더라고요. 그래서 그렇게 잘 챙겨 줬던 기억이 나고……. 또 하나는 그렇게, 그 아이도 정말 심하게 맞았던, 그럼에도 불구하고 그 어머니들한테 죄송합니다. 구두 티켓도 5만원짜리 하나 받았던 것. 그 시절에…….

I21: 오히려 잘 지도해 줘서 고맙다고?

K21: 참기름도 한 병 받았던 게 제 기억에 교직생활에 가장 기억에 남는 뇌물이었던 것 같아요. 그런데 그 구두티켓 어디에 있는지 잘 모르겠어요. 쓰지 못했어요. 너무 그 어머니가 시장에서 일하는 어머니였는데 그걸 제가 안 받는다 했거든요. "(저) 어머니, (저) 어머니보다 봉급도 많이 받고 (저) 이거 안 받아도 구두 사 신을 수 있어요." 그랬더니 "너무 적어서 그러냐…….""아, 그건 아니고." 그래서 제가 너무 감사하게 그거 받았는데 어디다 쓴지, 쓴 거 같지 않아…….

I22: 상징적인 의미죠?

K22: 네, 너무 감사하게 받다 보니. 그게 가장 제 교직생활에 기억이 나고, 그런 것들을 다 거쳐서 또 제가 가장 아팠던 것은 그런 기억으로 교사를 했는데, 2011년도에, 그때 저는 부장업무를 하고 있느라고 담임은 안 했는데…… 정말 그때 2011년도면 인터넷이네 스마트폰이네 완전 난무할 때잖아요. 그런데 이제 정말 개념 없는 부모들도 많아요. 솔직히 말해서…… 저도 부모지만 저도 제 자식을 잘 키웠

을 때 이런 말을 할 수 있지만, 정말 그 개념 없는 아이가 아니라 '개념 없는 부모'
가 있어요. 자기 아이가 학교에서 어떻게 생활하는지는 전혀 모르고, 자기 아이가
이만큼만 했다고, 학교에서 이만큼 일이 벌어졌는데, 집에 가서는 모든 것을 갖다
가 선생한테 뒤집어씌우는 경우가 있어요. 그러면 전화를, 저한테 전화가 왔었어
요. 수업 시간에, 예를 들어서 그 아이가 만날, 중학교 때 모 중학교 짱이 저희 학
교를 왔는데, 수업 시간마다 잠을 자는 거예요. 그래서 내가 "어제 무슨 일이 있었
어?" 제가 제 성격이 이러는데 (자그마한 소리로) "어제 무슨 일이 있었니? 이렇게
자니?" 이렇게 할 수는 없잖아요. 그래서 "어제 무슨 일이 있었어?" 그랬어요. 그
랬더니 손을 탁 치는 거예요. 1교시인데…… 그래서 내가…… 교사도, (심각한 표
정으로) 교수님! 저는 그런 거 같아요. 교사도 교사이기 전에 인간이고 또 여자거
든요, 그런데…… 딱 이러더라고요.

I23: 욱하는 게….

K23: 욱하는 게 딱 올라오는데 그냥 그 자리를 제가 피했어요. 왜냐하면 제가 그때 이
미 상담 공부를 하고 있을 때라, 그래서 이 아이가 무슨 일이 있었구나. 그럼에도
불구하고 왜 있잖아요. 이 아이의 풍기는 이런 것들. 그래서 딱 피했어요. 그래 가
지고 또 이런 쭉, 회계 같은 경우는 본인이 해야 될 학습이 있어요. 그걸 체크하면
서 돌아다니거든요. 그런데 아직도 엎드려 있어요. 그래서 또 한번 툭툭 쳤어요.
그랬더니 일어나더라고요. "음, 일어났네." 그러면서 "선생님이 이거이거 수업했
거든. 그러니까 이거는 이렇게 하고." (인자) 나중에는 설명 안 들었겠잖아요? 그
래서 설명을 해 줬어요. 그랬더니…… 그거를…… 풀었던가? 또 (한 바퀴) 도니까
그래서 "어, 잘했어. 오! 잘했어. 오우! 잘했는데." 왜 교사 그런 말을 하잖아요. 그
랬는데 …… 내가 자기를 비꼬았다나?

I24: 아! 야!

K24: 그러니까 "선생님, 선생님이 뭔데 나를 그렇게 말하세요? 말해요?" 그러던가, 그
래서 내가 깜짝 놀라서 "왜? 왜?" 그랬어요. 그랬더니 "선생님 저, 비꼬잖아요."
아, 나는 당황해서 "아닌데, 너 잘 했다고." 그랬더니, "아니잖아요." 거기서부터
그래 가지고 "아니야, 난 네가 이렇게 안 할 것을 갖다가, 안 할 거라고 생각했는
데, 네가 일어나서 그걸 설명을 해 주니까 풀어서 네가 정말 잘했다고 칭찬해 준

거였다." (기특해서) 그랬더니…… 아니라는 거예요. 그래 가지고…… 제가 모르 겠어요. 순간에 어떻게 위기를 대처해 나가야 될 것인가…… 내가 (인제) 교탁 에 돌아와 가지고…… 그렇게. 뭐라고 했었을까? 오래돼서 잊어, 잊어먹고 싶어 요. 제 교직 생활에 오점이라고 생각이 들기 때문에…… 제가 자기를 비웃었다 는 거예요. 끝까지 그래 가지고 제가 나가고 난 다음에 욕을, 욕을…… 저는 그거 안 듣고 왔잖아요. 안 듣고 왔는데, 욕을, 욕을…… 아주 막 입에 담지 못할 뭔 년, 뭔 년, 죽일 년, 살릴 년 하면서 뭐 뭐라 했다더라. "칼로 어떻게 쑤셔서 죽여 버 린다." 이런 말을 했다 그래요. 애들이 와서 저한테 그런 말을 하고, 2교시에 들어 가니까 교실이 아주 난장판이 되어 있는 거예요. 그래 가지고 수업은 아예 안 되 고…… 이제 그 아이를 중심으로 그 아이의 부류들이 있잖아요. 그래서…… 진짜 입에 담을 수 없는 욕을 계속 하면서 즈그(자기) 엄마한테, 자기 엄마한테 전화를 해 가지고 우리 학교에 어떤 뭐뭐 년이 있는데, 그 년이 나를 무시했다라고…….

I25: 아! 그 정도로…….

K25: 예, 아니나 다를까 그다음 시간에 2교시 쉬고 3교시에 뭔가 수업을 할 거를 생각 하니까 2교시쯤 다음번에 어디인가 책을 보고 있는데 전화가 왔어요.

I26: 네?

K26: 다짜고짜 "나, 누구누구 엄만데!"부터 시작하는 거예요. 그래서 내가 "아, 네." 그 랬더니 "선생이면 선생답게 굴어야지!"

I27: 아!

K27: 아, 그런 시간들이 있었어요. 그런데 저는 그때 그다음 날, 잊어지지도 않아요. 그 다음날이 5월 15일이었어요. 스승의 날이었어요. 그다음 날 충격을 받아 가지고. 제가 그때 딱 정신을 차렸어요. '아! 이게 바로 학부모들이 교사에게 대하는 거구 나.' 그런데 손발이 달달달 떨리더라고요. 그래서 제가 어떻게 대처했는지는 모르 지만 제가 이렇게 말했던 거 같아요. "어머니, 저한테 그렇게 말씀하시는 건 실례 입니다. 어머니 딸이, 누구누구가 어머니한테 전화를 해서서 어떻게 말을 했는지 는 모르지만, 정말 어머니가 정확하게 상황을 알고 싶다면, '선생님, 누구누구한 테 전화가 왔는데, 상황을 알고 싶어서 전화 드렸습니다.'라고 얘기해야 되지 않 을까요?" 저도 목소리 힘을 딱 주어 가지고 이렇게 했어요. 그랬더니 "말이 안 통

하는구만!" 전화를 딱 끊고 이제 교장한테 전화하겠다는 거예요. 교장한테 전화하
시라 그랬어요. 하라고! 그런데 진짜……

I28: (잠시 미소) 하하하……

K28: 전화를 끊고, 그런데, 말을 하면 그 상황에서 말을 하면 안 되겠더라고요. 제가 그
상황에서 어떻게 대처를 해야 될 것인가? 그래서 가만히 있었어요. 그러니까 제
옆에 동료가 "누구야?" 그렇게 물어보더라고요. 그래서 "누구누구 엄마네." 그랬
어요. 그랬더니 이제 목소리가 얼마나 크니까 전화선을 통해서 다 나오잖아요. 제
가 그 상황에서 이 엄마한테 눌려서도 안 되고, 기가 너무 살아서도, 아니 그러니
까 화를 내서도 안 되고. 딱 그 말 한마디 했어요. 그래서 "하실 말씀 있으면, 그리
고 어머니 그렇게 대처하시는 거 아닙니다. 그렇게 따님 말만 듣고 그렇게 하는
게 아니라 선생님이 이렇게 이렇게 했다는데 어떻게 된 상황인지 알고 싶다고 이
렇게 말씀하시면 제가 조곤조곤 말씀드릴 수 있지만 어머니 지금 하시는 태도는
옳지 않다."고 그랬더니, 그렇게 말을 하는 거예요. 그래서 인터넷에 올리고 한다
는. "아, 인터넷 올리시라고. 올리시라고!" 그래서 "교장한테 전화하고 교육청을
쑤시고 어쩌고 뭐……." 그런 일이 있었는데 그 일이 그래 가지고 제가 그다음 날
정신과를 갔어요. 왜냐하면 그때는 좀 담담했는데, 오후가 되니까 손발이 떨리면
서 치욕스럽고, 그래 가지고 이제 2교시, 3교시 들어갔던 선생님이 와서 말을 하
는 거예요. "선생님, 1교시에 무슨 일이 있었어?" 그러면서 말로는 귀로는 들을 수
없는 것들을 하더래요. 저는 그때 진짜 '명퇴'라는 걸 한 번도 생각을 안 했었는데
그때 처음으로 명퇴를 생각하게 되더라고요. 그래 가지고 저도 정신과 가서, 이제
정신과를 갔어요. 왜냐하면 그 어머니가 그렇게 하니까, 저도 뭔가 대처하지 않
으면 내가 안 되겠다는 생각이 들어서 정신과를 갔더니 그 닥터가 "선생님, 이렇
게 힘드시면 좀 쉬어라."고 그러더라고요. 그래서 "그 정도까지는 아니고, 그 정도
까지는 아니고." 이제 안정제를 일주일치 주더라고요. 그것을 갖고 와서 '내가 이
정도로 교사를 그만두겠느냐.' 그러면서 계속 학교를 나갔어요. 그리고 수업을 딱
들어갔어요. 그 반 수업을 계속 들어갔어요.

I29: 거기서 물러서면 안 되죠!

K29: 그렇죠. 그런데 제 과목 자체가 회계라, 1주일에 4시간이 들어요. 4일 동안 들어가

야 돼. 그런데도 [못 알아들음: 아마 '학교는'] 안 오지. 들쑤셔 놓고. 그래 가지고 교장이 저를 부르고 "어떻게 된 상황이냐?" 당연히 부르시겠죠. 그런데 저는 학교당국에 그러니까 교장, 교장 선생님들을 보면서 정말 교사편인가 아니면 자기 그 교장의…… 모르겠어요……. 저는 교장이 아직 안 돼 봐서 그 자리를 지키기 위해서 급급한 건지…….

I30: 일이 없기를. 학교에…….

K30: 일이 없기를…… 조용히, 깨끗하게 돼서 항상 자기 자리, 자기가 그 현직에 있는 동안 잡음 없이 깨끗하게 유지되기를…… 전 딱 그걸 느낀 거예요. 그리고 교감 선생님도 마찬가지고. 그 아이가 어떤 아이인지 그렇게 잘 알면서. (반복적으로 강조하면서) 그 아이가 어떤 아이인지 그렇게 잘 알면서도…….

I31: 진짜 더 외롭죠? 그럴 때 …….

K31: 그래서 그때부터 교장, 교감에 대해서 신뢰가, 신뢰 자체가…… 사실 사립학교에서 교장, 교감이 얼마나 신뢰가 있겠어요? 그런데도 완전히 '그래, 너희들이 시험 봐서 들어왔냐? 툭 까놓고 말해서 친척 아니면 돈줄 넣어 가지고 교장, 교감된 거지.' 옛날 저희 학교 나이 많으신 선생님들이 그러더라고요. 교무실 책상에서 하도 교장, 교감이 그러니까, "어이, 누구누구누구. 자네가 시험 봐서 교장, 자격 갖춰서 교장 됐는가?" 딱 그 생각이, 딱 나는 거예요. 그때사(서야). '그 선생님 마음속에도 그런 울분이 있었기 때문에 그런 말씀을 하셨겠구나.' 그런 생각이 그때 딱 들더라고요. 그래 가지고 그때부터 이제…… 저를 갖고 이 아이를 선도처분해 달라고 정식 요구를 했어요. 그랬더니 이 엄마가…… 어디 막 들쑤시는 엄마들이 있잖아요. 그래서 과정이었어요[?]. 그런데 제가 너무너무 힘들었다는 걸 얘기드리는 겁니다. 그러면서 결국은 이 아이가 오히려 선도처분 받았어요. 봉사!

I32: 봉사로?

K32: 예, 그래서 '아! 학교는 교장, 교감들은 자기 자리가 그렇게 무섭구나!'라는 생각을 그렇게 했었고, 저한테는 그때 3개월 다른 학교로 보내고 어쩌고저쩌고…… 뭐 처음에는 이렇게 말하더니, 하도 학부모가 그러니까, 저한테 와서 "저 K선생님이 없었던 것처럼……."

I33: (어이없는 웃음) 허허…….

K33: "하자고……." 이렇게 말을 하더라고요. 그래서 저는 딱 그때 이미 다 포기했어요. "저는 상관없습니다. 저는 상관없고 제 인생에 있어서 이게 터닝 포인트가 된다면 제가 교사로서 한 걸음 한 발짝 한 단계 더 업그레이드가 되는 교사가 되겠습니다." 전 딱 교장한테 이렇게 말을 했어요. 그러고 나서 "그러나 제가 생각하는 뭐랄까, 교장, 교감 선생님에 대한 상은 있습니다." 그러고 나서 딱 물러 나와 가지고 그 이후부터는 말 한 마디도 안 했어요. 그러니까 교장, 교감 선생님도 너무 하다는 것을 알아. 그 아이가 어떤 아이라는 걸. 하지만 학부모가 그렇게 들쑤시고 또 교육청 이런 데서 전화가 오면 귀찮으니까. 또 자기가 가서 뭘 해야 되니까. 그 뭐랄까, 그 조용하게 마무리되기를 바라는 것에서, 저는 그때 처음으로 '교사의 인권은, 교권은 어디까지일까?' 저는 그런 생각이 들더라고요. 그리고 사실 학생에 대한 뭐랄까, 사랑 이런 게, 저 엄청 아이들한테 정열적이거든요. 그래 가지고…… 그런 것들이 그 순간에, 그해에 싸악 없어져 버리더라고요. 진짜 아이들한테 이렇게 등 토닥토닥하면서 (어) 개인적인 것도 말도 잘해 주고 교실에 들어가면 내가 선생, 그 선생 이미 저는 어떤 20년 단계가 넘어 버린 상태잖아요. 그러면서 쉽게 말하면 얼굴만 봐도 쟤가 어쩐지, 말하는 것만 봐도 어쩐지 이런 것을 통하면서 하는데, 그 이후에 들어간 수업은 그냥 지식만 전달하고 나오는 거더라고요. 그런데 그런 저를 반 년 동안 바라보면서 그때 5월 달이었으니까 방학이 끝나고도 힘들더라고요. 진짜 그해 너무너무 힘들었어요. 그래 가지고 아이들에 대한 사랑이 싸악 없어져 버리더라고요. 아, 진짜 그때는…… 진짜…… 많이…… 좀 다르게 조치를 취할 수도 있었는데, '어떻게 내가 만약 교장이었으면 어떻게 조치를 취했을까? 내가 만약 교감이었으면 어떻게 조치를 취했을까?'라는 것도 많이 생각을 해 봤어요. 그런데 제가 또 그런 상황은 아니니까 거기까지는 생각을 못할 것 같고, 하지만 이 정도는 아니었을 거라, 나를 충분히 그 교사 자체를. 내가 게으름을, 이제 내가 교사로서 게으름을 피운다거나…… 막 이런…… 제 생각이지만, 그러지는 안 했던 것 같은데, '내가 그렇게 열심히 한 결과가…… 25년 한 결과가 여기까지였나!'라는 게, 아이들한테 (싸악) 애정이 식어 간다는 것을 이렇게 (딱) 느껴지더라고요.

I34: 그 어디로부터도 보호를 받거나 정말 위로를 받을 수 없는 상황이네. 그…… 그런

사건에서 보니까, 학생 그렇죠. 학부모, 그렇다고 관리자도 어찌 보면 분명히 학생 잘못인지 알면서도 그냥 자기 안위를 위해서 (K: 그렇죠.) 그런 식으로 대처하고…….

K34: 저는 그렇게 느꼈어요.

I35: 그러니까 정말 외로운 거잖아요. 혼자.

K35: 그렇죠. 동료교사만. 동료교사도 자기가 당한 일은 아니니까. 그러면서 이제 선생님들이 아이들한테 저를 보고, 저 같은 케이스를 보고, 침을, 훗 저희 복도가 이런 복도인데, 한 지도(?) 얼마 안 됐어요. 그런데 침을 뱉어도 말 안 하고 가 버려요. 말하면, 그리고 그때부터 '선생한테 이렇게 해도 된다.'라는 게…… 이런 게 쫙 퍼지는 거잖아요. 그런데 왜 그걸, 그것까지 생각을 안 하는 거예요. 그러면 파급 효과가 얼마나 크겠어요? 그것도 소위 누구누구라는 교사, 누구누구를 이렇게 했는데, 그렇게 조용히 마무리가 되니까, 선생님들은 그냥 수업에 자도 냅둬요. 그래가지고 제가 그랬어요. 하도 화가 나서 앞으로 수업할 때 선생님들 자는 애들 깨우지 말라고. 깨우지 말고 그냥 '애가 피곤한 일이 있는가 보구나.' 하고 그냥 애들한테 방해되지 않으면 그냥 놔두라고. 저는 제 모토 자체가 이렇게 같이…… 하고 싶었거든요. 그래서 그 최소한 실업계를 나왔으면 기본적으로 해야 되는 것들…… '그것이 욕심이었나?' 저 자신에 대해서 엄청 많이 자책을 하고, 반성을 하고, 어떤 것이 정말 교사로서 옳은 길인가. 이거에(이것에) 대해 엄청 많이 생각이 되더라고요. 그래 가지고 그때, 그 전에도 그냥 이렇게 쪼금(조금) 교사상이 무너져 갔지만, 저를 기점으로 학교, 이렇게 교사가 애들한테 이제 뭐랄까, 심하게 안 하는 거죠. 이제 "알았어. 어, 알았어. 그냥 가." 정말 내가 너를 이해하고 너를 생각하고 너 마음에 뭐가 있는지 알았어가 아니라 그냥 "알았어. 가." 이런 식으로…….

I36: 아무 일 없이…….

K36: 그냥 아무 일 없이 가자. 내가 너한테 욕 얻어 먹을 필요도 없고, 내가 너한테 심하게 함으로써 그 니네(너희) 엄마한테, 니네 부모한테 항의 전화받을 일도 없고…….

I37: 전화받을 일…….

K37: 내가 뭐 교장, 교감한테, 첫째부터 내 마음 상할 일도 없고 그냥 이렇게 그게 제가 이제 2013년에도, 아니 2012년에도 담임을 안 했거든요. 네, 담임을 안 한다고 했어요. 그러면서 이제 제가 그걸 느낀 거죠. 학생들을. 그리고 치마가 이만큼 짧고 화장을 해도 이제 안 잡아요. '그냥 부딪혀서 좋을 게 하나도 없다.'라는 걸 제가 딱 시범 케이스로 걸린 거잖아요.

I38: 그러네요.

K38: 네, 정말 저는 모르겠어요. 어떤 게 옳은 건가. 그러니까 그 아이들을 매를 안 들고 말로, 그거는 정말 어떤 고수 단계. 교직 생활을 최소한 어느 정도 했고, 어느 정도 해서 경지에, 어느 정도 경지에 올랐을 때도, 교사도 교사이기 이전에 인간이라고 했잖아요?

I39: 인간이라고!

K39: 그런 게 있는데, 그거를 한 30, 40대에게 요구한다? 50대에게도 요구한다? 그거는 정말 힘든 것 같아요.

I40: 더군다나 신규 교사한테…… 있을 수가 없죠.

K40: 그리고 지금 아이들의 성장 과정을 한번 보세요. 저는 지금 제가 이제 상담으로 돌아와서 상담을 하고 있는데, 지금은 아이들이 저를…… 너무 좋은 거예요. 원래 애들도 좋아하지만은 저는 아이들을 어떤, 설령 예를 들어서 그제가 고등학교 때 그런 아이들이 저한테 와서 하더라도 "어, 그랬구나." 하고 말을 들어 주겠잖아요.

I41: 소위, 경청하고 잘한다. 잘한다.

K41: 예, 그런 경지가 되어야만 애들이 마음을 풀어 놓는데 어떻게 담임, 교사가 진도는 전체적인 분위기는 학교는. 나는 상담교사로서 그 아이 하나만 데리고 하니까 그 아이를 안아 주고 마음을 다스려 주고 그 아이와 피드백도 하고 좀 오래된다면 회기가 오래될수록 직면도 하고 여러 가지를 얘기를 할 수 있지만은 어떻게 단체를 두고 그렇게 할 수 있느냐 그 말이에요. 그래서…… 교사, 수업 시간에 매도 들지 마라. 아무것도 하지 마라. 이거는 정말 그럴까. 저는 정말로 교사가 열정과 사랑과 정말 내가 그 아이를 위한다면 욕은 아니지만 욕은 아니지만 뭐랄까 시험을 못 보면 매라도 때릴 수 있어야. 아픈 매가 아니라, 자. 몇 점부터 했으면…… 저는 그래요. "너, 몇 대 맞을래?" 70점 이하, 70점 이하로는, 60점 이하로는 몇 대

이게 아니라 "네가 원하는 것이 몇 점이라고 했는데 네가 이 점수를 맞았으면 너는 몇 대를 맞으면 되겠니?"라고 물어보거든요. 저는. 그래서 내가 예를 들어서 내가 80점을 요구했는데 60점을 맞았어요. 5점당 1대다 그러면 4대잖아요. 그런데 "나는 선생님 2대만 맞을 거예요." 그럼 "그래, 너 2대." 그렇게 딱 때려요. 그런데 이런 매 정도는 있어야 되지 않겠느냐?

I42: 상징적인 의미이죠. 채찍질!

K42: 그런데 이거는 말도 심하게 하면 안 돼. 매도 들어서는 안 돼. 오직 선생님들이 할 수 있는 것은 말! 말이에요. 말이 애들한테 얼마나 먹혀요? 말해서 먹힐 경우에는 예를 들어서 그 아이를 (쭉) 이렇게 집에서 키우는 엄마들 말을 왜 아이들은 안 듣는데…… 그러면서 아이들이 뭘 쪼끔만(조금만) 하면은 학교 와서 그 난리 치는 …… 저는 진짜, 그 왜 〈학교〉라는 드라마 있었잖아요? 애들이 가방을 갖다가 막 그 뭐야 그 교무실에서 내동댕이쳐 버리고, 이렇게 문짝으로 탁 치면 구멍이 뽕 나고, 그다음에 선생님한테 눈 이렇게 위아래로 뜨면서 "낭신, 뭔데? 네가 뭔데? 당신 뭔데 내 일에 간섭해?" 그러면서 그리고 막 전화를 해 가지고 욕설, 입에 담을 수 없는 욕설을 한 애들도 있어요. 그런데 그거를 제가 봤어요. 그 TV에서 보는 현장을 학교에서 본 거예요. 학교에서 조치할 수 있는 게 뭔지 아세요? 아무 것도 없어요. 제가 중학교 와서 그 남자 체육 선생님, 학생이 전화를 해 가지고 세 번 욕을 한 것을 다 녹음을 해 놓으셨더라고요. 그걸 듣고 있는데 천불이 나 버려요. 그런데 저는 그 학생을 또 면담을 해요.

I43: 아, 상담선생님한테 오니까…….

K43: 오니까. 가방, 하면서 차 버리고. 그래도 제가 또 저는 얼마나 이율배반적인가 모르겠어요. 그걸 보면서 제가 분노를 느끼거든요. 그런데 그 아이를 제가 또 상담을, 딱 다른 문에 들어와서 상담을 해요. 그래서 될 수 있으면 저는 그런 현장에 안 가요. 처음에는 갔는데 이제는 그런 것에 대해서 (딱) 담을 쌓고 오직 제 업무만 하는 거예요. 그리고 그 아이들이 회기를 거듭할수록 왜 그랬는가를 이제 파악을 하면서 엄마, 아빠 이렇게 상담을 하는 거죠. 그런데 제가 상담교사가 아닌 일반교사로 그것을 봤을 때는…… 그런데 그 선생님 어떻겠어요? 교장, 교감이요? "당신이 어떻게 했길래. 당신이 어떻게 했길래." 저 선도위원회 들어가서 그 말을

하는데, 꼭지 돌아 버리는 줄 알았어요.

I44: 옛날 또 사건이 바로 떠오르죠?

K44: 예, 그러죠. 저 딜레마 그게 항상 이렇게…….

I45: 남아 있죠. 항상 그런 거 결정적인 순간에…….

K45: 네. 이 선생님도 그러더라고요. "그냥 열심히 할 거 없어." 그 이후로. "열심히 할 거 없어. 그냥." 이런 것들. 사후대책, 부모들 무서워 가지고, 언론에 노출될까 봐, 교육청에 어떻게, 학교에 어떻게, 어떻게 자기가 전화받고 성가심을 당할까 봐. 이런 것들이 무서워서 은폐하고 하는 것들이, 다 교사한테…… 자기가 만만한 것은 부모를 하겠어요? 학생을 하겠어요? 만만한 건 교사잖아. 그래 가지고 교사한테만 모든 것을 하니까, "니가 어떻게 했으면, 니가 손 안 댔으면. 니가 조금 했으면." 이런 식으로 교사한테 돌아오더라고요. 모르겠어요.

I46: 햐!

K46: 그래 가지고 그냥 "대충 해!" 저는 그때마다 제가 막 놀면서 대충하면서 게으름 피면서 저 본인이 그러면서도 그걸 못 깨달을 수도 있겠지만, 저는 그렇게 살지 않았다고 생각하는데, 정말 최선을 다해서 아이들에게 마음을 주고 마음을 받고, 이제 내 아이들이, 내 아이들의 입장에서 항상 교육하고 그렇게 쓰다듬고 그 아이들을 가르치고 사랑으로 돌보고 이렇게 했었는데 그 얘기, 어떤 일이 있었을 때, 아무에게도 그 뭐랄까…… 그 위로받을 수 없다는 거. 동료교사가 그러는 것과 또 교장, 교감이 "선생님, 고생했어. 그런데 이러이러했네."라고 말하는 것은 틀리거든요.

I47: 다르지요.

K47: 예, 그러더라구요. 그래서 저는 교육이 가끔씩 어디로 갈까? 모르겠어요. 어디론가 흘러가겠죠. 그래도 서구화 아니면 일본을 뒤따라가든지 아니면 서구화처럼 되든지. 그냥 교사는 지식 전달만 해야 되는 건지 아니면 인성까지 정말 손을 대야 되는 건지. 막 이런, 요즘에는 복합적이 되는 거예요. 옛날에는 다 같이 끌고 가야 된다고 했는데 인성을 손을 대면 다 잘 끌어오지만 그중에 한두 명의 아이들은, 아, 한두 명이 아니고, 보통 반에 35명이거든요. 중학생. 그러면 그중에 네다섯 명은 문제가 있어요. 그 아이들, 한두 명으로 선생님들이 상처를 받는 거죠. 다

른 애들, 30명을 잘 이끌어 주면 그걸로 커버가 되지 않느냐. 아니잖아요. 그 아이들은 당연하게 끌어와야 된다면 당연? 이렇게 물음표가 붙지마는…… 그 아이들은 끌어오는데 이 아이들에게서 어떤 상처, 그러니까 아이들에게 받는 상처는 괜찮아요. 아이들이 참 욕 잘해요. 여자 선생님들 특히, 이게 이제 막 심하게 하는 애들, 이렇게 "하지 말아라." 그러면 또 하고, 또 하고 그래 가지고 "하지 말아라. 하지 말아라." 하면 뭐라 하더라. 뭐라 했다더라. 저번에 가정교육에 들어와 가지고 "아이, 씨, 니미, 씨, 개좆 같네이!"

I48: 여자가?

K48: 여자 선생님이. 남자 반이에요. 책 팍 치면서 나가 버리더라는 거예요. 그러면 선생님, 그 어쩌라고요. 수업이 되겠어요? 그런데 그거를 그 순간 꾹 누르고 수업을 할 수밖에 없어요. 왜? 그 아이는 그 아이고, 나머지 아이는. 그러면서 교무실에 와서. 그래서…… 상담교사가, 모르겠어요. 그러니까 교장, 교감의 마인드는 진짜로 단순하게 그냥 점수 따서, 승진 점수 되니까가 아니라 징말, 정말로 우리가 학생들을 아우를 수 있는 포용력 이런 것들이 있듯이 교장, 교감에게도 그런 포용력과 넓은 마음으로, 쉽게 말하면 교사가 학생들을 이렇게 하듯이 교장, 교감도 그런 사랑으로 교사를 아우를 수 있어야지, "내가 이제 교장잉께 내 맘대로 이제 해 버려이."

I49: 그리고 책임은 안 지고. 결정적인 순간에, 또 돌봐 주지도, 케어도 안 해 주고…….

K49: 그럴 능력이 있으면, 교사의 가장 큰 바람이 뭔지 아세요? 제발 능력 있는 교장 선생님 밑에서 근무하고 싶은 게 일반교사의 마음이에요. 그러잖아요. 그 학부모들이 담임이 누구냐가 굉장히 중요하듯이, 저희도 교장 선생님이 누구냐? 능력 있고, 능력이라는 게 일 잘하는 게 아니라, 교장 선생님이 무슨 일을 하겠어요? 업무 자체가 모든 것을 평교사가 다 하거든요. 자기 맡은 일, 자기가 다해요. 그것에 대해서 이렇게 아우를 수 있는 그런 교장 밑에서 일하고 싶다는 거예요. 아무리 내가 힘든 일이라도 관리자가 불러 가지고 "고생하네. 그런데 이것이 이렇게 됐는데 어쩌면 좋겠는가? 나 좀 자네 도움이 필요하네." 그러면 "아이, 나 그거 하기 싫거든요." 하면서 나올 사람 별로 없어요.

I50: 그렇지요.

K50:　교장, 교감이 그렇게 얘기하면 "아, 힘들어요. 그런데 그게 어떤 거예요?" 그냥 그러면서 협조가 된다는 거죠. 그런데 "이거 해!" "왜요?" 애들한테도 그렇잖아. "너, 이거 해!" 그러니까 "왜요?" 아니잖아요. "얘야, 내가 이거 하는데, 네 도움이 필요한데 좀 도와주면 어쩌겠냐?" 이런 식으로 말하는 것하고, "이거 해."라고 말하는 것은 틀리거든요. 그런 식으로. 그러니까 교사가 저희는 평교사이기 때문에 많이 이야기를 하잖아요. 그러면 정말 교장다운, 관리자다운 관리자 밑에서 일해 봤으면 가장 좋겠다는 말을 많이 하는데, 제가 만약 교장, 교감이 됐으면 어쩔지 모르겠어요. 그런데 저는 그런 거 같아요. 그냥 "잘한다. 선생님, 고생하시네. 잘하네." 이런 말만 하겠다고 그랬더니 제가 아는 교장, 교감 선생님이 "너, 해 봐라. 그렇게 되는가." 안 해 봐서 모르겠어요.

I51:　(웃음) 하하하. 그런데 아까 저 힘든 일 당했을 때 어떻게 스스로 정신과 의사를 찾아가게 됐어요? 아니면 주변의 권유나 뭐?

K51:　아니요. 저는 직접 갔어요. 왜냐하면 부모가 이 부모가 중학교 때부터 학교를 들쑤시고 난리를 치고 다니는 부모라는 걸, 이미 그 아이가 그러니까 저희 학교에 소문이 다 났잖아요. 이빨이 턱이 이렇게 달달달 떨리더라고요. 너무 수치스럽기도 하고……. '내가 어떻게 이렇게, 내가 뭘 잘못했을까?' "너, 잘했어? 어, 잘했네." 이 말이 뭐가 잘못됐을까? 그런데 억양이 잘못됐을까?…… 이게 이, 이가 부르르 떨리고 잠을 못 잤어요. 그래 가지고 완전히 내가 갈 때는 쾡해 가지고 가겠잖아요. 그랬더니, 15일 날, 그럼에도 15일이 그때 스승의 날이었는데 제가 오전 진료받고 학교에 또 갔어요. '이런 일로 내가 무너지면 안 되겠다.'는 생각. 딱 누워 버리고 싶었는데, '아, 나 이렇게 무너지는 모습을 보이면 안 되겠다.' 하고 학교 갔더니 (수업이) 끝났더라고요. 오전 수업만 해 가지고. 그래도 학교에 갔다 왔어요. 그런데 잘했다는 생각이 들어요.

I52:　그렇죠.

K52:　제가 그때 무너지지 않았다는 거.

I53:　그때 누웠거나 학교를 안 가 버렸으면?

K53:　제가 더 그것으로 인해서 상처받고…….

I54:　상처받고 계속 인제 이제 뭐 에이, 이까짓 거 학교. 뭐 이런 식으로 극단적으로까

지도 갔을 것 같은데.

K54: 그런 쪽에서는 강인한 것 같아요. 그 아이들에게 다시 애정을 찾은 건 이제 2011년도에 그런 일이 있었는데 2012년에도 수업은 잘해요. 수업은 잘하는데, 그 옛날처럼 이렇게 가시나 뭐 이러면서 그 있잖아요.

I55: 사랑과 열정이…….

K55: 그런 게 (없는 상태에서) 예, 그냥 지식만 전달하고, 그런 것들을 없게 만들어 버리는 것들이 결국은 자기 자식에게 사랑을 부어 줘야 되는 교사에게 사랑과 열정을 식어 버리게 하는 게 일부 학부모예요. 다 그런다는 게 아니라. 그런데 그 일부 학부모를 교장, 교감 하면은 "학부모님 이러이러합니다."라고 우리가 학생이 반에서 문제를 일으키면은 그 학부모, 그 학생을 불러서 이렇게 이렇게 하고, 이렇게 이렇게 계속 그 아이를 지도해야 되듯이, 어쩌면 교장, 교감이 교사를 보면서 자기들 그런 생각을 한다면서요. '아, 다 내 부하들.' 부하면 일만 시키면 부하예요? 부하면 케어해 줄 수 있는 그런 게 있어야 되는데 그 자체가 못 된다는 말이지요. 그러면서 제가 다시 아이들에게 사랑을 하는 것은 제 이제 마인드 자체가 완전히 바뀌어야 되잖아요? 상담교사로 내려오면서 이제 좀…… 본업, 본업으로 돌아오는 거죠. 본성으로…….

I56: 지금은 조금 더 낫고 행복해요? 지금?

K56: 그걸 함으로써 제가 상대하는 아이들은, 옛날 상담교사를 하면은 뒷간에 좀 나이 드신 분들, 예우하는 차원에서 하는데, 지금의 상담교사는…….

I57: 전문 상담이죠. 전문 상담!

K57: 예, 전문, 전직 전문 상담교사로 교육을 받고 온 사람, 그런 사람들은 별로 없을 거 같아요. 또 하나 있어요. 저기 선생님, (I: 예, 한 분 계시대요.) 정말 열심히 하셔요. 마인드 자체가 완전히 틀려 가지고 와요. 그러니까 거기에 몇 년 이상 이런 게 있었거든요. 그런데 마인드 자체가 편하게 이런 게 아니라, 뭐랄까. 내가 어떻게 하면 이제 다른 사람들은 잘 모르겠지만 저희 같은 경우에는 8명 그룹스터디를 하거든요. 거의 일주일에 한 번씩…….

I58: 거의 헌신. 다 바쳐서.

K58: 그렇죠. 예, 그게 딱 저희 마인드인 거 같아요.

I59: 그렇죠.

K59: 그래서 이 아이를 어떻게 할까? 이 아이를 어떻게 하면 좀 마음이 따뜻하게 해 줄까? 내가 너를 갖다가 변화하겠다는 게 아니라 너를 변화할 수 있도록 이렇게 물 한 방울만 따뜻하게 물 한 방울만. 어떻게 그 시간 동안 지내 왔던 시간들이 선생님들이 상담 한번 했다고 해서 딱 변화되는 거는…….

I60: 아니죠. 인간은 그렇게 안 되죠.

K60: 마약 투여하는 것도 아니고. 그래서 따뜻한 물 한 방울 줘서 계속 선생님하고 이야기하면서 이렇게 퍼져 나가는 그런 것만 바라는 거죠. 그런데 전직 (상담)교사는 진짜 모르겠어요. 참 정말 열심히 해요. 그리고 서로 정보 공유하고 또 이제 저희 같은 경우에는 1주일에 한 번씩 그룹스터디를 하는데, 케이스를 가지고 와 가지고 "이런 경우에는 어떻게 하면 좋겠냐? 너 같으면 어떻게 하겠냐?" 그러면 제가 이제 어떤 케이스를 가지고 와서 이야기 하면 각자 "이렇게 하면 어쩌겠냐? 이렇게 하면 어쩌겠냐?" 그런데 저희가 무슨 일을 하면서 가장 두려운 게 최선을 다 하지만, 그 최선이 꼭 최선이 아닐 때도 있잖아요? 좋은 길, 이 상황에서 내가, 상담교사가 어떤 일을 했을 때는 그 일이 최선이니까. 그렇게 하겠잖아요. 그런데 그렇지 않았을 때, 일이 벌어졌을 때는 그거를 결국은 내가 껴안아야 된다는 거예요. 그럴 때, 그게 가장 좀 두렵고 무섭더라고요. 누구도 책임져 주지 않고, 질타만 한다는 거죠. 그래서 저는 가끔씩 무슨 일이 날 때, 그 책임을 질 만한 위의 (전라남)도에 또는 (도교육)청의 누구에게 "이런 일이 일어났는데, 이건 어떻게 해야 될까요?" 하고 여쭈어 보고 싶을 때가 있는데, 누구한테 물어보느냐는 거죠. 어떤 일 처리에 대해서 그런데 그 일처리를 물어볼 사람이 없기 때문에 그룹으로 한다거나 아니면 제가 단독으로 처리했는데 문제가 생겼을 때는 그 책임도…….

I61: 고스란히…….

K61: 그렇죠. 그게 항상 그…… 상담교사로서 가장 두렵더라고요.

I62: 그러니까, 그런 뭔가 그런 장치 같은 것이 마련돼야 되겠네요. 지금 얘기 들어 보면 아까 그 학생 문제도 그렇고 지금 상담교사 돼서 또 이제 크고 작은 문제들을 많이 접할 텐데, 또 어떤 경우에는 무엇만 툭 던져 주고 알아서 해라가 아니라 또 이제 소위 단계적인 해결이라든가 뭔가 그것을 해 줘야 되잖아요? 그런데 이제

그 해결에서 책임의 문제가 발생할 수도 있는 거고, 그랬을 때, 만에 하나 뭐가 잘못 됐을 때, 또 나는 열심히 헌신하고 아이들을 위해서 했는데 잘못되면 고스란히 책임이 또 나한테 오니까…….

K62: 예, 예, 그래서 친구들이 그래요. 아야, 너는 회계도 쉬운데, 뭐 하는 데 가서 그렇게 상담을 하면서…….

I63: 복잡한 일에?

K63: 복잡한 일에 그러냐. 그런데 상담이 제가 볼 때는 그런 것 같아요. 어떤 아이를, A라는 애가 오면 교장, 교감의 마인드는 그런 것 같아요. 하루에 그 세 명 하면서 무엇이 그렇게 힘드냐? 수업하지. 수업하는 게 더 힘들지. 그런데 정말 그러면 가서 군밤 한 대 꽉 쥐어박아 주고 싶어요.

I64: (크게 웃음) 하하하…….

K64: 그 아이가 하나 오게 되면, A라는 아이가 오면 저는 예약을 받거든요. 급한 애들 빼면. 교사가 데리고 오는 애들 빼고는. 그러면 A라는 애가 오면 그 아이기 오기 전에 어떤 일로 왔을까 하고 그 아이가 대충 적어 놓은 것 읽어 보고, 그다음에 그 아이 학적부 열어서 그 아이가 어떤 아이구나 대충 파악하고, 그다음에 그 아이가 오면…… 이게 한 10분에서 15분 시간을 잡아먹더라고요.

I65: 파악하는 데, 신상 파악하고…….

K65: 파악하느라고. 그렇죠. 그 아이가 와요. 그 아이가 오면 그 아이의 이제 막 들어오면서 그 아이의 눈빛, 걸어오는 것, 의자에 앉는 것, 이런 것까지 딱 파악을 하고 이야기 딱 끝내는 게 정확히 45분이에요. 45분 딱 끝나고 그다음에 이제 상담일지를 써야 되요. 상담일지. 저는 이렇게 이건 안 하지만, 대충 이제 옛날에는 여러 선생님이 상담하면서 써야 된다. 그런데 어떤 아이들은 "선생님, 그거 왜 써요?" 이렇게 말을 하는 아이들도 있어요. 사전에 그런 이야기는 하죠. "내가 너하고 이야기했던 부분을 이렇게 간단하게라도 적어야 된다."라고. 사전에 양해를 구하면서 적어요. 간단하게 인제 중요한 키 포인트만. 그거 적는 데도 한 20분, 30분은 걸려요.

I66: 조리 있게 적어야 되니까.

K66: 더 걸려요. (재차 강조하면서) 더 걸려요. 그것 쓰죠. 그다음에 인제 관리대장, 이제

결재용. 짤막하게 요약해서 쓰죠. 나이스(NEIS)에 올리죠. 이 네 가지 단계를, 하나, 둘, 셋, 넷 다섯 단계를 해야 돼요. 그러면 그 아이에 대해서 2시간 이상은 걸려요. 정말로. 그런데 하루에 두 명, 세 명 이렇게 한다. 그러면 '수업 두 시간, 세 시간 한 것보다 훨씬 쉽잖아. 놀잖아.' 이렇게 생각하는 관리자들이 있어요. 우리가 그래요. 그래 가지고 너무 화가 나요. 제가 무식하다 그래요. (재차 강조하면서) 진짜로 무식하다 그래요.

I67: 관리자들을 그런 상담 연수 같은 것을 많이 시켜야 되겠어요.

K67: 그 상담 선생님들이 놀고먹는 줄 알아요. 옛날의 자기네들처럼. 옛날에 그랬거든…….

I68: 그러니까!

K68: 나이 많이 먹은 사람들 예우 차원에서 골방 하나 주고, 그런데 지금의 상담교사는 모르겠어요. 그런 마인드는 아닌 것 같아요. 정말로 아이들을 위해서, 그러니까 자기네들이 왜 거기 상담교사로 배치됐는지를 알거든요. 어떤 사명 같은 거.

I69: 그럼요.

K69: 그런 마인드로. 제가 아는 상담교사도 그런 것 같아요.

I70: 음, 아니 대개 그렇더라고요.

K70: 진짜 열심히 해요. 상담사들도 진짜 열심히 하고.

I71: 음……. 많이 춥죠? 지금. 하여튼 보니까 선생님은 충분히 어려움도 많이 겪었고, 그러나 또 이제 그래도 어떤 강한 의지나 이런 걸로 또 이제 이겨 내시고 또 전과를 해서 가지고 어찌 보면 상당히 그……. 잘 맞을 거 같아. 그런 교직의 경력. 노하우를 이렇게 학생들을 상담도 하고, 생활지도 하는데, 딱 이렇게 하면 좋을 것 같고, 하여튼 이제 얼마, 어찌 보면 많이 덜 남았죠? 해 온 기간보다. 그러나 남은 기간 동안 그래도 (인제) 처음에 그 초임교사 때 가졌던 순수한 생각, 또 교육에 대한 열정 이런 것들 그래도 잃지 말고 어렵더라고 이렇게 잘해 나가셨으면 하는 그런 바람이 듭니다. 하여튼 선생님에게 박수를 보내면서 끝내겠습니다.

K71: 감사합니다.

I72: 예, 감사합니다. 선생님.

2) 사례 L7)

성별: 여

나이: 40대

교직 경력: 21~30년

재직 학교: 초등

(다음 내용은 채록하지 못했던 전반부 구술에 이어 채록한 것임)

L1:   할 말을 잃었다. 잠시 후 5분 후에 만나자, 그렇게 해 놓고…… 또 조금 또 대화를 했어요. 그 후에. (음) 그랬는데 기가 막힌 것은 아까 식사할 때 그 중학교 선생님도 애가 한 시간 동안 화장실에 들어가서 뭐 기다리는…….

I2:   아, 들었어요? 그 얘기?

L2:   선생님한테 책임을 뒤집어씌우고…….

I3:   나에게 스트레스를 줘서 내가 그랬다고…….

L3:   그거는 칼로 하지는 않았는데, 그날 집에 가서 즈그(자기) 엄마한테 이렇게 말을 했어요. "엄마, 선생님이 나한테 살인자라고 그랬다."고…….

I4:   다른 것 거두절미하고 말이죠?

L4:   (큰 소리로) 다…… 거두절미하고, 그러니까 그것이 가장 가슴 답답한 문제예요. 학부모는 또 거두절미하고, 그 뭐 학생이 그렇게 말하면 진짜 제대로 된 학부모라면 "왜 선생님이 너한테 그 말을 했어? 어쩌다가 그랬어?" 그래야 되잖아요. 그러니까, 그 말, 요즘 애들이…… 제가 힘들고 가슴이 아픈 이유는 너무나 이기적이어도 그렇게 이기적일 수 없다는 거예요. 거두절미하고 "엄마, 우리 선생님이 오늘 나한테 살인자라고 그랬어." 그러면 그 엄마는 그 말을 듣고 막 흥분을 해 가지고 저한테 또 전화가 왔어요. "선생님이 우리 애기한테 살인자라고 그랬다면서요?"

_____

7) 사례 L은 전반부 구술 내용이 낮은 볼륨 설정으로 인해 채록이 제대로 되지 않았으나 채록 중간 잠깐의 휴식 시간에 그 사실을 발견하고 볼륨을 올린 이후 구술 내용을 담게 되어 후반부 내용만 채록이 된 것임을 밝힌다.

I5: 오!

L5: 그래서 내가 "다른 건 물어보셨나요?" 그랬어요. 그랬더니 "아니요. 그게 뭐가 중요해요?" 그러면서 "살인자라고 말한 것이 중요하지 않냐!" 그래서 정말 이런 환경에서는 교사 노릇을…… 제가 밥 먹으면서 만날 선생님한테 그래요. 선생이 아니라 뭐…… 이 교사 짓을 한다는 것이 이렇게도 힘든 것인가…… (음) 기가 너무 막히다. 그렇게 집에 가서 말을 바꿔 버리고, 학부모는 더 제정신이 아니니까, 그 말을 듣고 또 한없이 그렇게 선생님을 이상하게 바라보고. 그래서 제가 정말 성질은 엄청나게 나지만 꾹꾹 눌러서 자초지종을 다 설명을 했어요. (어) 그런데 그래서 할 말은 없지만, 그 학부모가 할 말은 없지만 그래도 저에 대한 그 마음이 근본적으로 바뀌고 그런 것 같지 않더라고요. (음) 참 대단들 해요. 정말. 그러니까, 애정을 철회하고 싶어요. 학생들에 대한 교사로서의…… 철회하고.

I6: 그것마저도…… 최소한의 보루고…….

L6: 차라리 나도 남들처럼 그런 선생님 있잖아요. 그냥 직업으로…….

I7: 무관심하고?

L7: 시간 때우고 (음) 그렇게 해 버리지, 뭐하러 마음을 상하고 그렇게 애정을 쏟고 그러냐. 그렇지만 교사로서의 삶이 행복하려면 그게 행복은 아니거든요. 시간 때우고 그럼으로써 무슨 만족이 있겠어요. 그것이 더 큰 불행으로 가는 지름길이라고 생각을 해요. (I: 그렇죠.) 그래서 그렇게는 안 하고 싶다. 나중에 어쩔 수 없이 그렇게 될란가(되려나)? 되면 어쩔란가(어떨지) 몰라도 아직은 그렇게 하고 싶지는 않다는 것 때문에…… 아!…… 그냥 그래도 새로운 힘을 내고, 내가 더 마음 넓은 사람이 참는다고 하잖아요. '속 넓은 내가 참자.' 그렇게 생각하고, 학부모도 저는 교육의 대상으로 봐요. 지금은…….

I8: 그렇죠. 중요하죠.

L8: 학부모들도!

I9: 애들 문제만이 아니죠. 지금 이 모든 것들이…….

L9: 비록 성인이지만, 내가 저 학부모들에게 생각의 씨앗을 조금이라도 뿌려 놓는다면 그것이 수확이 있든 없든 저는, 제가 정말로 학생을 사랑한다면 학부모에게도 어떤 교육의 끈을 조금은 던져 놔야 한다고 생각을 하거든요. (음) 저도 나이가 이

제 거의 50에 가까워지니까 인자(이제) 그 학부모들보다도 제가 나이가 더 많아요. 그러니까 학부모들을 철없다, 저보다 어리니까 철이 없다고 보고, 저 사람들을 내가 좀 더 큰마음으로 넓게 보고 동생들이다, 조카다 생각하고 내가 줄 수 있는 좋은 영향이 있다면 줘야겠다. 그런 마음으로 바라보니까, 그래도 조금은 애정이 생기고 철회가 되지 않아요. 그런데 내가 저 사람들 나하고 똑같은 수준으로 생각하고 막 '주위 사람들이 왜 나한테 그럴까?' 이렇게 생각을 한다면 저는 정말 아이들을 보고 싶지 않을 거예요. 그 아이들을. 그런데 이제는 학부모조차도 내가 교육(적으로) 영향을 줘야 될 사람들이구나. 알아듣든 못 알아듣든 어쩔 수는 없지만, 그중에 한 명이라도 건지면…… (잠시 머뭇거리다가) 제가 아까 산에 올라갔을 때 어떤 아버지 이야기했잖아요. 180° 달라졌어요. 그 아빠가.

I10: 그랬군요.

L10: 처음에는 (막) "왜 우리 애를 그러냐." 하고 (막) 그러더라고요. 그러더니 그렇게 확 바뀌니까. 저는 기독교 신앙을 갖고 있기 때문에 하나님, 신은…… 모든 걸 초월하는 신이라는 존재는 인간의 마음을 그렇게도 바꿀 수 있다는 것. 그렇지만 하늘은 스스로 돕는 자를 돕는다 했잖아요. 인간이 최선을 다했을 때 한 명이라도 건질 수 있다는 그런 경우를 보면서 (음)…… 감사하게 생각을 했어요. 그 아버지가 이제는 술도 내가 그만 마셔야 되겠고, 아이와 대화를 해야 되겠고, 산에도 가야 되겠고, 여행도 가야 되겠고…… 이렇게 실천을 하더라고요.

I11: 진짜요? 진짜 좋은 케이스네요.

L11: 예, 그래서 저는 그 한 사람만으로도, 저는 뭔가 소득을…….

I12: 그래도 조그마한 희망을 본 거네요. 그 (저) 절망과 어려움 속에서도. 음, 이렇게도 바뀌는구나. 또 빛이 보이는구나.

L12: 그러니까, 자기 가정을 다시 한 번 재조명을 해 볼 기회를 가졌다는 거예요. 그 아빠가. 그런데 그게 선생님 덕분이라는 걸 저한테 이야기를 하더라고요. 그래서 제가 겸손하게 들었어요. "제 덕분이 아니라 아버지께서 그럴 수 있는 부모로서의 소양을 갖고 계시기 때문에 그러신 것입니다." 그리고 아이의 문제를 받아들이더라고요. 그 전에는 인정을 못하던 사람이. "그리고 이제는 아이가 무섭습니다. 제 자식이지만……."

I13: 그렇지요.

L13: "어떤 행동을 할지 모른다는 것을 알았습니다." 그렇게 이야기를 하더라구요. 그리고 엄마한테만 책임을 전가하지 않겠다고, (탄식하듯) 아! 아빠인 내가 잘못하니까 우리 가정이 이렇게 되었다고…….

I14: 교육에서 아빠의 몫을 이제 인정도 하고 인식을 한 거죠?

L14: 네, 우리 아들의 일로 인해서 우리 가정 전체를 돌아보게 되었다. 그걸 학교에서 해 줬다는 거예요. 그 아빠가. 그리고 그렇게 선생님이 만일 냅뒀으면, 우리 애를 냅뒀으면, 문제를 문제가 있다고 지적하고 고쳐 주자고 하고 그러지 않았더라면 모른 채 그냥 더 커질 뻔했습니다. 그것이. 이 아이가 나중에 중·고등학생이 돼서 일을 저지르면 더 큰일을 저질러 놓겠잖아요?

I15: 그렇죠.

L15: 그럴 수 있는 것이, 그런 이야기를 제가 학부모들한테 하거든요. 부모들 소환을 했을 때, 학교폭력위원회 하기 전에 소환을 했었어요. 미리 이 …… 초등학교 때 이렇게 학교에 온 것을 다행으로 생각하시라고 그랬어요. 엄마들 입장에서 속상할지 모르지만 중학교에 가서 불려 갈 것을, 그때 불려 가면 일은 이미 더 커져 있다. 초등 때 미리 발견을 해서 그 안 좋은 싹을 잘라 주는 것이 얼마나 다행한 일인지 모르는 것입니다.

I16: 소위 예방주사같이…….

L16: (강조하면서) 모르는 것입니다. 속상해도 그럴 가(능성), 그런 일을 생각해 보시라고 제가 그랬어요. (긴 한숨) 아…….

I17: 그러면 아까 얘기한 것 가운데 예를 들어서 그런 어려운 학생, 플러스 또 더 어려운 학부모. 이렇게 직면해 가지고 이제 교사로서, 선생님 개인으로서 이렇게 어떤 감정 상태를 표현한다면 어떻게 가장 잘 나타낼 수 있을까요?

L17: 제 감정을 …… (한숨을 쉬면서) 한마디로 …… 음 소진 직전?

I18: 소진 직전!

L18: 예, 직전. 소진되면 죽음이기 때문에.

I19: 아! 완전 닳아 없어지니까.

L19: 죽음이기 때문에. 그리고 교사로서의 삶이 인간으로서의 삶의 한 부분이라는 것

을 알기 때문에 완전 소진은 안 시킬 것 같아요. (음) 그러나 중요한 부분인 것. 일이라는 것이 차지하는 비중이…….

I20: 그럼, 그럼요.

L20: 한 50% 정도는 되는 것 같아요. (I: 그럼, 음…….) 그 속에서 자아정체성을 찾기 때문에. 자신이 하는 일에서…….

I21: 그렇죠. 삶의 보람도 거기서 나오고. 결국은.

L21: 정체성이 흔들릴 때 존재 자체가 흔들리는 것 같아요.

I22: 그렇죠. 그게 다 연동이 돼 있죠. (L: 예) 밀접하게 연관이 돼 있죠. 내가 교사로서 소위 아까 말한 잘 살 때, 내 개인적인 삶도 행복하고 잘 살죠.

L22: 네, 자기효능감도 느낄 때…….

I23: 느끼고.

L23: 다른 부분의 삶도 원만해지는 것이고. 그런 것 같아요. 아! (약 7초간 침묵) 그리고 학생들에게 정서교육 과정이 강화되어야 된다고 생각하고. 그런 모든 문제를 본질적으로 해결하려면 제도적인 것도 다 필요하고. 그렇지만 인간 본연의 감성을 아름답게 가꾸어 주어야만 본연의 자세로 애들이 돌아가서 순화되는 것 같고, 감정을 정화시키지 않으면 해결될 수 없는 문제인 것 같아요.

I24: 그러니까 이제 그런 화나 분노 조절 등등 그런 것들이 잘 안 되잖아요. 이제 원인이 여러 가지가 있겠지만 이제 너무 이른 나이에 게임에 중독된다거나 …… 뭐 주변 매체라든가 모든 환경이 유리한 환경은 아니잖아요. 우리가 그 정서적인 안정이나 순화는 …… 사실은 자연과 교감하면서 (L: 그죠) 순수한 동심이 계속 유지되면서 되는 건데, 그 인공적이고 아주 그 …… 좋게 말하면 발달된 문명인데, 사실은 유해요소죠. 그런 감성이나 인성 쪽으로 보면. 그러니까 이제 쫌(좀) 어찌 보면 불쌍하기도 하죠. (L: 네.) 그 아이들 탓만도 아니잖아요?

L24: 불쌍해요. 애들이…….

I25: 그러니까 이 시대에 태어난 거고. 그런 그 소위 정보화 사회라든가 그런 …… 또 또래친구도 없이. 혼자 이렇게 버려져서, 아니면 또 맞벌이다 해서 그렇게 하다 보면 더 이제 그런 통제도 안 되고. 그리고 또 뭐 거기서 무슨 훈육이라든가, 이런 일상에서 해 줘야 할 것이 전혀 안 되니까. 아까 말한 자유, 방종 구분이 안 되고,

그리고 정말 고삐 풀린 망아지처럼 구는 거죠. 이걸 업고…….

L25: 예, 너무…….

I26: 다반사라네요. 다반사!

L26: 그리고 다 죽여 버리겠다고, 그런 위협을 한 애도 있었어요. 저희 반에 (아!) 꾸준히 그리고 칼, 커터칼. 그리고 이제 저는 상담을 배웠기 때문에, 그 아이가 막 난동을 부리고 있을 때, "모두 다 저리 떨어져라. 얘는 말리면 더 막 자기를 과시하기 위해서. 전부 다 떨어지고." 서로 몇 초 동안 쳐다보고 있다가 그 애 손을 잡고, "너 지금 화가 많이 나 있지? 선생님하고 선생님 손 잡고 저리 가자. 선생님이 너를 위로해 줄게. 네 마음을 내가 이해하겠다." 그러고는 손을 잡고 제가 저쪽 교실로 갈 때 정말 너무 슬펐어요. 이 애가 불쌍해서. 1차적으로는 참 미운 행동이잖아요. 그런데 그 애를 분석해 보니까 이 아이가 참 불쌍하더라고요. 자기 감정의 노예가 돼 있는 상태잖아요. 자기 감정의 주체가 되지 못하고.

I27: 어쩔 수가 없어. 자기도……

L27: 그 전에는 제가 화가 나고 그랬어요. 그런데 그날은 유난히 슬픈 거예요. 그 모습을 보면서. 아이들은 막 뜯어말리려고 하고 있고, 그 애는 난동을 부리고 있고 그래서 "저리 다 가 봐." 그리고 조용히 아무 말 없이 손을 잡았어요. 그 애 손을 잡고, "나가자. 우리 저리 가자." 그리고 데리고 가서 이렇게 앉아서 아무것도 안 물어 봤어요. 물어보지 않고 그냥 조용히 쳐다보다가 "너 정말 화나지? 그런데 선생님이 친구들한테 가 봐야 되니까, 또 정리도 하고 그래야 되니까 너 여기 혼자 마음 편해질 때까지 앉아 있어 봐. 그 대신 종이를 줄게. 여기다 네가 하고 싶은 말, 그림 다 그려 봐."라고 했어요. 제 나름대로 좀 봐 보려고. 그랬더니 거기다가 옥상을 그려. 제가 조금 있다가 왔죠. 그랬더니 잠잠해져 있더라고요. 흥분 상태는 가라앉아 있어요. 옥상을 그리고, 졸라맨, (강조하면서) 졸라맨이 옥상에서 뛰어내리고 있는 그림을 그렸어요. 두 장을 그렸는데 그리고 거기다 옥상이라고 써 놓고, 졸라맨한테는 화살표 해 가지고 '나' 이렇게 써 놓고, 또 두 번째 장에다가는 졸라맨 30명 정도를 줄줄이 그려 놨어요. 그리고 칼을 그려 놓고요. 이렇게. 칼을 그리고 피를 또 피라고 써 놓고 그랬어요. 그래서 이것이 얼른 봐도 무슨 의미인지는 알겠지만 그래도 그 애한테 한번 물어봤어요. "이것이 무슨, 어떤 마음으

로 그랬어?" 그랬더니 "저만 없어져 버리면 다 해결될 거 같아요." 그래서 "어떻게 하면 네가 없어지는데?" 그랬더니 "옥상에서 떨어져 버리면 되죠." 그러더라고요. 그래서 제가 또 "너는 지금 현재는 비록 생활이 이렇지만 부모님이 너를 사랑으로 낳아 주셨고 지금도 엄마는 너를 너무너무 사랑하시더라. 그런 생각은……."

I28: 엄마 밑에서만 자란 아이예요?

L28: 엄마, 아빠 다 계셔요. (I: 계셔.) 그런데 이제 그 가정사는 제가 자세히 모르고. 우리한테 노출을 잘 안 하잖아요. 학부모들이. (I: 그렇죠.) 문제가 있어도 …… 그런데 이제 또 그 31명 졸라맨들, 그 애들이 우리 반이라는 거예요. 우리 반 애들이고, 이 애들이, 이 애들이 철이 없다 보니까, 그 애를 (막) 놀리고 또 막 괴롭혀요. 이 애를. 그러니까 분노심을 가진 거예요. 그 애들한테. 그래서 다 죽여 버리겠다. 그렇게 써 놨었죠. (큰 소리로) 다 죽여 버리겠다!

I29: 그러니까 하루 이틀 쌓인 게 아니네요. 애 입장에서는.

L29: 1학년 때부터 왕따를 당했다는 거예요. 그 아이가. 피해의식으로 아주 똘똘 뭉쳐 있어요. 그런데 이제 제가 담임이 돼 가지고 그 애들을 제가 처단을 하는 거예요. 인제(이제) 이 애를 함부로 하지 못하도록 그리고 1m 떨어지게도 하고, 그랬더니…….

I30: 그 보호 대상이었어요? 그 아이가?

L30: 네, 그 애만 이뻐한다고 거짓말을 해 가지고 아까 살인자라고 말했다고 한 것처럼 (I: 네.) 그 애도 포함이 돼 있어요. 그 괴롭힌 야비한 행동을 하는. 그런데 저는 정의감이 있기 때문에. 개인적 성격으로도 정의감이 있고, 제가 교사가 아니라도 그런 모습 보고 넘어갈 리는 없죠. (I: 그렇죠.) 그리고 더군다나 나는 이 반을 책임지고 1년간 해야 할 교사인데 그런 걸 어떻게 방치를 해 둬요? 그래서 제가 적극적으로 개입을 하고, 그런 행동을 못하게끔 강력하게 단속을 하고, 혼도 낼 것은 혼을 꽉꽉 내고, 그리고 공정하게 …… 그 애가 잘못할 땐 그 애를 야단치고. 또 그 피해를 당하는 애도 잘못은 있기 때문에 …… 그렇게 했음에도 불구하고 인간은 어쩔 수 없이 자기중심적인 존재라서 집에서는 (이제) 맘에 안 들죠. 선생님이!

I31: 그렇죠.

L31: 그동안은 별 문제 없이 괴롭혔는데, 선생님 때문에 제동이 걸린 거잖아요. 그러

니 오죽 제가 밉겠어요. 그러니까 집에 가서 이제 (막) 온갖 거짓말을 다 해 가지고 선생님이 편애하는 교사가 돼 버렸더라니까요. 그 학부모들 사이에. (I: 그 사이에……) 그래서 참 …… 이것이 현실이구나! 그렇게 생각을 했고. 그 애가 1학년 때부터 그렇게 괴롭힘을 당했대요. 그래서 어쩔 때는 유리 창틀 위에 올라가 있는 놈을 끌어내리기도 하고…….

I32: 시도를 했네요.

L32: 예, 예.

I33: 그렇게 떨어지려고?

L33: 예, 그 그림을 그린 날은 왠지 제 느낌이 안 좋더라고요. 그래서 엄마한테 전화를 해서, 엄마가 바로 옆에 학교, 행정실에 근무를 하셔요. 전자과학고에 근무를 하셔요. (I: 예.) 그래서 "누구누구 엄마, 제가 오늘은, 그동안은 이 아이를 제 있는 힘껏 보호하고, 지킬 건 지켜 주고 그랬지만, 내가 오늘은 이 애를 책임질 수 없을 것 같습니다. 오늘은 학교에 오셔서 이 아이를 데리고 들어가셨으면 합니다. 무슨 일을 저지를 것만 같(아서) 가슴이 두근거려서 아무것도 못할 것 같으니까 좀 나오셨으면 한다(합니다)."고 했더니 바로 나오더라고요. 그래 가지고 그 엄마가 딱 들어서면서 그 아이의 모습을 보고 너무 충격을 받은 거예요. '이 아이가 내 아들인가.' 저런 표정을 처음 본다는 거예요. 그 엄마가…….

I34: 진짜요?

L34: 집에서는 이런 흥분 상황이 아니잖아요? 집에서는 문제는 있어도 이렇게 심각한 상황인지는…….

I35: 그리고 흥분 요소는 없잖아요. 나를 괴롭힌 사람이 여기 있는 것도 아니고…….

L35: 엄마는 자기를 사랑해 주니까. 그런데 이제 제가 일부러라도 그걸 보라고 나오라는 의미도 있었어요. 이 아들이 이런 지경이다. 정서 상태가. 그 엄마도 정말 심란해지더라고요. 저것이 내 아들인가 싶은 생각이 들었다는 거예요. 그런데 그게 인제(이제) 그 아이가 괴롭힘당하고 따돌림당했던 것이 2학기 되니까, 분노심으로 이제 표출이 되는 거예요. 그 피해자가 나중에 폭력성이 드러나는 경우가 실제로 이 애의 경우예요. 인제(이제)는 이 애가 (인제) 막 폭력을 쓰고…….

I36: 피해자가 가해자로 전환이 되었네요. 어느덧…….

L36: 저는 정말 이론적으로만 그런 걸 봤거든요. 책에서 보고 제가 맡았던 반 아이가 실제로 그렇게 변모하는 과정을 제가 1년간 지켜봤어요. 이제 이 애가 가해자의 입장이 된 거예요. (막) 난동을 부리고 무엇을 부수고 (막) 던져 버리고 (막)…….

I37: 그리고 이제 그 가해자라는 것은 보통의 가해자하고 상상을 초월할 정도의…….

L37: 더, 파괴적인 거예요.

I38: 파괴력이나 그런 정도가 심하고.

L38: 네, 그리고 또 이미 그렇게 바뀐 애는 바뀌 가지고 올라왔고, 4학년 때까지는 따돌림을 당했는데, 저는 그런 면이 있었는지 몰랐어요. 오히려 가해자인 줄 알았거든요. 그런데 학부모하고 상담을 해 보니까, 4학년 때까지는 맞고 다녔어요. 그래서 이제 학부모 말이니까 100% 믿을 수 없어서 학생들한테 물어봤어요. 제가 볼 때는 "얘는 남한테 피해만 주고 가해만 하는데 어떻게 네가 그런 네가 피해자였냐?" 안 믿어져서 학생들한테 물어봤더니, 학생들이 맞대요. 그 애가 작년까지는 맞고 다니고, 자기 의사표시를 못하고 그랬대요. 그런데 이제 그것이 분노, 공격성으로 바꿔(바뀌어) 가지고는 5학년 저희 반이 돼서부터는 (막) 폭력성으로 나타난 거예요. 욕을 (막) 하고, 욕 30분 40분 했다는 그 애 있잖아요.

I39: 예, 예…….

L39: 그 애가 (반복하며) 그 애가 그래서 이건 너무 무서운 일이다. 그래서 '학교폭력은 절대 있어서는 안 되는 일이다. 피해자를 가해자로 만드는, 둔갑시키는 일이다.' 그랬어요. 참, 마음이 …… 한마디로 말하면 마음이 아파요. 마음이 …… 어찌 이 아이들이 이 시대에 태어나서 이 험한 시대에 태어나서 저렇게 저런 정서 상태를 경험하면서 살아야만 되는가. 그럴 때 다른 아이들 얼굴 표정을 보면요, 절망적인 표정이 돼 있어요.

I40: 그러니까요.

L40: 그걸 보면 저는 또 마음이 아파요. 저런 순수한 아이들까지 왜 저래야 되는가. 저 애들도 지켜 줘야 되는데. 남은 애는, 그래서 제 소원이 뭐였냐면요. 쉬는 시간에 다른 건강한 아이들하고 대화해 보는 것. 쉬는 시간에 내내 나는 싸움 말려야 되고, 호통쳐야 되고, 괴롭힌 놈 데려다가 호통쳐야 되고, 그래서 건강한 애들이 제 주변에 오고 싶어도 올 틈이 없어요. 제가 쉬는 시간에…….

I41: 사랑을 받을 수가 없네. 정말 주고 싶은데, 마음속으로 젤로……

L41: 네, 그래서 멀리서 저만 쳐다보고 있어요. "선생님한테 가고 싶어요." 하는 그런 눈빛으로 …… 그래서 제가 학부모들한테 보낸 편지에도 그런 걸 썼어요. "제 소원이 무엇인지 아십니까?" 백범 김구 선생님이 "나의 소원이 첫째도 통일, 둘째도 통일." 그랬잖아요. "제 소원이 무엇인지 모르시지요. 무엇인지 말씀드리겠습니다. 제 소원이라는 것은 큰 것이 아닙니다. 쉬는 시간에 보통 다른 아이들하고 오순도순 웃으면서 이야기 나누어 보는 것입니다." 그런데 저는 아직 단 한 번도 실제로 한 번도 그런 아이들하고 웃으면서 (막) 누구야, 너는 어쩌니? 저쩌니? 그런 이야기를 해 보지를 못했어요. 쉬는 시간만 되면 복도에서 누가 어디 무엇을 깼네, 터뜨렸네, 어쨌네. (허탈웃음) 그래 가지고 저리 데리고 가서 이야기하고, 그러느라고. 그리고 못 참아요. 애들이. 저 쳐다봤다고, 비웃었다고. 토론하다가 누가 어, 교수님이(?) 그 애라고 해요. 내가 쳐다봤어요. 그 애가 말을 하니까, 그런데 막 때리면서 너, 왜 나를 비웃냐고. 그러니까 과대망상에, 피해망상 증상까지 보여요. 이 애들이. 그래 가지고 밀걸레대를 갖다가 어떤 애를 귀를 내려쳐 가지고요, 고막, 고막이 다…….

I42: 파열했어요?

L42: 예, 또 학부모, 양쪽 학부모 전화해서 병원으로 무슨, 무슨 병원으로 갔으니까, 그 병원으로 가서 이야기 좀 잘 하시고 우선 사과부터 하시고 그런 지도해야지. 아주, 아주 제가 어떻게 살아왔는지 모르겠어요. 그러니까 적다, 적다 지쳐서 못 적고, 인자(이제) 손으로 간단히 메모하고 그렇게 1년을 보냈어요. 제가…….

I43: 거의 뭐 전쟁통이네요. (전쟁) 전쟁통. 한마디로…….

L43: 제가 제 입으로 전쟁이다! 이거는 전쟁보다 더한 전쟁이다!

I44: 그래도 그 전쟁이라는 것은 우리 휴전선, 조용할 때도 있고, 실전은 간혹 한 번이지만 이거는 매일이 실전이네요?

L44: 예, 밤에 잠을 안 자, 잠을 못자겠어요. 제가 두려워서. 내가 내일은 또 무슨 일로 속을 상해야 할까 (아!) 그런 이야기도 솔직하게 제가 감정을 편지에 다 썼어요. 학부모들한테 제가 밤잠을 설쳐 가면서 고민을 하고, 마음이 안 좋고, 걱정스럽고, 아침이 되면 큰 바윗덩어리를 가슴에 눌러 놓은 것처럼 무거운 마음으로 출근을

합니다. 오늘은 또 무슨 일이 있으려나? 오늘은 누구와 싸우려나? 그래서 이런다고 솔직하게 그런 것을 제가 다 쓰고, 그런데 이제 그거를(그것을) 공감을 하는 사람들은 공감을 아마 했을 거예요. (아유) 그런데 이 애들 …… 문제는 이것이 교사는 의사가 아니라는 것을 제가 또 통감을 했고요. 학교에 저는 상담실이 많이 와 있고 그러기는 하는데요, 이런 정도라면 의사가 와 있어야 될 것 같아요. 제가 밥 먹으면서 선생님들하고 이야기하면서 제 생각은 학교에 이제 경찰뿐만이 아니라 의사도…….

I45: 정신과 의사?

L45: 정신과 의사도. 그런데 걔네들은 임상치료를 받아야 할 수준이었어요. 작년 애들은. 그리고 목사님 아이들이 두 명 있었거든요. 하나는 여학생이었고, 그 아이는 적응 잘했고요, 남학생 하나가 그런 아이였는데 그 목사님께 제가 그랬어요. 목사님 부부에게 "제가 알고 있는 모든 상식과 지식과 저의 애정을 다 총동원해서 이 아이를 지도해 보고 있습니다만, 저의 한계를 느낍니다. 그리고 이 아이는 목사님, 이 자녀는 어떤 인지적 접근이나 행동적 접근이……." 그분은 상담심리를 하셨더라고요. 경력을 보니까, 그래서 이해할 만한 분이기 때문에 제가 그런 용어를 썼어요. 제가 배웠던 것을. "인지적 접근으로도 제가 접근해 보았고, 행동적 접근으로도 행동수정을 시도해 보았지만 (죄송하지만) 이 아이는 정신분석적 접근이 필요하다고 판단됩니다. 그러니 부모님께서 알아서 이 아이를 위해서 조치를 취하십시오." 그렇게 연락을 했더니 그분은 저를 신뢰했었어요 (I: 오!) 뭐가 그러냐고 그리 안 하고 딱 알아듣더라고요. 이만큼 심각하다는 것을 안 거예요. 정신분석적인 방법 이외에는 인제(이제) 이 애는 쓸 수 없다. 그랬더니 그다음 날 바로 정신과 데리고 가셨어요. 소아정신과에! 그래 가지고 바로 저한테 답장이 왔대요. 사모님이(사모님한테서). "선생님, 알려 주셔서 감사하고, 우리 아이 문제가 있다는 것을 알고 있었지만 병원에 가 보니 정말 심각한 문제더군요. 그래서 바로 거기서 진단받고 감정 조절하는 약을 복용을 하기 시작했습니다."

I46: 약물로 치료?

L46: 그 정도면 심각한 거잖아요. 그 아이가 이미 심각한 상태에 와 있는 거잖아요. 보통 상담치료 하고 그러잖아요. 그런데 그 애는 제가 그러고 (제가) 거기다 덧붙였

어요. 그 문자메시지에다가. '제가 학교에서 많은 관찰, 많은 부분을 담당했기 때문에 혹시 제가 필요하다면 동행하겠습니다. 병원에 그 아이를 위해서, 제가 시간을 내서라도, 일부러 시간을 내서라도 동행하겠으니까 연락을 주세요.'라고 그랬어요. 그런데 이제 연락을 안 하고 그냥 주말에 데리고 가셨더라고요. 토요일 날. 그런데 그 애가 약을 좀 먹으면서부터 그 약 효과로 그 막 날뛰는 감정이, 광적인 그런 게 조금 가라앉았어요.

I47: 일시적으로?

L47: 예, 지금도 계속 약을 먹고, 또 일주일에 두 번씩 또 상담치료도 받고 그러고 있어요.

I48: 가서?

L48: 온전한 정신으로 나한테 그러고 학생들에게 그런다면 상처가 되는데, 이 아이는 아픈 아이잖아요.

I49: 환자죠.

L49: 아픈 아이이기 때문에. 한 서너 명이 그런 상태예요.

I50: 한 학급에?

L50: 예, 반도 좀 잘못 갈라졌고요. 그래서 제가 늦었지만 1학기 말에 건의를 했어요. 학교장한테. '학급 재배치. 분산시켜야 한다. 그래야 피해자가 나오지 않는다. 다른 아이들이 너무나 피해를 많이 입고 있다.'

I51: 우연히 그렇게 된 건가요? 아니면 어떻게?

L51: 어떤 계기가 있는데…….

I52: 일방적으로 그렇게 한 반에 그런 아이들을…….

L52: 처음에 4학급으로 올라왔는데, 3월 2일자로 전학을 다른 학교로 많이 가 버려 가지고, 방학 중에 간 거예요. 학기말 방학 중에. 그래 가지고 3월 2일자의 학생 숫자가 4학급 기준에 미치지 못했어요. 그래서 다시 3학급으로 갈랐는데. 그러니까 A형, B형으로 갈라놨어요. 4학급, 3학급 그렇게 갈랐대요. 작년 선생님들이 갈라 놓거든요. 그런데 4학급을 좀 더 신중하게 갈라 놓고, 3학급은 '얼마나 전학 갈라디(전학을 갈 것인가)? 애들이. 4학급으로 유지되겠지.' 그렇게 생각하고 균등하게 4학급으로 갈라 놓고 3학급은 대충해 놓은 거예요. 급하니까, 바쁜 상태에서. 우

리는 원인을 그렇게 분석하고 있어요. 우리 5학년 1, 2, 3반 선생님들은 그래서 그 선생님들도 너무나 안타깝다고, 다른 반에는 별로 그런 애들이 없거든요. 그런데 이제 몰려 있어도 너무 몰려 있다. 그런데 그 선생님들이 정말 반이라도 좀 갈랐으면 좋겠다. 그런 이야기를 하셔서. 그리 안 했으면 제가 100명이 돼도 그럴 성격이 못 돼요. 내가 책임져야지. 그런데 이제 그 선생님들이 "선생님, 너무 이거 그 …… 깨진 유리창 효과가 너무 크니까, 좀 이렇게 가르면 어쩔까요?" 그랬기 때문에 제가 그런 건의를 했거든요.

I53: 분산시키려고?

L53: 그런데 학교에서는 받아들이지를 않대요. 학부모들 때문에. 학부모들이 반발을 한다는 거예요. 해 보지도 않고!

I54: 저런, 애들 우리 지금 잘 돌아가는 학급에 와서 어떻게 될까?

L54: 예, 그렇게 걱정을 한다는 거예요. 그런데 왜 학교장이 그런 학부모들에 대해서 할 말을 못 하냐? 전 그것이 너무나…….

I55: 거기서 지금 교육철학이 필요한 것인데. 관리자의, 그래서…….

L55: 신념이 분명하다면 학부모를 설득시킬 수 있잖아요.

I56: 그렇죠. 그리고 더 많은 아이를 보호하고 교육으로 인도하기 위해서는 지금 이 조치가 필요하다고 강력하게 얘기를 해야지…….

L56: 그래서 제가 보고서까지 썼다니까요. 14쪽짜리 보고서! 그 건의를 하면서 꼭 그 우리 논문, 대학의 보고서 낼 때처럼 1, 문제의 목표, 뭐뭐뭐 하고 마지막에 건의 사항, 이렇게 해 가지고 건의를 하게 된 배경, 다 썼어요. 그래 가지고 정식 내부 결재를 올렸어요. 왜냐하면 사적인 문서는 아무도 인정해 주지 않으니까. (I: 그렇죠.) 그래서 교장, 학교장까지 결재를 (딱) 받았어요. 그리고 만일에 무슨 문제가 터져서 나에게 책임을 묻는다면 나는 그 보고서로 전부 이야기를 하려고요. 거기에 모든 게 다 드러나 있어요. 그러니까 학교에서도 그후부터는 아무 말도 안 하대요. 저한테. 선생님이 뭐했니, 어쨌니, 저쨌니 그런 말을 안 해요. 그걸 보더니. 그래서 제가 교장 선생님한테도 그랬어요. "교장 선생님, 저에게 하기 쉬운 말로 이런저런 말씀을 하실 수는 있는데, 지금 실제로 하고 계시는데, 교장 선생님이 우리 반을 한 달 동안 담임을 해 보기 전에는 어떤 말씀도 함부로 하지 말아 주시

길 부탁드립니다. 삼가 주시길 바랍니다.” 제가 그랬어요. 그 교무실에서 둘이 막 언쟁을 벌일 때, 그랬더니 또 그 말했다고 노발대발하는 거예요. 저는 예의 바르게, 정중하게 얘기했어요. 이 일은 누구도 내 입장, 담임을 해 보지 않고서는 말할 수 없는 문제니까 제가 그것은 정말 사절한다고 그랬어요. 아무도 그러지 말라고 그랬어요. 담임을 한 달 동안 해 보고 나서 그때 나한테 이야기를 하라고 그랬어요. 그런데 정말 하기 쉬운 말로 남들 말 쉽게 하잖아요?

I57: 그럼요.

L57: 한국 사람들. 특히, 자기가 경험해 보지 않은 남의 말은 쉽게들 이러쿵저러쿵 하잖아요. 그런데 그걸 내가 차단시키고 싶어서 밤잠을 설쳐 가면서 보고서까지 쓰고, 한 일이 어마어마해요. 논문을 쓸 지경이에요. 이것이…….

I58: 박사논문 하나 더 쓸 걸. (웃음) 하하하…….

L58: 그리고 그 학교폭력대책위원회에다가 쓰는 보고서도 원래는 인성부장이 써야 되는데 인성부장은 모르잖아요. 그래서 그걸 내가 쓴다고 그랬어요. 제가, “제가 써서 드릴게요. 선생님 검토하고 그렇게 하세요.”라고 그랬어요. 제가 다 써서 줬어요. 일사천리로. 어째 그러냐면…….

I59: 너무나 리얼하게 다 있으니까?

L59: 머릿속과 마음속에 너무나 많은 것이 들어 있기 때문에 바로 작성이 돼 버려요. 그것이. 그러니까 체계가 좀 잡히대요. 정리를 해 놓고 보니, 마음이 좀 정리가 되더라고요.

I60: 글쓰기가 그런 치유 효과가 있네요. (L: 예.) 한편으로 …… (음) …….

L60: 그리고 학부모들한테 보낸 그런 글들. 거기서 나의 어떤 교육관, 신념을 다 표현을 했기 때문에 할 말 다 했고. 그렇기 때문에 제가 살아남았잖아요.

I61: 그래도 우리 선생님은 문제도 많고 정말, 정말. 제가 봤을 때는…….

L61: 치유를, 스스로가…….

I62: 자기 치유를 해 가면서 어찌 보면 …… 버거운 세상에 맞서고 있네요?

L62: 정면돌파. 우회적으로 돌아가려고 하지 않고 정면으로, 문제가 있으면 정면으로 맞서서 해결하려고 했던 것인 것 같아요. 제가. 제 성격이 그런 것 같고.

I63: 개인적인 차원에서 할 수 있는 최상의 방법, 최선의 어떤 그것을 하셨네. 그러니

까 그나마 뭐랄까 아까…….

L63: 유지가 됐어요. 제 자신이.

I64: 유지가 되고, 안 그랬으면 아까 말씀하신 대로…….

L64: 아파 버렸을 거예요.

I65: 아프거나, 휴직계 내거나, 아니면 떠나겠다. 명퇴까지 가는데. 그래도 당당하게 맞서서 이렇게 관리자고 누구고, 학부모고, 아무리 (뭐) 엄포를 놔도…….

L65: 거기에 굴하지 않고…….

I66: 굴하지 않고 내 말은 하고. 또 무엇이 교육적으로 옳은가. 아이에게 그런 것들을 그렇게 하는 것이 많이…….

L66: 저는 이런 확신이 있었어요. '최후의 승자는 나일 것이다.'라는 확신이 있었어요. 왜냐하면 제 마음에 잘못된 것이 없고, 제가 교육에 임하는 자세가 올바르지 않은 것이 아니었기 때문에 이 아이들도 (너희도) 철이 들면 선생님을 이해하고 고맙든 말든 그건 알아서 할 일이고, 선생님이 왜 그랬는지 너희는 알게 될 거라는 그런 마음에 확신은 있어요. 그러기 때문에 그 아이들이 날 몰라 줘도 지금은 '너희가 나의 깊은 마음을 어떻게 알겠느냐? 당연히 모른다.' 그렇게 생각을 해요. 그리고 '학부모들 당신들도 지금 이 1년 가지고는 나의 진가를 모를 것이다. 그러나 세월이 흐르고 흐르면서 그때 5학년 때 우리 그 선생님이 정말 내 아이를 사랑해 주었다는 것을 알게 될 날이 온다.' 저는 장기적으로 보고 있어요. 설령 그것을 인정하지 못한다 할지라도 저는 후회가 없어요. 내가 할 모든 것은 다 했기 때문에.

I67: 그럼요.

L67: 하고 싶은 말을 억누르지도 않았고, 그렇다고 막 미쳐 날뛰지도 않았고, 제가 막 흥분해 가지고…….

I68: 아주 차분하게…….

L68: 네.

I69: 경우에 따라서는 논리적인 글로써 또 이렇게 대처하고?

L69: 단호하고 당당하게 때로는. 그리고 학교장도 무서운 존재는 아니잖아요.

I70: 그럼요!

L70: 같이 협력해야 할 존재였죠. (I: 그렇죠.) 그러니까 교장 선생님도 제 말에 어디가

틀린 것은 별로 없으니까 (막) 노발대발하기는 하지만 그다음에도 저에 대한 존중은 변함이 없었어요. (I: 그렇죠.) 제가 감정을 상하지 않았기 때문에 그냥 논리적 사실만 말씀…….

I71: 그냥 감정적으로 대든 건 아니잖아요. 선은 이렇고 후는 이렇고 그러니까 이렇게 하십시오.

L71: 사실을 가지고 이야기했고, 감정을 자극을 하지 않았기 때문에…… (아이, 참)…… 그래서 관계가 좋아요. 지금도 교장 선생님하고는…….

I72: 그래요. 오히려 (활발하고) 그런 것이 더 좋은 거예요.

L72: 그런데 이제 보통 보면은 그 자리에서는 말 못하고 (막) 뒤에 가서 막 불평불만 해 봤자 아무 소용이 없다는 거. 그건 제가 경험, 예전에 다 느꼈기 때문에 저는 일부러라도 교장실을 찾아가요. 드릴 말씀이 있다고. "저랑 한 10분간 이야기하실 수 있으십니까? 시간 내 주실 수 있으십니까?" 그래 가지고 이야기를 해요. 제가 이러이러한, 우리 반이 이런 상황입니다. 이렇게 하고. 그러니까 교장 선생님이 지금은 선생님 또 무슨 어려운 일이 있고 제가 도와드릴 일이 있으면 이야기하시라고 막 그러대요. 교장 선생님이요.

I73: 오히려. 그래 …… 아주 진짜 좋은 본보기네요. 지금 이제 여기도 선생님들이 오셨지만 지금 내색은 안 하지만 다 뭔가 있으니까 왔잖아요? 그런데 이제 그 대응 방식에서는, 제가 봤을 때는, 이렇게 당당하고 이렇게 하는 경우가 거의 없어요. 그리고 제가 몇 가지 지난번에 그 케이스를 보더라도 그렇지 않는데, 그 정말 아주 저 당당하시고 그 …… 우리 다른 선생들에게도 뭔가 조금 …… 우리가 (맨) 제도적으로 뭐 해 달라. 뭐뭐 그렇게 하지. 실제적으로 자생력을 길러 가지고 자기가 사소한 일이라도 (뭐) 생겼을 때 그렇게 (해결) 해결하려고, 또 당당하게 맞서고, 용기의 문제인데 우리가 아까 얘기한, 어찌 보면 용기의 문제고 또 실천의 문제인데 그런 부분에서는 또 약하잖아요.

L73: 위축되고…….

I74: 위축되고 약하고 또 그런 모습을 보여…….

L74: 누가 강하게 나오면 움츠러들고 그러잖아요.

I75: 그러니까, 그리고 혹시 자기한테 해가 되지 않을까?

L75: 그런 두려움 때문에 오히려 함부로 하는 거예요. 학부모들이……

I76: 그렇게 하면 학부모나 관리자는 어쩌든 간에 계속……

L76: 짓밟아요. 피해를 줘요. 그런 사람한테.

I77: 그러니까 그러면 교사는 그런 상처나 늪에서 헤어 나오지 못하고 계속 더 작아지게 되죠. 존재가, 존재 가치가. 그리고 학생 앞에서 당당하지 못하고 계속 학부모한테 더 학부모는 더 무섭잖아요. 한마디에, "너 교사 맞아?" 이런 …… 그런 말한 마디로 그냥……

L77: 그게 상처받아 가지고……

I78: 더 이상 말을 못하잖아요. 어이가 없으니까……

L78: 그럴수록 정신을 바짝 차리고 냉정해지고 이성적이어야 한다고 생각을 해요. 제가. 그러니까 지금은 아무도 원망하지 않아요. 원망한다면 …… (뭐) …… 나에게 그거 부정적인 감정이잖아요. 저는 학부모도 원망하지 않고, 내가 할 말 다 했고 학부모들한테. 학생들도 원망하지 않아요. 니들이 철이 없고 그런 것이고. 또 (음) 내가 항상 너희를, 너희한테 짓눌러 있었던 것이 아니라 처음에는 니들 때문에 (막) 난동을 부리고 있으면 충격도 받았고 그렇지만 항상 마무리는 내가 우위에서 내가 너희를 다스리는 입장에서 한 것이고. 결국은 내가 이끄는 대로 따라왔고, 그렇기 때문에 피해의식 같은 것은 없어요. 지금 현재 제가……

I79: 그러니까 이제 조금 제가 뵙기에 약간 좀 초췌하고 예전에 비해서 조금 더 힘든 모습은 약간, 처음 만났을 때 느꼈는데, 그래도 그전에 당당함이라든가 또 어떤 자신감 이런 것은 그래도 내면 속에 남아 있는 것을 보니까 다행으로 생각해요. 저는 이제 그런 많은 것들을 지금 안고 지금 이도 저도 주체도 못해서 와서 이제 다 내려놓고 일단 조금 이렇게 …… 쉬면서 이제 어떤 내 …… 내면적인 치유력을 얻어서 이렇게 가려고 오셨나 했는데 여전히 그런 어떤 내가 지켜야 할 것, 가져야 될 것, 또 그런 것들은 다 가지고 있으면서 또 나름 어려운 환경에서도 계속 이렇게 해 오신 모습이 보이네요.

L79: (약한 미소를 지으며) 제가 예전에 그런 면이 있었나요?

I80: 그렇죠. 예, 아주 다소곳하시지만 어떤 부분에 대해서 (이제) 아까 정의감으로도 표현하셨고, 뭐 이런 당당함……

L80: 외유내강을 추구해야 된다고 생각해요.

I81: 그렇게. 그런 것들을 저도 곁에서 바로 느꼈는데 …… 그 하여튼 일단 그런 어떤 꿋꿋한 모습을 잘 간직하셔야 되고…….

L81: 살아 있죠. 아직 안 죽고. 안 죽어 (웃음) 하하…….

I82: 계속 그렇게 그것이 이제 선생님을 그렇게 지탱해 주게 할 것 같아요. 그 어떤 고난이나 시련이나 어려운 상황에서도. 그 보루가 무너지면 이제 아까 말한 교사로서의 (I: 병에 걸리죠.) 존재 말고 개인적인 존재에서부터 탈이 나. 무너지면 그거 인제 교사, 교직에 그런 것들도 다 와르르 가게 돼. 그러니까…….

L82: 저는 그러니까 어떤 자존감을 무너뜨리고 그런 사람은 아니, 그러니까 쉽게 무너지고 그런 사람은 아니에요.

I83: 그러니까 강한 사람이야. 아주 내적으로 그죠?

L83: 학부모하고 학생들이 제 첫인상이 좀 연약하게 보이는가 봐요.

I84: 그렇죠. 외모로는.

L84: 저는 제 내면을 알기 때문에 제가 강하게 보인다고 생각을 했거든요.

I85: 아니에요.

L85: 그런데 처음에 말 안 듣고 학부모들이 저를 함부로 이야기하려고 하고 그러잖아요. 그러다가 이제 된통 저의 강인한 모습을 보게 되는 거예요. 인제(이제). 칭찬하면서도 강력하게 단호하게 대처하는 것을 경험을 해 가면서 저의 내면을 알게 되는 것 같아요. 항상 보면은. 그러니까 학부모들, 학생들도 처음에는 우리 선생님이 순하게 보인다. 지들 맘대로 (막) 하려고 해요. 그런데 이제 생활할수록 선생님이 강한 사람이라는 것이 막 느껴지는 거예요. 애들한테도. 그래서 결국은 나의 목표대로 이렇게 이끌어져 가는 그런 것이 좀 느껴지고, 또 제가 아까 건의했던 제도적인 것. 분명히 제도 필요해요. 그렇지만 그 제도는 시간이 걸려요. 그러면 제도가 완비될 때까지 기다리고 문제만 당하고 있을 수는 없잖아요. 그러기 때문에 교사는 자기가 어떤 가진 지혜와 이런 현명함을 발휘해 가지고 그러니까 인문학적인 지식으로 일종의 그런 것으로 해서 무장해 가지고 그 위기관리 능력을 제도가 완비되기 전에도 갖추고 있어야 된다고 생각해요.

I86: 자기 나름의 해법. 대안 같은 것을 가지고 있어야 돼요. 꼭 외부에서 주어지고 이

렇게 뭐 캠프를 열어 주고 이전에…….

L86: 나를 보호해 주는 사람은 아무도 없다고 봐요.

I87: 없지요.

L87: 저 자신 이외에는 (I: 그렇죠.) 제가 자아존중감을 가지고 문제를 해결할 수 있다. 그리고 어떤 가치를 위해서는 해결해야 된다. 그런 것이 있으면 아직 제도가 만들 어지기 전이지만 모든 상황을 최선으로 이끌려고 애쓸 수 있다고 봐요, 저는. 그 런데 거기 자기가 자신감이 없으면 아무것도 안 되고, 제도가 나중에 보호해 줄 수도 없어요. 그런 것은 (6초간 침묵)…….

I88: 예, 물 한잔 하시고…….

(실제로 구술은 여기서 마무리되었음.)

3) 사례 T

성별: 남

나이: 60대 이상

교직 경력: 21~30년

재직 학교: 중등

I1: 말씀드리겠습니다. (어) 일단 이제 교직생활이 거의 한 30년 가까이 되시고 이렇 게 여러 가지 좋은 일, 궂은일 많은 경험도 하셨을 거 같은데, 또 저희가 이 힐링 캠프에 와서 또 나름대로 말 못할 고충이라든가 애로사항, 이런 것들을 들어 주고 또 그런 자리니까 또 이렇게 만남이 됐는데, 교사로서 생활하시면서 가장 어려운 점, 또 말 못할 고민 이런 것들이 있으면 무엇입니까? 선생님.

T1: 사실 저는 이제 교직생활 30년 됐는데요. 가장 어려운 점이 우리 교사는 애들 열 심히 가르치는 게 사명이지 않습니까? (I: 예.) 그런데 인간관계가 굉장히 어렵더 라구요. (I: 인간관계가?) 그런데 누구나 다 인간관계를 좋게 하려고 하지, 나쁘게 하려는 사람이 없죠?

I2: 그렇죠.

T2: 그게 참 어렵더라구. (음) 쉽게 말해서 H중학교에서 설사 인자(이제) 무안으로 내신을 냈거든요. 무안으로 발령을 내주면 그 학교에 가서 또 이런 상황, 내가 이야기했던 상황이 또 안 벌어지라는 법이 없어요. 왜 그러냐. 이런 구조적인 모순이니까. 왜 그러냐면 내가 (아까 그) 교수님에게 얘기했듯이, 등산하면서 잠깐 이야기했듯이, 교감 선생님은 자기 밑으로 줄 서라고 하고, 교장 선생님은 응당 자기 밑으로 줄 서라 하고, 이런 식이에요. 그러니까, 평교사인 나는, (흐음) 교장 선생님이 작년에 저희 선배였어요.

I3: 아, 선배님? 어디? 고등학교? 아니면?

T3: 대학교 선배님. 그런데 실지로는 이제 그 이렇게 H중학교로 끌 …… 끌 …… 끌어온…….

I4: 후배니까, 너 이쪽 학교로 와라.

T4: 그런 것도 하고, 이 앞전에 또 근무도 같이 했고, 그러니까 속을 너무 잘 아니까 (네).

I5: 서로 아주 가까운 사이시고?

T5: 서로 이제 또 교총 같은…….

I6: 아, 교총회원이시고?

T6: 예, 교총회원이고, 평교사 때부터, (I: 예.) 그래서 인자, 이……. 인자, 쉽게 말씀드려서, 교장 선생님이 거의 인자 나, J중, 목포 J중학교에 근무할 때, 교장 선생님이 나, 과학실에서 나, 수업하고 있는데, 오셨더라구요. 우리 학교에 행사 때, (I: 예.) 교장 선생님이. 명함을 주고 가시면서, "자네, 나, H중학교 교장이니까, 자네, H중학교로 오고 싶으면 나한테 전화하소." 이렇게 했어요. 이렇게 근데 인자 점수로 가지 않습니까? (I: 그렇죠, 네 네.) 그래서 사실은 영암으로 내가 인자 낼라고(내려고) 했어요. 그러니까 교무부장이 "선생님, 영암으로 갈 점수는 안 됩니다. 해남은 됩니다." 그 얘기를 하더라구요, 교무부장이. (I: 예.) 그래서 "그러면 해남으로 내야죠." 그래서 해남으로 내 놓고, 해남으로 떨어졌습니다. 발령이 났어요. 그러면 또 H교육청에서 다시 또 인자 중학교는 배정을 합니다.

I7: 아, 도교육청에서 크게 하고, 그다음에 단위교육청에서 하고…….

T7: 예, 단위교육청에서. 그러니까, 옛날에 생각했던 선배 교장 선생님이 딱 "교장 선

생님, 나 해남으로 발령이 났는데, 교장 선생님, 저 …… 나 …… 저 …… H중학교로 갈 수 있겠습니까? 과학이 빕니까?" 하니까, "어이, 비네 …… 어 …… 걱정 마소." 그러더라구요. 그래서 교장 선생님이 끄집은(초빙한) 거나 마찬가지예요. 그래 가지고 이제 그러니까 나는 교장 선생님이 고맙기도 하고, 또 (인자) 옛날에 평교사 때 같이 근무했고, 그러니까 (인자) 다른 사람보다 나도 교장 선생님을 더 신뢰하기도 하고, 교장 선생님도 나를 또 신뢰할 거 아닙니까? (I: 그렇죠.) 그렇죠. 그래서 (인자) 3월 2일인가, 4일인가 모르겠는데, 가니까, 교장실에서 교장 선생님이 그래요. 여러 선생님 모인 데서 "어이, T선생, 자네는 학생부장이나 하소." (I: 예.) 그런 거야. 그러면 내가 이제 교육 경력, 그 지나는 동안에, 학생부장이란 자리는 교장이 아무나 주는 자리가 아닙니다. 그만큼 어려운 자리(어려운 자리) 예, 교무부장보다 더 어떻게 보면 어려운 자리.

I8: 제일 중요한 보직이라고 보아야 할까요?

T8: 그렇죠. 교장 입장에서는 가장 믿는 사람에게 주는 겁니다. 시실은. (I: 아, 학교에서?) 예, 왜 그러냐면 학생부장 역할이 커요. 왜 그러냐면 학교의 모든 어려운 문제를 (I: 해결사죠. 한마디로 말하면.) 해결사죠. 학생부장이 (I: 예, 예.) 그래 가지고 (인자) 뭔 …… 그러니까, 나보고 하란 식이에요. 나는 (인자) 뭐 진급, 이런 것은, 섬을 안 가 버리니까, 진급을 할 그런 (인자)…….

I9: 진급을 할 점수가 없으셨나요? 이전에도?

T9: 예, (I: 그저 평교사로.) 그러니까 이제 섬을 안 가 부니까, 점수가 안돼 부니까, 이제 포기 상태죠. (I: 예.) 그렇게(그러니까) (인자) 하등에 학생부장 할라는 마음이 없었어요. 그런데 이제 교장 선생님이 "자네가 맡아 줘야겠네." 하니까 맡은 거죠. (I: 예.) 그러믄, 쉽게 말해서 군대 같으면, 교감이면 아무 권한이 없잖아요? (I: 그렇죠.) 그렇죠? (I: 부자.) 부(副)자니까. 그리고 교장이 시키는 대로 해야 할 거 아닙니까? 그런데 …… 아니 내가 학생부장을 하는데 사사건건 나한테 간섭만 한단 말입니다. 그러면 하겠습니까? 더구나 이제 여자 교감인데……. (I: 여자 교감.) 나는 처음에 여자 교감 선생님이라 엄청 부드럽고 좋을 줄 알았어요. (I: 아!) 그런데 그것이 아니드만요. (I: 아!) 차라리 남자는 (I: 편한 게 있죠) 그냥 좀 싸우더라도 교감 선생님 "우리 가서 술 한잔 드시죠." 하고 서로 풀어 버릴 수 있잖아요. (I:

예.) 그런데 그렇게도 안 되고. (음) 아, 그렇게 했으면 당신이 잘못했잖아요. 어쨌든 간에 학생부장, 뭐 몇 개월 하다가 그만둔 일은 처음, 처음 일이대요. 여태까지 한 부장을 10년 넘게 했어도…….

I10: 웬만해선 그렇게 그렇지가 않죠. (T: 그렇지요.) 보직을 주면 임기를 채우고.

T10: 그렇지요. 부장이 뭔 (I: 대단한 일이라고……) 아무것도 아닌 걸 가지고. 교육 경력 몇 년인데, 내가. (I: 예.) 그러니까 그냥 교감 선생님이 싫어하는 것 같으니까, 그러면 교장 선생님한테 가서 이야기했어요. "교장 선생님, 나, 교감 선생님이 이렇게 자꾸 간섭해 쌓고 못하겠습니다. 다른 사람 시키십시오. 기획이, 인자 학생 기획이, 후배가 있어요. 저 ……그 …… 누구를 시켜 주십시오." (음) 처음에는 임명을 안 하더라구요. "그냥 자네가 우선 하고 있어."라고 한 2주 후엔가, "자네가 정 그렇다면……." 긍게(그러니까) 교감 선생님이 계속 간섭할 것 같으니까.

I11: 그럼, 교장 선생님도 다 알고 있었나요? 그런 복잡한 문제.

T11: 알 수밖에 없죠. (I: 예, 예.) "자네가 그렇게 못하겠다면 (인자) 다른 사람을 시킬라네." 그래서 (인자) 시킨 겁니다. (I: 예, 예.) 그런게(그래서) 나는 별로 감정이 안 좋죠.

I12: 그렇죠. 사람인데.

T12: 임명은 교장이 하는 것이지, 교감이 하는 건 아니잖아요. (I: 예.) 그러면 교장이 시켰으면 교감이 …… 그런 이야기를. 그리고 학생부장이 중책인데, 그러고 간섭하는 거 아닙니다. (음) 사실은 그래 가지고 그랬는데, (인자) 나는 (인자) 그 담임도 안 하고 그 …… 그만두고 애들만 열심히 가르쳤어요. 애들만. (I: 말 그대로 평교사로.) 예, 예. 평교사로, 작년에는. 올해는 담임까지 없으니까, 할 일이 없는 거예요. 왜냐하면 경력이 많은 사람은 능력이 있잖아요.

I13: 그렇죠. 노하우가 쌓여 있는데.

T13: 그렇죠. 가령 환경부장을 하면은 담임 하면서 환경부장도 하고 그랬어요. 저는. (I: 예, 예.) 그만큼 능력이 있었어요.

I14: 열성적으로 하셨네요.

T14: 예, 그러니까, 너무 할 게 없는 거예요. 가르치는 것만 하면 …… 교수님들처럼 연구를 한다든가, 또 이렇게 연구논문을 낸다든가 그런 것도 없고, 우리는 단순히,

애들 중학생들 한번 읽어 보면 가르치는 놈의 거. 그 …… 그렇죠?

I15: 과목이, 선생님이?

T15: 과학입니다.

I16: 과학이죠? 이미 다 입력되어 있죠? (웃음) 하하하…….

T16: 이미 다 입력 …… 몇 년을, 거의 한 30년 가차이(가까이) 하는데 (I: 그렇죠.) 너무나 다 알고 있는 사실 아닙니까? 그 일을 계속 반복하는데. 그리고 또, 중학교라는 것은, 중학교 과학은 읽어 보면 무엇을 가르쳐야겠구나, 그 정도 되는 상태 아닙니까. (I: 예, 예.) 그래서 (인자) 헐(할) 일이 없으니까, 어찌 되었든지 저 …… 담임을 할란다고(한다고) 했어요. 그래서 3학년 담임을 한다고 지원을 했는데, 교감 선생님이 또 3학년 담임을 못하게 한 거예요. 나를 …… (하) 그러면 감정이 더 생길 거 아닙니까. (I: 예.) 그러니까 차별하는 것이지요. 말하면 …… 이유 없이 …… 무엇 때문에 나를 3학년 담임을 못하게 하냐 그 이야기여. 사실은 교육 경력이 그 정도 되면 3학년 가르치니까 3학년 담임을 해야 맞죠 (I: 맞죠.) 그렇죠? 교육 경력이 많으니까. 그래 가지고 (인자) 야튼 …… 야튼 어쩌든 간에 우여곡절 끝에 또 3학년 담임을 했어요. 올해. 그래 가지고 3학년 담임을 쭉 했는데, (인자) 다른 것은 없었어요. 그동안 (인자). 마찰이 없었는데 (인자) 그냥 또 이제 교과교실제 돼 가지고 거의 뭐 교수님처럼, 우리 학교 체제가 그렇게 됐어요.

I17: 볼 일이 없죠. 자기가 교과실에 딱 있으면…….

T17: 교과실에 있으면 …… 교무실에 본교무실에 교감 선생님이 있는데 갈 맥이 거의 없어요. 나는 이제 과학실, 이론실에서 수업을 하고 우리 반 관리만 잘하면 되고, 또 인자 청소 잘 시키고, 애들 (인자) 생활지도 잘 하고, 근데 경력이 많으니까, 더 잘 할 것 아닙니까 (I: 그렇죠.) 아무래도. 인자 교육 경력이 많으니까 (I: 예.) 별일 없이 지내 왔는데. 그리고 이제 아침에 8시부터 이렇게 가 가지고 그냥 못 떠들게 하고, 암튼 저, 나는 내 소신은 뭐냐 하면, 내가 담임을 할려고 하는 이유는 다른 선생님보다 내가 담임을 하는 것이 애들에게 도움이 되겠다 해서 할라고 한 겁니다. 왜 그냐면 하나라도 내 제자 중에 더 잘 되게 만들려고, 그럴려고 (인자) 담임을 한 겁니다. (I: 예.) 물론 나도 (인자) 안 하면 심심하고 그러기는 하지만. (I: 예.) 그게 이제 목적이에요. 그러니까 8시 20분까지 오게, 어김없이 오게 해 가지고 떠

든 사람은 "야, 너 가서 밀걸레 들고 복도 닦아라!" (웃음) 그럽니다. (하하하) 그러면 처음에는 이상하게 생각하는데 나중에는 으레 그럴 줄 알아요. 닦고 옵니다. 그러면 또 누가 나는 책 보고 있다가 또 누가 떠들면, "야, 너, 너도 밀걸레로 닦어." "아까 누가 닦았는데요." "야 임마, 깨끗해서 닦냐? 너 (저) 벌로서 닦는 거지." 계속 시키는 거예요. 그러니까 그 40, 50분 동안을 애들, 처음에는 잘 안 돼도 한 3월 달 (딱) 잡아 주니까 그 뒤로부터는 즈그들(자기들) 스스로 알아서 공부를 해요.

I18: 선생님은 책 읽고 있구요?

T18: 나는, 나는 (인자) 과학책을 보고 있고. (I: 예.) 몰라서 그럴 것입니까, 계속 (인자) 보는 거지. (I: 예, 예.) 보고 있고, 애들은 애들대로 공부를 허고. 떠든 사람은 야튼 청소시키니까. (I: 예.) 그래 가지고 1년을 거의 가차이(가까이) 이렇게 했어요. 그런데 (인자) 원인은 어디서 있냐 하면 이 교원평가, 여기서 생긴 겁니다. 그러면 내가 교원평가 하면 응당, 그리고 뭐 청소도 …… 우리 교실, 복도, 화장실도 나보다, 내가 환경부장한테 그랬어요. "어이 환경부장, 내가 화장실, 저쪽에 저 동편 화장실, 내가 우리 반이 맡게 해 주소." (I: 맡았어.) 그러니까, 왜냐? 작년, 지금으로 이야기하자면 재작년이잖아요? 재작년에 화장실에 똥이 가득 차 가지고 (I: 오!) 볼 수가 없어요. 그러니까, "우리 반 화장실, 여쪽 하나 맡아 주소." 그러니까 나는 인자 지도를 아주 철저히 하는 겁니다. 교실, 화장실, 그러면 교실 청소는 잘 되었는데, 화장실 안 됐다고 하면 종례 안 해. "야, 교실, 복도! 너희는 가라. 특별교육 가고." 특별실, 또 저 특수반 도움실, 거기도 두 명 또 보내 줘요. 걔네들 다 보내고, "야, 화장실 청소만 남어." 남겨, 남겨 놔요. 그렇게 한 번만 하면은 깨끗하게 해 버립니다. 그리고 또 (인자) 우리 과학실, 이론실은 내가 또 (인자) 관리를 하니까, 거기 애들 (인자) 보내 주니까 거기 더러우면, "야, 니들 거기 청소하고 있어라." 해 놓고 이놈 이거 보고 있는 거예요. 청소를 깨끗하게 해 놓고. 그러니까 철저하게 청소를 시키는 거죠. 또 특별 교육도 (인자) 우리 과학실 앞에 주차장이여 뭐여 아주 깨끗하게 이렇게 쓸고, 심지어 그 환경부장이 정해 준 날이 있어요. 교내 대청소…….

I19: 환경미화의 날.

T19: 환경미화의 날이 있어. 그러면 다른 반은 나오도 않어. 자기들 해야 할 구역을. 그

러면 남의 반 앞에까지 우리 반 아이들 데리고 해 버린다고. 그리고 깨끗이 그 정도로 낙엽이 있으면 같이 쓸어 버린 거여. 이렇게 지내 왔는데 …… 그러니까 그러고 또 모든 학습자료를 지금 H중학교 학교 홈페이지에다가 다 올려놨어요. 내가 가르친 내용은, 그 많은, 3학년 두 선생님이 가르치거든요. (I: 과학을.) 과학을. J선생님은 인자 전공이 물리고, 나는 화학입니다.

I20: 아, 화학이세요?

T20: 예, J선생님은 물리하고 생물하고 하고. (긍게) 나는 화학하고 지구과학. 그러니까 반 권을 하는 거죠. 그놈 이제 다 올라가 돼 있어요. 그리고 1학년은 1학년 7반만. 과학선생님이 4명인데 3시간씩 들어가요. 그러니까 …… 여섯 반이니까 세 명이 두 클라스(학급)씩 맡겠죠. 그래 가지고 세 분이 단원을 또 나눠서 가르치고 홀수, 7반까지 있으니까, 7반만 내가 전체 한 권을 다 가르치는 겁니다. 내가. (아) 내가 경력이 많으니까 내가 책 한 권을. 그것도 전부 내가 올려놨어요. 학교 홈페이지에다가 내가 애들 공부하라 할라고. 그리고 인제 긍께 아주 내 깐에는 열심히 한 겁니다. 그런데 교원평가에서 어떻게 나왔냐면, 교사평가에서는 5점 만점에 4.8인가 9인가 나왔어요.

I21: 동료들은 거의 다 인정을 하는 거죠?

T21: 예, 예. 만점에 가깝게 나온 것이고. (I: 예.) 학부모는 5점 만점에 3.71인가 72인가 그 정도 돼요. (음) 그러니까 학부모도 그렇게 나쁜 평가한 것이 아니고. 그런데 이제 학생들이, 학생들이 평가한 게 2.53인가 4인가 54인가 나왔어요. 그게 적게 나왔다 그 말입니다. 그러면 …… 내가 생각할 때 그놈 평균 내면 굉장히 괜찮은 점수 아닙니까? 학부모, 교사, 학생. 이렇게. 하면 3점이 넘을 것 아닙니까? 훨씬 거의. (음) 4점은 못 되더라도 거의 가차이(가까이) 될 거 아닙니까. 그러면 내 평가가 그렇게 나쁘게 된 게 아닌데, 학생들이 그 …… 3점이 못 넘는다고 해서 어 …… 어 …… 그것을 복명서를 쓰라고 해요. 교감 선생님이. (I: 아.) 그러니까 쉽게 말해서 사유서나 비슷하게 써라는 거예요. (I: 예.) 그래서, 그래서 이제 복명서를 쓴 겁니다. 그런데 …… (에) 무엇이 있었냐면 반 대항 축구대회에서 (어) 상금 10만 원이 걸렸어요. 거기서 어떤 학생 하나가 그래요. "선생님, 우리 반이 축구대회에서 1등 할랍니다. 그러면 불고기 파티 한번 하실랍니까? 10만 원 드릴게." 그런

거야. 아, 그래라. 야튼 이기기만 해라. 그런데 인자 춘계 체육대회 때는 우리가 2등 했어요. (I: 예.) 3학년 전체에서……. (I: 예.) 축구대회에서. 그런데 그래라 이제, 사기 높여 주기 위해서, 그래 가지고 10만 원, 우리가 우승을 했어요. 그다음에 또 게임대회에서 또 10만 원을 벌었다 그래요. 애들이. 그거는 이제 즈그들이(자기들이) 알아서 한 것이고. 그것은 (인자) 한 5~6명이 했으니까, 그 애들이 나눠서 쓴 것이고. 이 …… 그 축제, '동백제'라고 있어요. H중학교. 동백제 때는 30(만 원)이 걸렸어요. 30만 원이. 그 댄스, 반 전체가 댄스를 잘한 반은 30(만 원). 잘한 반에게, 가장 잘한 반에게 30만 원을 준 겁니다. (음) 그러니까 이제 이번에도 내가 그랬죠. "야, 느그들(너희), 최선을 다해서 아무튼 동백제 때 우리 반이 우승하도록 하자." 그 얘기를 했어요. 그러니까 이 애들이 죽기 살기로 또 그런 겁니다. "선생님, 저 우리 축구 이겼을 때처럼 우리 또 저 돼지고기, 불고기 파티하죠. 삼겹살 파티하죠." "아이, 당연하재." (인자) 그래 가지고 했더니, 어느 학부모, 좀 더 잘 사는 학부모, 홀이 있는데 그거를 빌려 가지고 토요일, 일요일도 요놈들이 연습을 한 겁니다. 내가 하라 했을 겁니까? (아!) 자발적으로 (자발적으로) 그래 가지고 동백제 때 우리 반이 다른 반에 뭐 상대가 안 될 정도로 잘 췄거든요. 춤을. 그래 가지고 당연히 우리가 그 최고상을 받았어요. 30만 원 갖고 또 같이 식사 …… 이게 우연은 아니지 않습니까? 그렇게 다 이렇게 우리 반이 쓸어버릴 정도로 그것은 우리 반이 야튼(아무튼) 나를 중심으로 해서 뭉쳤다는 이야기 아닙니까?

I22: 동기부여가 되니까.

T22: 그렇죠. 그러니까 그동안 나는 중요한 게 그 …… 학생관리를 어떻게 생각하냐면, 양봉, 있죠? 양봉. (I: 예.) 양봉에 비유를 합니다. 벌 이렇게 기르는 것, 벌 기를 때, 양봉을 이렇게 기르면은 …… (에) …… 벌을 가만히 놔두고, 놔도 불면(놔두면) 벌이 엄청 싸나워져 버린다대요. 벌이 막 한…… 두 달만에 벌집에서 꺼내면 거기 벌집 안에 있는 벌들이 전부 날라와 가지고 날라다니는 거예요. 공격성이 있어 가지고. (I: 예.) 그런데 한 2주에 한 번씩 관리를 해 주면 벌이 가만 있답니다. (음) 마찬가지로 내가 아침에 일찍 가서 애들에게 쓰레기통에 쓰레기가 가득 찼다든가 뭐 교실이 더럽다든가 뭐 주번 시켜서 이렇게 깨끗이 닦게 하고, 또 못 떠들게 하고, 관리를 철저히 한 겁니다. 임장지도를. 철저히 하니까. (인자) 그게…… (야튼)

우리 선생님은 좋다가도 무엇이 안 되면 안 보내 준다. 그렇지 않으면 전달 사항만 전달하고 "야, 가서 공부해라."하고 보내줘 버리니까. 그러니까 쉽게 말해서 나하고 이제 잘 소통이 됐다고 봐야지요. 애들하고.

I23: 그러네요.

T23: 그러면 우리 반 애들이 40명이 그것이 나를 평가를 했다는데, 우리 반 애들이 그렇게 나쁘게 평가를 했겠습니까? 그렇죠?

I24: 그렇게 잘 따라 주고, 뭔가 하자 하면 해서 1등 하고 했는데.

T24: 그렇지. 1등 하고, 또 불고기 파티를 두 번이나 열어 주고 했는데. (I: 예.) 그렇잖아요. (I: 예.) 긍께(그러니까), 그게 이해가 안 되는 거예요. (음) 그리고 내가 이제 가장 우려되는 게 뭐냐면 내가 무안으로 이렇게 내신을 내 가지고, 무안으로 다른 학교로, 교감 선생님하고 좀 사이가 안 좋으니까, 다른 학교로 옮겼다 보면, 그러면 교감 선생님 밑으로 (인자) 무서우니까, 교감 선생님한테 예, 예 하고 교감 선생님이 시킨 대로 하면 교장이 싫어하거든요. 이걸 어떻게 해소를 하냐 그 말입니다 (음) 이게 참 어려운 거여, 옮긴다 해도 그걸 어떻게 할 도리가 없는 겁니다. (음) 그게, 그걸 어떻게 해소하는 방법이 없겠습니까?

I25: 그러면 지금 현재 H중학교에서 여자 교감 선생님은 전교조인가요?

T25: 내가 알기로 평교사 때는 전교조를 했고.

I26: 그러니까, 전교조 성향이 강한…….

T26: 그렇죠. 그랬다가 교감이 돼 가지고 교총으로 갔던 겁니다.

I27: 아, 그럼 여자 교감 선생님도 교총이긴 하네요? (인자 올해 교총을 처음) 아, 올해 처음으로…….

T27: 예, 예.

I28: 아, 그럼에도 불구하고 교총에 계신 선생님한테 그렇게 어찌 보면 평가 같은 것을 안 좋게 주고 그랬다구요?

T28: 예, 예. 내가 알기로 작년에, 아니, 오늘 알았지만, 전교조 선생님 이야기로, 전교조 선생님들은 교원평가를 안 해 버린다네. (I: 아!) 오늘 아까 들은 이야기가…….

I29: 거부를 하니까, 그 전달 자체를.

T29: 들어가지를 안 해 버린대. 그 정책을 반대를 하니까…….

I30: 교원평가를 반대를 하잖아요.

T30: 반대를 하니까, 안 해 버린대. 열심히 했던, 나만 소명서를 쓴 것입니다. 사이트에 안 들어가 버리는 선생님은…….

I31: 그래서 열심히 하고 나는 정당하게 교원평가를 받겠다하고 했는데 그 사람만 오히려 복명서를 써라.

T31: 오히려 복명서를 쓰게 된 거라고.

I32: 정말 억울한 일이네요.

T32: 억울하죠. 그러니까 차별을 받는 거죠.

I33: 그런데 제가 아까 쭉 얘기를 듣다가 저는, 이제 그 중간에 여자 교감 선생님이 그렇게 하는 이유가, 나는 그 아까 얘기 나누다가 말았지만, 교장 선생님이 교총이고 선생님도 교총이고. 어, 나는 그래서 그 선생님은 전교조고 어떤 이념이나 성향이 달라서 의도적으로 나는 선생님을 이렇게 따돌림하고 나쁘게 평점을 주고 이렇게 저는 아까는 판단을 했거든요. 그런데 꼭 그 문제만은 아니네요. 전교조하고 교총 문제만은 아니네요. (T: 그렇죠. 뭔가 있죠.) 뭔가 있어요 (T: 뭔가가 있죠.) 그런데 선생님은 그것을 아직 감을 못 잡으셨네요. (T: 모르죠.) H중학교에서 내에서 (T: 그렇죠.) 역학 구도 내에서는 (T: 그렇죠.) 음.

T33: 그런데 나는 이제 J대학교 나오고, 그 교감 선생님은 C대학교 나오고, 그 …… 그건 있어요.

I34: 그런 차이가 있어. 대학 출신…….

T34: 출신. 그리고 거의 대부분 C대학교 출신이 많죠.

I35: 아, 관리지가…….

T35: 아니, 선생님들이…….

I36: 선생님 평균 비율로 보면 (비율로 보면) 아, 그러죠.

T36: 한 60%는 C대학교 출신이라고 봐야죠.

I37: 그런데 그 현장에서 C대 출신, J대 출신 그 출신별로 알력이 그렇게 심해요? 그 정도까지 (T: 그런 것은 없고.) 저도 아주 생소하게 들리는데요.

T37: 그것은 없습니다. 그것은 (인자) 그런 성향만 있다 그 말이죠. (I: 예.) 왜 그냐면 또 그 …… 굉장히 그 자기 출신을 챙기는 그런 분도 있으니까 그런 경우도 있죠. 나

는 이야기했듯이 자기 밑으로 줄을 안 섰다. 그게 (인제) 그런 원인이 있다고 봅니다. (I: 그러면…….) 내가 잘못이라면 그것밖에 없어요!

I38: 그러면, 예를 들면 (그러면) 그 학교에서는 거의 다 교감 선생님 밑으로 줄을 서 있어요? 현실적으로. 교장 선생님 밑에도 있을 거 아니에요. 드러나기로. 그러면 그 선생님들에 대해서 교감 선생님이 어떻게 대하나요?

T38: 나머지는 거의 다 전교조니까, (I: 터치를 못하죠.) 전교조 선생님은 터치를 못하죠. (I: 아!) 한번 터치했다가는 (I: 단체가 일어나니까.) 단체가 일어나니까.

I39: 아, 그러니까 선생님 경우가 참 딱하게 돼 있네요. (T: 그렇죠.) 어디 조직이나 단체에서 선생님을 지지해 줄 수도 없고, 어찌 보면 외로운 싸움이네. (T: 그렇죠.) 에, 그러니까 그 스트레스나 상처가 컸겠네요. (T: 크죠.) 당사자 입장에서는 정말 억울하고. 나는 학생들을 열심히 가르치고 지도하고 뭐 정말 …… 교내 대회에서도 다 막 우승하고 이렇게 내 생각에서는 열심히 하고 열성을 다 바쳐서 했는데. (T: 그렇죠.) 돌아온 것은 (복명서) 평가에서 복무, 복무 (복명서) 그러면 현재 내신 같은 거 하잖아요. 2월 달에. 그래서 무안으로 내서 논 거예요? 그래서?

T39: 네, 무안으로 냈습니다.

I40: 아, 그럼 거리(그곳으로) 갈 확률이 높나요?

T40: 내가 알기로 O중학교가 새로 생긴다 하더라구요.

I41: 아, 그 무안에. (T: 예.) 어디 그럼 신도시 근처가 된가요? (T: 도청.) 남악 신도시 근처에?

T41: 새로 학교가, 새로 생겼어요.

I42: 그럼 거의 목포권이네. 무안이라고 해도.

T42: 그리고 N중학교가. 지금 내가 알기로. 내가 (인자) 애경사는 안 빠지니까, 가서 안 게 …… 그, 자녀 결혼식, 그 선생님도 나하고 아주 …… 굉장히 …… 우리 교총 회원이어 가지고 그 선생님도 교총 회원으로 굉장히 좋게 (서로 의가 좋죠. 의가) 친하게 지내는데, "자네, 저 무안으로 쓰소." 나한테 전화를 했어요. 무안으로. 왜 그냐 "O중학교도 새로 생기고, N중학교 선생들도 세 명이 다 내신을 낸다고 한 것 같대." (인자) 그런 거예요. 나보다. 그래서 내가 (인자) 목포로 쓸라다가(쓰려다가) 무안으로 쓴 겁니다. 그렇게 뭐 별일 없으면 될 거 같아요.

I43: 그러면 그 그쪽으로 O중학교나 그런 데로 됐을 때, 지원자들이 많을 때 선생님이 거기로 갈 확률은 높은가요? 경력 이런 걸로 봤을 때…….

T43: 경력은 많으니까 높은데, 섬에서 온다고 하면…….

I44: 그 사람이 더 우선순위가 돼…… .

T44: 우선 순위가 돼죠. 그러니까 어떻게 몰리냐 그거에 따라 다르죠.

I45: 선생님은 지금 가지고 계신 문제, 소위 그런 관리자하고 갈등인데 크게 보면, (T: 그렇죠.) 현재 상태로서는 나름 이제 열심히 해서 극복할려고 했는데 결국 학교 내에서는 또 비슷한 상황들이 계속 벌어지지 않는다는 보장이 없잖아요. (T: 그러죠. 옮긴다 해서죠.) 어떤 일이나. 아니, 아니, 옮기기 전에 지금 그러니까 이제 그 …… 극처방으로서 학교를 떠나자 (T: 네, 이왕이면 여기 있을 거 뭐 있나.) 예, 그렇게 지금 결정을 했다 이 말이죠.

T45: 40km나 되는데 무안 가차운(가까운) 데로 가 불제(가 버리지)…….

I46: 그럼 목포에서 계속 출퇴근 하셨어요? 해남까지도?

T46: 그렇죠.

I47: 아, 그렇게 해서 그럼 근처로도 가면서 복잡한 학교를 벗어나자 (T: 벗어나자. 그 이야기예요!) 그런데 지금 선생님 고민은 거기 가서도 문제가 없으란 법은 또 없다. (T: 그렇죠.) 그거죠?

T47: 그거죠. 교감 선생님은 내 밑으로 서라. 교장 선생님은 거리(거기) 서면 또 왜 교감 밑으로 서냐, 내 밑으로 서재. 또 그러라는 법이 없잖습니까?

I48: 아니, 그런데. 제 생각은 그래요. 답은 없습니다. 상담에서. 그런데 지금 현재 선생님 말씀 듣고 제 생각은 그래요. 이제 일단 H중학교에서 그래도 믿고 의지하고 교장 선생님 빽이면 얼마나 커요. 또 직접 오라 해서 갔는데.

T48: 아니, 근데 작년에 정년하셨어요. 올 2월 달에…….

I49: 아, 상황이 다르네. 그러면?

T49: (인자) 새로운 교장 선생님이 오셨어요.

I50: 새로운 교장하고 새로운 교감 판이네요.

T50: 그렇죠. 아니, 그러니까 교감은 기존에 교감이고 …….

I51: 기존의 교감이고. 그러면 그 교장 선생님하고 선생님하고 관계는?

T51: 그 교장 선생님하고 관계는 옛날 평교사 때 기계공고에서 같이 근무했어요.

I52: 한 번 근무해 본적이 있고 (T: 근무해 본 적이 있고.) 그래도 어떤 어려운 상황에서 다 자기를 바쳐서 지원해 주고 그런 정도는 아니고 그냥 아는 정도?

T52: 그런다고 봐야죠. 왜냐면 교장 선생님이 그러더라구요. 관리자가 되니까, 평교사 때하고는 생활하고 틀려 버리더라고요.

I53: 그러지요. (T: 진급해 버리니까.) 이미 그건 다르거든요 (T: 다르더라고요.) 예, 그니까 나, 옛날 나하고 똑같이 평교사였고 같이 근무했는데 그런데 한 사람이 관리자로 가잖아요. (T: 예.) 그래 가지고 그렇게 해서 인간관계가 틀어진 경우가 많습니다. 엄청 많습니다. 왜냐하면 관리자 눈에서 보기 때문에. (T: 그렇죠.) 이미 지도, 감독이거든요. 이미 옛날에 옛정, 이것은 없어져요.

T53: 예, 그러더라구요.

I54: 그렇게 하면 복잡해지거든. 관리도 안 되고. 그 묘한 게 있어요. 교원 교직사회…….

T54: 그렇게 진급해 븐게(진급해 버리니까) 나는 (인자) 그 …… 그래도 옛날 …… 서로 본성을 아니까 그 교장 선생님이 옛날 평교사 때 교총을 했잖습니까? (I: 예, 예.) 그건 알죠. 그런데 …… 음 …… 관리자 입장하고 같은 평교사 입장하고 상황이 너무 틀리더라구요.

I55: 그런데 이제 그 새 교장 선생님이 오시고 그 소위 역학구도를 봤을 때, 결국 그 기존에 있던 교감 선생님, 여자 교감 선생님은 말 그대로 실세고.

T55: 그렇지. 실세. (I: 실세지, 실세고.) 후배들이, 자기 입장에서는 교감 선생님의 입장에서는 후배들이다 그 말이여. C대 후배들이 많다 그 말이여.

I56: 그러니까 항상 조직이 큰 거잖아요. 조직이 무서운 거고. 그런데 이제 교장 선생님이 더 상위에 있지만 그런 미묘한 인간관계까지 다 챙기고 그 복잡한 데 사실은 관여하지 않으려고 할 거 아니에요. (T: 그렇죠.) 그냥 그런가 보다. (에) 고생이 많네, 이 정도는 하지만. (T: 그렇죠.) 교감 선생님한테 가서 "왜 그래요?" 그러면 교감하고 교장이 됐을 때, 교장 스스로도 불편하겠죠. 왜? 교감은 저기 또 사단을 거느리고 있는데 만약에 뭔가 일이 있어서 안티를 넣는다거나 반항을 하거나 하면은 자기한테 유리할 것이 없으니까 그냥 이제, 이제 제가 봤을 때는 정확히 판단

했을 때는 선생님은 희생, 그냥 놔두고. (T: 놔두고.) 나도 살아야지 이렇게 되니까 더 어찌 보면 어렵고 어디다 호소도 못하고 어려운 지경에 처했네. H중학교에서는. 그리고 이제 그렇게 판단을 하고 이제 더 이상 미련 없이 떠나 주는 것이 나를 위해서도, 또 남은 관리자나 학교 여러 선생님이나 학생들을 위해서도 좋겠다. 왜냐하면 내가 상처받고 어려운데, 그게 좋은 교육으로 갈 수가 없잖아요. 학생들한 테……. (T: 그렇죠.) 학생들한테도, 내가 짜증 나고 신경질 나는데 교실 가서 즐겁게 내가 옛날에 하던 것처럼 수업이 되겠어요? 안 되지.

T56: 부담감도 크지요.

I57: 부담감이 크지요.

T57: 왜 그냐면 그렇게 열심히 했는데도 학생들 평가가 나쁘게 나오는데.

I58: 내가 이놈들 가르쳐서 뭐하나. 또 뒤에서 뒤통수치면 (반복하면서) 뒤통수치면 나만 상처가 크고 그러니까 여러 가지가 같이 얽혀 있네. 관리자하고 갈등, 본의 아니게 그런 얽혀진 것. 그리고 학생들에게 나는 다 바쳐서 했는데, 돌아온 것은 3점도 안 되는 아주 낮은 평점. 그런데 아까 그 선생님은 의심을 하셨잖아요? 이게 학생들이 액면 그대로 준 점수일까? 아니면 뭔가 누가 호도를 해서(작용을 해서) 저 선생님 이렇게 해서 하지 않았는가? 제가 옆에서 보더라도 아까 선생님하고 같이 호흡했던 학생들이 뭔가 잘못되지 않은 한 그렇게 점수를 박하게 주지는 않을 것 같은데, 그런 부분이 상당히 의심이 되긴 하네요.

T58: 그러니까, 나는 이해가 안 되는 거예요.

I59: 그러니까. 그 부분에서는 진짜 답답하고 토로할 길도 없고 또 계속 왜 그랬을까? 계속 또 생각이 들고요.

T59: 그러니까 결론은 교사평가제도가 잘못된 겁니다. 왜 그러냐, 교육부에서 헐려면 (하려면) 전교조고 뭐고 간에 상관없이 전부 평가를 하라고 해야지. 거부한다고 해서 그놈들은 놔두고 평가에 참여한 선생님들만 이렇게 나쁘게 나왔다 해 가지고 복명서를 써라. 그거는 말이 안 되는 이야기죠.

I60: 그러면 예를 들어서 교총에 계신 선생님들이나 교원평가에 참여해서 응한 선생님들에게 뭐 인센티브를 주나요? 교육부에서?

T60: 그런 거 없어요 …… 아무것도 없어요.

I61: 아무것도 없고, 그냥 소신에 따라서 나는 교육부 정책이고 따르는 것이 맞겠다. 교총의 정책인가요? 교원평가 따르는 것.

T61: 아니죠. 교육부 정책이죠.

I62: 교육부 정책이고, 교총의 그에 따른 입장은 어떤 거죠?

T62: 교총에서는……

I63: 선생들이 알아서 하는 문제죠? 소신껏 당신이 옳다고 하면 참여하고 안 하고.

T63: 그 말은 없어요. 참여해라, 마라.

I64: 그러니까, 선생님은 교육자 소신으로 봐서 (T: 교육부에서 하라고 하니까.) 정책이니까, (T: 그냥 참여한 거고.) 참여한 거고, 그랬는데 돌아온 것은 그렇게 학생들의 차가운 평점이었다!

T64: 그러니까 인자 쉽게 말해서 H중학교에서 복명서 쓴 사람은 나 혼자밖에 없다 그 말이여.

I65: 그리고 그 복명서라는 것이 말이 복명서지. 그런 일이 없죠. 웬만해서는 (T: 그렇죠.) 그것은 엄청난 수치고, (T: 그렇죠.) 그렇게 시키는 사람도 이상한 거고 진짜 그 그런 일, 행위 자체를 하는 것이 금기시돼 있잖아요. 나름대로. (T: 그렇죠.) 웬만해서는 안 하는 걸로.

T65: 복명서 쓰라 해서는 안 되죠.

I66: 이미 이제 그 복명서 얘기가 났을 때부터 선생님은 정말 아주 그 (T: 기분이 나빴죠.) 감정적으로 뭔가 상처를 많이 입었겠네요.

T66: 그렇죠. 왜 그냐면 그 …… 복명서를 쓰라고 할 필요가 없잖아요. 왜 그냐면 교장, 교감이 내가 1년 동안 얼마나 열심히 근무한 줄을 알잖아요. (T: 동료가 알고.) 동료가 알고. 그런데 그것을 그렇게 쓰라 마라 그렇게 한 게 문제가 있잖아요. (T: 음.) 그러니까 제가 뭔가 차별을 받는다는 이야기죠. (강조하며) 그렇죠. 올바른 교감 선생님이 올바로 하는 행위는 아니죠.

I67: 올바른 평가도 아니고 (T: 그렇죠?) 음 …… 음 ……. (T: 그겁니다.) 그러니까 (참) 좀 답답하셨겠네요. 그사이. (T: 예.) 그러면은 어디 좀 호소를 좀 하셨어요? 동료 교사나 누구한테? 그런…….

T67: 아니, 그리 안 했어요.

I68: 불편부당함을? 받아들이셨군요. 묵묵히?

T68: 내가 (인자) 도교육청(으로) 인사과로 전화를 해 봤어요. 그러니까 P장학사가 "복 명서 내면 됩니다." 그러더라고요. (I: 아, 그냥…….) 그래서 "복명서 안 내면 불이 익을 당할 수 있습니다." 그러니까 복명서를 냈죠. (I: 또?) 그럼 (인자) 내년부터는 나도 참여를 안 해 버려야 되죠. 그렇죠?

I69: 그럼 그 뒤로 전교조 가입을 하셨어요?

T69: 아직 가입 안 했어요.

I70: 가입할 생각이라구요?

T70: 앞으로 이제 그렇다면 그런 걸 보면 아니 내가 (인자) 그 교총만 고집해 가지고 (I: 손해를 보냐.) 손해를 보냐? (I: 차라리?) 전교조도 가입을 하고 교총도 가입을 하 고 두 군데 다 가입을 해 가지고 (I: 그리고, 나한테 이로움이 있는데, 유익한.) 이로움 이라기보다는 손해를 안 보는데. (I: 손해를 안 보는데.) 손해를 안 보는데, 내가 그 걸 왜 고집을 할 필요가 뭐 있겠냐? 이런 생각이 들 거 아닙니까? (I: 예.) 왜? 내 가 다른 단순히 전교조에 가입이 안 됐다는 이유로 나만 이렇게 자꾸 문제를, 문 제가 되는데, 내가, 내가 피해를 보는데 하등에 그것만 고집할 수가 없잖아요. (I: 예.) 그러죠? (I: 예.) 아까 올라가면서 여선생님하고 이야기하니까, 어느 여선생님 이 그래요. "무안으로 발령 나면 선생님, (저) 전교조 가입해 버려." (하하하) 그런 거여. (I: 답이. 하하하.) 인자 저 전교조에 가입해 버리면 그 사이트 자체를 안 들어 가 버린다 그 말이여.

I71: 단체에서 안 가니까. (T: 단체에서 하지 말자 해 버리니까.) 그리고 개인으로 안 해도 하등 (T: 문제가 없지.) 문제가 없으니까. (T: 그렇죠.) 그러면 교총, 전교조 동시에 가입하는 것은 자기 맘인가요? 지금 우리나라에서?

T71: 예, 자기 맘이에요. 예, 그렇죠.

I72: 그러면 교총 회원들이나 교총에서 전교조 가입했다고 조금 뭔가 지탄하고 이런 건 없나요?

T72: 그런 건 없어요.

I73: 그런 거 없어요? (T: 예.) 대개 성향이 많이 다르잖아요. 교총하고 전교조하고…….

T73: (인자) 교총은 보수, (T: 보수, 원래 보수.) 전교조는 인자 (I: 좀 급진적이고.) 좀 진보,

(I: 진보.) 그런 게 있죠. 그러니까 사실은 내가 이런 일만 없었으면 그냥 교총 그대로 가입하고 이렇게 생활하면 되잖아요.

I74: 평탄하게. 내가 하자는 대로 소신을 가지고 교사 생활을 했을 텐데, (T: 그런데……) 어찌 보면 예정보다 빠르게 H중학교를 떠나게 결정을 또 한 거네요.

T74: 그렇죠 (I: 그니까.) 이렇게 (인자) 이렇게 차별을 받으니까, 있고 싶은 생각이. 그리 안 해도(그렇잖아도) 목포에서 먼 데? (I: 예.) 가까운 데로 가고 싶지. (I: 예.)

I75: 집도 목포에 있으시고, 그런데 이제 H중학교 상황은 너무 잘 알게 됐고, 그다음에 또 교총, 전교조 그런 관계도 상당히 선생님을 통해서 많이 알게 됐는데, 걱정하신 부분이 그거잖아요. 지금. 그러면 무안에 뭐 아까 O중학교라든가 어디로 N중학교나 발령을 갔을 때도 또 이런 비슷한 상황을 당하면 어떻겠느냐? (T: 그렇죠.) 미리 걱정하시는 건데. 그런데 이제 제가 지금 보는 입장에서는 그렇습니다. 일단 선생님 나름대로 쓴 경험을 했고 그리고 그냥, 이제 그냥 막 …… 그 …… 당하고. 당하고만 있을 선생님도 아니고, 나름 이제 지힝력도 생겼고, 그리고 일단 다 다를 것 같아요. 제가 봤을 때는. H중학교가 다르고, O중학교가 다르고, 이제 기우일 것 같아요. 그거는 워낙 지금 이제 깊었단 거거든요. H중학교에서 이런 지금 일들. 복명서를 포함해서 교감, 그런 학생들 평점이 충격이 크다 보니까, 내가 어디로 가든 간에 학교가 다 이렇게 교장, 교감 줄 잘 못 서면 이렇게 돼 버리는 것 아니냐. 그것이 너무 지금 강하신 것 같고. (T: 그렇죠.) 그런데 저는 물론 그것이 빨리 잊혀지거나 또 사라지지는 않겠지만 일단 새로운 학교 가서는 상황은 전혀 다를 거고, 사람이 다르고 또 여러 가지 환경도 다르고 하니까, 일단 그 전에 잘해 오셨듯이 그렇게 초심을 가지고 열심히 해 나가시면 일단 아까 이제 정상적인 경우라면 동료교사도 인정해 주고 학생들이 잘 따르고, 그리고 이제 웬만한 성격의 소유자가 아니라면 관리자도, 그렇게 다 주위에서도 인정하고 하는데, 그 사람을 이상하니 막 평가를 한다거나 이런 경우는 많이 없잖아요. (T: 그렇죠.) 다른 여러 군데 근무를 해 보셨잖아요. 아무리 사이가 안 좋더라도 어떤 부분에서는 그래도 이렇게 줄 건 주고 인정할 건 인정하고 이렇게 가지. 복명서 쓸 정도까지 그렇게 하는 경우는 드물잖아요.

T75: 처음으로 써 본 거죠.

I76: 처음으로 (T: 예.) 그러니까 그런 경우가 매번 있으란 법도 없고, 그래서도 안 되고, 그럴 수도 없잖아요. 왜? 선생님이 이제 가만히 안 있을 거잖아요. (T: 그렇죠.) 그리고 대비를 해 나갈 거고 그리고 그런 어찌 보면 그 …… 그 쓰디쓴 경험을 했는데, 지금 얼마나 남으셨어요? 앞으로 (T: 뭐가요?) 교직. 정년까지.

T76: 제가 (인자) 생각하기는요. 최소한 33년을 해야 (인자) 그 연금을 받잖아요. (I: 그렇죠.) 우리 우선은 연금은 받아야죠. 29년을 했으니까, 최소한 4년은 더 해야지요.

I77: 아, 지금 62세까지죠?

T77: 62세까지인데, (인자) 연금은 교직경력 33년은 해야 연금이…….

I78: 62세까지 하시게 되면 선생님이 몇 년 하시게 되죠? 연수로 따지면?

T78: 내가 호적은 또 58년으로 되어 있어요. (I: 58년으로 되셨네.) 그랬으니까, 지금……

I79: 거의 한 40년 되시겠네요. (T: 그렇게는 안 되죠.) 정상으로 하신다면. 지금이 29년이라고 했죠? (T: 29년.) 지금 연세가 그러면.

T79: 58년이니까, 2014년이니까, 56세로 돼 있죠.

I80: 아, 56세시구나. 아, 안 되겠구나.

T80: 6년, 6년 남았네요.

I81: 6년 남짓 남았네요. 6년 남짓. 그러니까 29, 한 35년 전후로 그 정도 되시겠구나.

T81: 그런데 오래 한 사람은 거의 한 40년은 넘어 해요.

I82: 그렇죠. 특히 초등 같은 경우 (초등 같은) 옛날 우리 장모님, 사범학교 나와서 하면 30년은 우습고, 40년까지 되더라고요.

T82: 그러니까 나, 이런 경험은 첨이죠. 그런데 나는 그전에 처음에 교감 선생님이 여자 교감 선생님을 처음 (인자) 모셔 보거든요. 그런데 여자 선생님이라 상당히 부드럽고 (반복하면서) 부드럽고 좋을 줄 알았어. (I: 예.) 그런데 아주 남자에게는 고약하드만요. (I: 아!) 남자끼리는 서로 싸우고 교감 선생님한테 가서 (I: 소주나 한잔 합시다.) 소주나 한잔하면 당장 끝나 버리잖아요. (I: 예.) 여자들은 그거 아니드만. 앞으로 기회 있을 때마다 자기가 할 수 있는 일은 기어이 해 버리더라고. (I: 아!) 인정사정없더라고. 여자들은. (I: 무섭네.) 그런다고 해서 또 뭐 이년 저년 하고 싸울 수도 없는 일이고 그러잖아요? 여자라 (I: 그래도 또 신사인데, 안 되죠.) 여자라 그렇게 할 수도 없잖아요. (I: 예.) 그렇죠. 그러니까 여자들한테는 어떻게 할 도

리가 없겠더라구요. (I: 지고 말죠.) 지고 말고. 그러니까 이제까지 지고 살았죠. (I: 그렇죠.) 그렇죠. 남자 같으면 아주 선생님, 왜 저 나만 가지고 그럽니까? 하고 이제…….

I83: (?)하면 더 친해져 이제.

T83: 친해지고…….

I84: 서로 어렵게 대해지고…….

T84: 나는 제발 교감, 여자하고 안 만났으면 쓰겠어.

I85: 여자하고.

T85: 아따 이게 해 보니까, 여간 고약하네.

I86: 그런데 이제 지금 이제 교단이 확률적으로 보면 여자 교감이 더 많아졌어요.

T86: 많아질 수밖에 없고…….

I87: 또 많아질 수밖에 없고. 또 여기 도장학사나 장학 이쪽 부분도 계속 지금 많이 늘어나고 있고 그래요. 그래서 이제 물론 뭐 감성이 풍부하고 여러 장점이 있긴 하지요. 부드럽고. 좋게 봤을 때, 그런데 이제 아까도 우리가 에니어그램 배웠지만 좋을 때 얘기고, 그것이 이제 나쁘게 발휘될 때가 문제인 거 같아요. 거의 그렇게 어찌 보면 거의 한 사람을 거의 죽이다시피 해 버리잖아요. (T: 그렇죠.)

T87: 아주 불리하게 (아) 그러니까. 부장을 그만두게 하는 경우가 어디 있어요.

I88: 그러니까 지금 몇 부장 그만두게 한 게. 복명서 쓰게 한 거 1년에 몇 가지 예를 들면.

T88: 그리고 3월 초에 3학년 담임을 또 안 줄라고 (I: 담임도 안 주고.) (막) 그냥 얼마나 자기가 반대를 하고 (막) 그랬는지 몰라요.

I89: 그러니까, (T: 담임이 뭐라고.) 보통의 경우에는 그러지 않잖아요 (T: 그렇지요.) 한 두 번 하고 말면 안쓰러워서라도 그렇게 안 하죠. (T: 그렇죠.) 미안해서라도 (T: 미안해서라도 안 하죠.) 같은 동료교사인데, 아무리 자기가 관리자라 해도 (T: 그렇죠.) 자기도 교사였잖아요. (T: 그렇죠.) 그러니까 정말 그 익스트림. 아주 극단적인 (T: 그렇죠.) 경우를 겪으셨네. (T: 그렇죠.) 그 한 30년 교직생활 하면서 (T: 그렇죠.) 그리고 (인자) 선생님은 진짜 충격이 크셨네.

T89: 그렇죠. 아이, 그렇게 열심히 했는데 복명서 쓰라고 하니 기분이 안 나쁘겠습니까.

I90: 그러니까 저희가 놀란 것이, 저희가 소진검사를 했잖아요. 1차 검사 때. 그래서 이 제 모르시죠? 얼마가 나왔는지. (T: 예.) 그런데 이제 그 상당히 낮게 나오셔서 저 희가 놀랐어요. 대개 이제 고만고만하게 체크를 하시고 하는데 보니까 상당히 힘 드셨나 보다. 힘드신 일이 있었나 보다. 얼굴 안 보고 모른 상태에서도 짐작이 갈 정도로. 정말 선생님 잘 오셨고 여기. 와서 이리저리하면서 좀 잊으시고, 그리고 이제 저도 사실 교육 전문가이긴 하지만 (뭐) 그런 (딱) 답을 줄 수는 없어요. 그 렇잖아요. 인간의 문제가. 상황이 어떻게 바뀔지도 모르고 일단 제가 들어준 것만 해도…….

T90: 나는 이제 털어놓으니까…….

I91: 털어놓으니까, (T: 홀가분.) 어디다 말해 줄 수가 없잖아요? 들어 줄 사람도 없고. 하여튼 제가 100% 공감을 하고. 일단 아까 제일 고민되는 부분이 앞으로 어쩔거 냐. 그러셨는데, 제 생각은 그래요. 진짜 확신하건데 거기는 상황이 다르고 사람 이 다르고, 선생님 지금 교직 생활해 오신 여러 열성이나 이런 걸 보면 선생님이 그렇게 열심히 하는데 안 따를 학생이 없을 거고 동료교사 평판도 좋고 다 그랬 는데, 그 …… 저 극단적인 관리자, 성격이 좀 그렇게 된 경우가 아니고서야 이렇 게 원만하고 기존에 해 왔던 대로 가지, 또 그런 상황이 재현되고 또 그런 생각지 도 않는 일들을 내가 해야 되고 그러지는 않습니다. 그러니까 이제 어찌 보면, 또 살다보면 정말 내 의지하고 달리 일이 안 풀리고 바닥으로 가는 경우가 있어요. (T: 그렇죠.) 그런데 제가 봤을 때는 선생님이 이제 곡선으로 따지면 나의 행복 곡 선으로 따지면 거의 막 작년, 올해 지금 겪었던 일들이 거의 마이너스 하점을 찍 은 것 같네요. 주가로 보면 하점을 찍고 (T: 그렇죠.) 그리고 또 삶이란 건 그래. 우 리 하느님, 신이란 것은 공평하고 점차 또 좋게 해서 그래프가 올라가면서 마무리 를 지을 때쯤 최고 행복감을 느끼면서 아마 마무리를 짓지 않을까 그런 생각이 듭 니다.

T91: 감사합니다.

I92: 그렇게 또 생각을 또 바꿔서 하면, 또 반면교사라는 말이 있잖아요? 그런 어떤 그 아픈 고통, 또 정말 이렇게 될 수가 있냐? 세상이. 그런데 그런 거 당하면서 또 한 번 더 되돌아보고 또 내 안으로 들어와서 내가 이렇게 열심히 했는데 나를 몰라

주는구나. 그래서 또 한 번 이렇게 주위 환경도 둘러보고 옆에 선생님들, 가족들 해서 이렇게 또 한 번 잘 추슬러서 이렇게 또 앞으로 미래를 설계하시고 준비해 나가면 뭐 제가 봤을 때는 아까 저 학생들 지도하고 이런 걸 보면 그렇게 열성 가진 사람 없어요. 요즘에. 누가 그렇게 지도 열심히 합니까. 애들을. 또 그리고 카리스마 있게. "야, 이거 한번 하자." 해서 학생들이 그렇게 지들이(자기들이) 알아서 (막) 그렇게 모여서, 안 해요. 그리고 카리스마도 없어요. 많이.

T92: 돈 30만 원이 걸렸는데, 애들이 눈에 불 써 불죠. (I: 하하하.) 우리 반만 그러겠습니까?

I93: 그러니 똑같죠.

T93: 다른 반도 다 그러죠.

I94: 그래도 이제 선생님만의 어떤 그 묘안이 있는 거죠. (T: 그렇죠.) 학생들에게 동기 부여하고 그러는 것. (T: 그렇죠.) 아, 이렇게 뭔가 (딱) 하면 움직이고. 내가 보이지 않게 해서도 움직이게 하는 게 그게 대단한 리더십이지.

T94: 그러니까 그게 이제 보이지 않는 뭔가 끈끈한 뭐가 있으니까 그렇게 한 것이지 (I: 그렇죠.) 그게 되겠습니까? (I: 그러니까.) 다른 반도 다 30만 원 받을라고 노력할 거 아닙니까? (I: 그렇죠.) 그런데 전교에서 최우수상을 받는다는 게. 봐도요. 그날, 전부 봤는데, 우리 반이 월등히 잘 춰 버리니까, 누가 심사, 누가 하더라도 우리 반 줄 수밖에 없이 이렇게 연습을 많이 해 버린 겁니다. (I: 아.) 그러니까 안 줄 수 없게 이렇게. 그래 가지고 내가 또 파티했죠.

I95: 음. 그러니까 그렇게 학생들 열심히 하고 지도하고 그런 것에 비해서 돌아온 것은 이거 정말 (T: 기분 나쁘죠.) 예, 아팠을 거 같아요.

T95: 그렇죠. 아프죠. 아무리 그런다고……

I96: 진짜 억울하기도 하고. (T: 억울하고.) 어디다 호소할 수도 없고.

T96: 할 수도 없고. 그러니까, 오늘 여기 와서도 정보 하나 얻었잖아요. 전교조에 가입하면(I: 하하하.) 그 자체, 사이트 그 자체. 그 뭔가 있나 하면 그 저, 컴퓨터 뭐냐 그것이 교무 업무에 들어가면요. 교무평가 사이트가 있어요. (I: 예, 있죠.) 그 사이트 자체를 안 들어가 버린다잖아요. 전교조 출신들은.

T97: 내가 그 정책을 동의 안 하니까. (I: 동의를 안 해 버리니까.) 단체에서. 그러니까 전

교조에서는 같이 움직이니까. 그러니까 전교조 출신들은 하나도 그 사이트 자체를 들어가 본 적이 없다 그 말입니다. (I: 음.) 그러니까, 평가받을 이유가 없잖아요. 그런데, (인자) 우리 교총 회원들 4명만 인자 들어가서 한 것 아닙니까? 또 진급하려는 선생님들하고 (I: 아! 진급.) 진급하려는 선생님들하고.

I98: 또 이제 진급하려면 어쩔 수 없잖아요. 교육정책을 따라야 하는 거니까?

T98: 진급하려면 교육부 정책을 따라야 하니까. (I: 예.) 그리고 따지고 보면 우리 교총 회원이 더 열심히 애들 가르쳐요 (I: 음.) 보면. 그리고 교장, 교감 선생님 말, 더 긍정적으로 더 잘 듣고. (I: 음.) 그런데 이해가 안 되는 게 …… 같은 교총 회원이라고 자기도 회원 가입해 놓고, 그렇게 하면 되겠어요? (I: 음.) 비굴한 것이지. (I: 그러니까.) 같은 회원을 (반복하며) 회원을 (I: 예.) 다른 회원에 비해서 더 좋게 평가하라는 것은 아니고, 같이는 해야죠. 차별은 안 해야죠.

I99: 그러니까, 적어도 공평하고 객관적으로. 공정한 (반복하며) 공정한 심사평가를 해 달라. 그 요구잖아요. 선생님 지금. 외침은. (T: 그렇지.) 나를 잘 주라가 아니잖아요. (T: 잘 주라가 아니지.) 나를 봐 달라가 아니잖아.

T99: 네, 그렇지. 같이 평가를 해야지 왜 차별을 합니까? 차별하는 게 가장 싫죠.

I100: 그럼요.

T100: 당신이 차별을 받았다고 생각을 해 보십시오. 그 교감 선생님 자신이. 그러면 얼마나 억울하겠는가.

I101: 그러니까 …… 하여튼 정말 그런데 그래도 의연하게 버티셨네요. 진짜 저 같으면 뭐라도 엎고 난리치고 했을 건데, 그래도, 그런데 이제 결국은 그 사람이 해서 이긴 것 같지만 선생님이 승리자죠. 그것을 내가 참고, 참고 이렇게 해서 오히려 그 사람을 이해해 버리잖아요. 선생님이. (T: 그렇죠.) 오죽 했으면 그 사람이 이러냐. 그러니까 또 이제 선생님도 이제.

T101: 그러니까 내가 이제 떠나 주는 것이 교감 선생님을 사실은 도와주는 거예요. 어떻게 보면. 그러니까 이제 떠나라고 그랬는가도 모르지요.

I102: 간접적으로…….

T102: 간접적으로. 그랬는가 모르니까 그러니까 내가 이제 내신을 내 버린 거죠.

I103: 그러니까, 제 입장에서는 그 문제에 대해서는 그렇게 말씀 드리고 싶네요. 일단은

이제 하여튼 이제 그런 경험을 하셨고 이제 그런 것들이 계속 미래 추후에 연장이

되면 안 되고 절대, 그래서도 안 되고. 그래서 하여튼······.

T103: 나하고 만날 이유가 없고.

I104: 선생님은 그런데 이제 아까 처음에 고민이, 옮겨도 또 그런 구도 속에서 내가 또

그런 일이 벌어지면 어쩌냐. 사람이기 때문에 미리 걱정도 하고 그러시는데, 절대

그렇게 생각하시지 말고. 이제 대범하니(대범하게) 보시고, 또 이제 새로운 학교에

서 새로운 교직생활 하신다 생각하시고 그 전에 열심히 해 오신대로 학생들 하고

동료교사하고 하시면 객관적이고 이런 교직사회라면 절대 선생님을 나쁘게 평가

하고 뭘 요구하고 복명서를 요구하고 그러지는 않을 겁니다. 제가 진짜 저는 아무

런 이익이 없잖아요. 저는 그냥 선생님 얘기 듣고 뭐가 객관적으로 옳고 그르냐만

지금 따지는 건데, 절대 염려하지 마세요.

T104: 또 문제가 있는 게. 옛날에는 교감에서 교장이 될라면 2대 1이 된다든지 이런 식

으로 경쟁이 있었어요. 그런데 지금 체제가 잘못 됐어요. 지금은 (I: 대기하고 있나

가.) 교감이 3년만 되면 거의 교장에 승진합니다. 뭐 점수에 구애(?), 뭐 누가 점수.

또 교장이 나쁘게 별로 아주 특별히 말 안 들으면 몰라도 그렇게 감정적으로 줄라

는 교장이 또 없고. (I: 그렇죠.) 사람은 그렇게 나쁘게 하려는 사람이 없더라고요.

I105: 그럼요. 그런 평가라는 것이 (그런) 극단적으로 가기가 힘들어요. 사람이 (T: 안면

몰수하고.) 사람이 다 보면 누가 극단으로 나쁘게 할 사람도 없고. 교사가.

T105: 그렇죠. 그러니까 이 제도가 좀 잘못 됐어요. 그러면 교감이 내 밑으로 줄 서라 한

이야기는 나는 3년 후에 교장이 될 거니까, 내 밑으로 서라 그런 얘기 아닙니다.

이게 제도 자체도 조금 변경이 교감에서 교장으로 되는 데도 경쟁이 좀 있어야 할

것 같아. (I: 음.) 그게 없으니까, (인자) 교장 선생님이 최고 관리자라도 얘기대로

안 되고 교감이 좌지우지하려는 성향이 있다 그 말이죠. 3년 있으면 무조건 교장

이 되니까. (I: 그러니까.) 그게 문제가 있어요. (I: 음) 옛날에는 교장 선생님한테 꼼

짝 못했어요. 교감 선생님이. 예, 군대처럼. (I: 예) 왜 그냐면(그렇지 않으

면) 진급을 못해 버리거든요. (I: 그렇죠) 교장 선생님이 이렇게 점수를 안 줘 버리

니까.

I106: 그러니까, 저 진급제도로 인해서 어떤 교직 사회가 분열되는 하나의 원인도 되네

요. (T: 그렇죠.) 교장한테 줄 서라, 교감한테 줄 서라. 그다음에 그런 이익 관계, 그런 것들이 복잡하게 얽히면서 이런 또 복잡한 문제가 나오네요. (T: 그렇죠.) 그러니까 이제 이런 문제는 아까 (인제) 봤을 때, 개인 얘기하다가 큰 문제가 나왔는데, 지금 교원평가 혹은 교사평가 문제 하나. 근본적인 문제점이 지금 제기되어 있고, 그다음에 그런 교감에서 교장 승진 문제가 나오네요. (T: 그렇죠.) 그런 것으로 인해서 이런 교사 개인에게 피해가 가는 문제가 나오네요. (T: 그렇죠.) 이런 것들은 저희가 잘 정리해서 정책적으로 건의를 공식적으로 해 줄게요.

T106: 예, 그렇게 해 주십시오. 그게 문제가 가장 큰 문제예요.

I107: 우리가 이렇게 얘기하고 이렇게 하는 것은 어떤 문제는 개인적인 문제는 비밀로 철저히 숨겨 줘야 되는 문제가 있고, 이런 제도적으로 잘못돼서 개인이 피해가 되고 교권이 침해가 되면 그 잘못된 제도를 고쳐 주라고 얘기를 해야 되잖아요. (T: 그렇죠.) 그런데 선생님 혼자로선 어째요. 너무 미약하잖아. (T: 그렇죠. 못하죠.) 얘기해도 복명서 쓰시오 한마디 하면 끝이잖아. 우리가 이런 문제들을 잘 귀담아 들어서 정리를 해 가지고 이런 문제로 인해서 선생님들이 힘들다라고 얘기를 할게요. (T: 예.) 그래서 오늘 선생님하고 얘기를 통해서 새로운 것을 제가 알았는데, 그래서 혹시 또 기회가 되면 선생님, 다음 기회 또 얘기할 시간도 있고 그러거든요. 끝난 게 아니여. 그러니까 오늘은 지금 (인제) 저기 도에서 지금 과장님이랑 오셔서 기다리고 있으니까 오늘의 면담은 이 정도로 하고, 이제 수시로 나중에라도 어려운 일이 있거나 하면, 저희 팀한테, 저한테라도 연락하시고 해서 그런 고민도 들어 주고 저희가 그런 나름 해결책, 대안도 마련해 드릴 테니까 혼자만 갖고 있지 마세요. 그리고 나, '교직생활 힘드니까 그냥 (에이) 그만둬 버려야지.' 절대 그런 생각 하지 마시고, 처음에 들어갈 때는 청운의 꿈을 품고 들어왔잖아요. (T: 그렇죠. 지금까지 열심히.) 멋지게 마무리를 해야지 열심히 했으니까.

T107: 열심히 가르치고, (그러니까) 열심히 지도하고 남보다. 화장실이 똥이 하나 차 가지고요 (하하하) 애들이 거기 갈 들어가지를 못해요. 그래서 내가 담임을, 3학년 담임을 할려는 거고. 그러니까 내가 하니까 깨끗하죠. 그러니까 아이, 그 공공기물을 깨끗하게 해야지, 유지를 해야지요.

I108: 그러니까, 그런 열정, 솔선수범하는 그런 모습으로 끝까지 하는 걸로 저하고 약속

을 하고, 오늘 1차 면담 여기서 마무리를 하고. (T: 감사합니다.) 힘과 용기를 잃지 마시고, 오히려 그런 부정에 대해서는 꿋꿋이 맞서야 돼요. 저희가 힘이 돼 드릴 테니까요.

T108: 감사합니다.

4) 사례 Y

성별: 여

나이: 30대

교직 경력: 10년

재직 학교: 초등

I1: 그러면 이제 시작을 해 보죠. 그래서 일단 우리 (인제) 캠프 참여해서 또 이렇게 여러 가지 프로그램도 하시지만 (또 이렇게) 개인 심층면담에 이렇게 참여해 주시게 됐는데, 교직생활 하다 보면 저도 (인제) 대학, 좀 차원은 다르지만 뭐 궂은일도 있고, 좋은 일도 있고 여러 가지가 어우러져 있는데, 삶이란 것이 아마 (인제) 생활하시다 보면 뭔가 또 애로사항도 있을 거고, 또 이제 누구에게 말 못할 그런 아픔도 있을 수도 있고, 여러 가지 (인제) 그 상황들이 발생하는데, 하여튼 뭐 편하게 그 선생님께서 교직생활을 하면서 느꼈던 것, 아쉬운 점 뭐 여러 가지 그냥 말씀해 주시면 같이 고민하는 시간을 갖겠습니다. 하하하…….

Y1: 아 예…….

I2: 예. 흐음.

Y2: 일단 그 시작점부터 말씀을 드리죠.

I3: 예, 예.

Y3: 어 …… 재작년 여름입니다.

I4: 예.

Y4: 이게 어 …… 이제 큰애를 낳고 (음) 휴직을 1년 한 뒤에 (음) 복직을 하면서 (음) 이제 애기가 인자 갓 돌이니까 (으음) 교담(교과전담교사)을 하고자 했으나 (으음)

(으음) 교장 선생님께서 학교 여건이 이렇다고 (음) 간곡히 부탁을 하셔서 6학년 담임을 다시 하게 됐는데 (음) 그때가 (인제) 제 세 번째 6학년이었거든요.

I5:　아 예…….

Y5:　네, 네. 세 번째 6학년…….

I6:　그런 경우는 드물죠. 계속 그렇게 3년째…….

Y6:　(어) 드문 게 사실인데 (음) 제가 이제 처녀 때 6학년을 시작해서, (I: 네.) 결혼을 해서 6학년을 또 하고, (I: 네.) 이제 아이 하나를 낳고 (음) 또 6학년을 하면서 (음) 이제 이게 (이제) 6학년을 계속 하는 거는 저하고 맞아서 괜찮았는데, (이게 인제) 제 신상에 변화가 생기다 보니까 (아예 음) 애기가 없을 때까지는 그런대로 괜찮 았는데, (I: 네.) 애기가 생기고 나니까 이렇게 (어) 굉장히 힘들더라고요.

I7:　육아하면서요?

Y7:　그렇죠. 아이들을 똑같이 돌봐 줄라고 하니까. 이게 (어……) 제 역할이 충돌한다 고 해야 되나요? 역할 충돌이 일어나서 너무 힘들었는데, (어……) 저희 반에 저하 고 안 맞는 아이가 있었는데, (음, 어……) 이제 그 선생님한테만 반항을 한 게 아 니라 굉장히 머리가 좋은 아이여서 반 친구들에게 이렇게 그 약간 그 함정을 빠 뜨리는 …… 그런 친구들을 가해자로 만들거나, (I: 곤혹스럽게.) 예, 곤혹스럽게 만 드는 그런 그 말썽을 자꾸 부리니까 이게 이렇게 교장 선생님 면담까지 가서도 안 되고 해서 인제 이 아이를 강제전학을 고려하게 되는 상황까지 갔어요. (I: 네.) 그 래서 (인제, 음) 여름방학 즈음에 수업 녹화까지 하게 되고 이렇게 좀 굉장히 상황 이 (아) 드라마틱하게 전개가 되고 그렇게 학생에게 굉장히 안 좋은 쪽으로 돌아 갔는데, 이제 무엇보다도 그 부모님이 아이가 지금 학교생활이 이렇다는 거를 못 받아들이시더라고요. (I: 네에.) 그런 면에서 좀 어려움이 있었는데, (음) 그러다가 방학이 돼서 이렇게 우연치 않게 저한테 그 교장 선생님께서 (강조하면서) 아주 그냥 우연히 권하신 거예요. 학교를 한번 여기가 빈자리가 생겼는데 옮겨 보는 게 어떻겠느냐…….

I8:　선생님한테요?

Y8:　네, (왜) 그래서 학생이 강제전학을 당해야 되는 상황인데, (어……) 제가 학교를 옮기게 된 거예요. (I: 어, 정말요?) 그래 가지고 이제 솔직히 제가 부속초등학교를

부서를 들어가기 위해서는 수업장학도 좀 해야 되고, 이런 그 수업장학적인 면에서 연구를 하고 들어가는 게 맞다고 생각하는데 전혀 그런 게 없고 대학원도 다니지 않았고, 그냥 진짜 아무것도 하지 않고, 그냥 애들하고 재밌게 생활만 하는 그런 교사였는데 그 친구를 생각하니까 이 아이를 전학을 시키는 거보다는 (음) 개한테 맞을 수 있는 다른 선생님이 오시는 게 나을 수도 있겠다는 생각을 했어요. 그 당시에는. (I: 네.) 그런데 이제 (음, 어⋯⋯.) 학교를 옮기고 보니까, (음) 둘째가 배 속에 있더라구요. (I: 아, 둘째가 그사이에!) 예, 몰랐는데 와서 보니까 (음, 어⋯⋯.) 이제 (어⋯⋯.) 학교는 굉장히 좀 인제 힘든 상황이긴 한데 배려를 해 주셔서 (음) 오자마자 6학년 담임을 하고(함께 웃음), 왔는데 또 6학년이었어요. (음) 그 아이를 잘 졸업시키고, (어⋯⋯.) 교담(교과전담교사)을 주셔서 굉장히 편하게 1년을 지냈는데, (음, 어⋯⋯.) 아직 둘째가 젖먹이, 어리니까요, 옮기고자 했어요. (I: 그러면 연년생인가요? 아니면?) 네 살, 두 살. (I: 네 살하고 두 살.) 두 살 터울. (I: 네, 네.) 그런 상황에서 학교를 옮기고자 이렇게 내신을 냈는데, 이제 희망자가, 이렇게 오겠다는 희망자가 (I: 없었어요?) 안 구해 가지고 어쩔 수 없이 또 남게 된 거예요. (I: 음, 마음은 떠났는데 눌러앉았어.) 어쩔 수 없어요. (웃음) 전공이 영어다 보니까, 다른 분이 오셔서 대신해 줄 수 있는, (I: 그게 더 아니네.) 그게 아니다 보니깐요. 이게 좀 그렇게 됐는데, 음⋯⋯. 좀 이게 좀 막막하다고 해야 되나? 좀 그러네요 솔직히. 왜냐하면요 올해 1년 또 교담을 주셨어요. 그래서 예, 이렇게 '자네가 상황이 이러니까, 예, 이렇게 가정에도 충실하고 좀 학교에서도 배려를 해 줬으니까 열심히 해 보소.' 이렇게 말씀을 해주셔서 예, 그런데 저는 (음) 이렇게 쫌(조금) 제가 (제가) 저 스스로 저를 덫에 가둔 그런 (그런) 기분이 들어. (I: 기분이 들어, 감정인데⋯⋯.) 네, 그런데 저 큰애가 지금 네 살인데 말을 안 해서 언어치료를 하고 있거든요. (I: 아) 꼭⋯⋯.

I9: 그 ⋯⋯ 저 ⋯⋯ 양육을 제대로 좀 할 틈이 없었나요? 그렇게 학교하고 그런 문제 때문에 조금 소홀하게 됐나요?

Y9: (어⋯⋯) 아무래도 이제 막 오자마자 담임을 하다 보니까, (I: 네) (어⋯⋯) 담임으로서의 업무도 있지만, 여기가 학교가 일이 좀 많잖아요. (I: 어, 잡무도 많고) 네, 그렇죠. 그래서 둘째를 터울 지게 가질 생각을 하고, 들어왔는데, (음) 의도치 않게

그렇게 돼서 사실은 학교에서도 막 들어와서도 나쁜 의도를 갖고 들어왔다고 학교 타이틀을 위해서(어), 교직에 더 오래 있을려고. (I: 예, 예.) 이런 오해도 사고 (I: 전혀 그건 아닌데, 마음속으로는.) 네, 그렇기도 하고, 저 …… 그다음 해에 …… 작년이죠, 2013년에 갓 전의 학교에서 같이 근무하던 선생님이 오셨는데, 저에 대해 소문이 이상하게 났대요……. (I: 아!) 자기 반 애들 졸업 안 시키고, 버리고 도망간 선생님이란 식으로. (I: 아! 그래요?) "어떻게 니 자식들을 버리고 갈 수가 있냐." 이런 식으로. 그래서 솔직히 자존감이 좀 많이 이렇게 막 낮아지니까, 그래서 제가 여기 있으면서 솔직히 공부도 좀 해 보고 싶고, (어……) 욕심은 이렇게 (이렇게) 뭔가를 좀 해 보고 싶어서 오긴 왔는데, (어……) 뭔가를 더 한다는 게 의미가 없고, 일단은 일단 못 나가게 됐으니까, 열심히 일은 해야 되겠죠. 그런데, (어……) 집에는 말이 안 터진 아이가 있고.

I10: 상황이 여러 가지로…….

Y10: 네, 너무 복잡하죠. 그래서 …… (음) 도대체 어떻게 살아야 되는지(울먹인다).

I11: 지금 그러면 실례지만 몇 년째 되셨어요?

Y11: 이제 올해로 10년 차.

I12: 10년 차. 생각보다 많으신데 경력은. 나는 진짜 아까 우리 옆에 남 선생 물어보니까, 인제 1년 반 됐다고 하더라고, 두 선생님이. (Y: 아, 예, 예.) 임용은 같이 돼 가지고. 그래서 10년은 아니고 나는 5년 미만으로 일단 봤구요. (Y: 아이구.) 그러면 쫌(조금) 그 뒤에 결혼하셨어요?

Y12: 결혼한 지 (작은 목소리로) 이제…….

I13: 그 저기 뭐지, 교사생활을 처녀 때 좀 오래 하시고, 그다음에 하신 건가요? (Y: 예, 예.) 그러니까 제일 고민이 되고, 지금 문제가 되는 부분이 육아하고 교사로서의 직을 잘하는 것. 그런 것들이 일단은 잘돼야 할 것 같고, 그다음에 지금 동료라든가 주변 평판이 조금 안 좋게 흘러가고 해서 여러 가지로 지금 심리적으로 힘드시겠네요. (Y: 예) 복합적으로요?

Y13: 굉장히 복합적인데. 결과적으로는 제가 …… 그 …… 그 …… 제가 …… 그 제가 …… 저를 너무 낮게 생각하고 있다는 생각도 들고요. 네…….

I14: 아, 지금 이런 일이 있고 나서 그러신 건가요?

Y14: 그렇죠. 그 전에는…….

I15: 그 전에는 당당하고 자신감 있고, 뭐든지 할 수 있고 그렇지 않았을까요?

Y15: 그럼요.

I16: 그렇죠! (음…….) 근데 이제 일단, 그런 거 같아요. 사람 일이란 것이. 어떤 것이 일이 올 때, 한꺼번에 오는 것이 있어요. (어) 한꺼번에. 그리고 이제 모든 불행이 나한테 오는 것처럼 그렇게 느껴질 때 있죠. 그러니까. 아마 이제 주로 2013년에 그런 어떤 괴로운 감정, 조금 그런 것들을 제일 많이 느꼈나요? 최고조로?

Y16: 2012년이죠 (재차 강조하며) 12년에. 살이 두 달 사이에 5kg가 빠졌어요.(I: 5kg가 빠지고.) 예…….

I17: 그담에 그런 (어떤) 다운된 상태에서 2013년을 보내고 새해를 맞은 거네요.

Y17: 예, 그렇습니다.

I18: 어찌 보면 삶의 의미 같은 것이 상실된 채, 어떻게 지금 내가 살아야 되냐, 어디로 가야 하느냐 이런 것을 잘 못 찾은 다음에. 그럼 이제 일단은 제일 먼저 풀어야 할 것이, 이제 오전에도 '잘삶'에 대해서 얘기했지만 우리가 이제 교사 모임에서 교사 잘삶을 얘기해야 되겠지만, 교사 잘삶 이전에 뭐라 했어요?

Y18: 내가 잘 살아야!

I19: 내가 잘 살아야 되잖아요. 내가 잘 살아야지 다 내 아이, 내 가족, 내 학교, 내 학교 아이들 다 잘 되잖아요. 그러니까 이제 일단 뭐 이런 문제를 한꺼번에 다 풀 수는 없는데, 일단 제가 선생님 상황을 듣고 제일 먼저 같이 생각해 보고자 하는 것은 일단, 한번 인제 교직 와서 한 십여 년, 그리고 뭐 나이로는 30대 말 정도 되시는 건가요?

Y19: 중반.

I20: 삼십대 중반 정도, 그 정도 됐으면 이제 어쨌든 간에 한번 돌아볼 시간이거든요. 어쨌든 간에. 아이를 낳고 그런 것을 떠나서 교단에 10년을 있었다는 것은, 아니면 다른 일을 하더라도 그 정도 되면 내가 지금 해 온 것, 어떻게 살아왔고, 그다음에 어떻게 할 것인가. 그러니까 한번 내 삶을 추슬러 볼 수 있는 그런 좋은 계기로 삼고. 더구나 이제 여기 와서 '나를 찾아 떠나는 여행'이잖아요. 우리 타이틀이. 어떻게 지금 참여하고 계시는지 모르겠지만, 하여튼 그 지나온 것들을 잘 생

각해 보고 우리가 서두에도 그랬지만 우리가 초임교사 때, 그 이전에 교사로서의 꿈을 청운의 꿈을 가질 때 내가 어땠는가, 초임교사로서 열성적으로 아이들의 눈망울을 보면서 열성적으로 가르치고 아이들한테 모든 걸 바치고 했던 때, 그리고 그런 좋은 추억들 떠올리면서 일단 이제 중간에 그런 뭐 본의 아니게 다른 데로 발령을 받게 되고, 뭐 육아 상황이 연거푸 터지고 예상치 못한 일들이 발생해서 지금 어찌 보면 실타래가 좀 꼬여 있는 것 같은데…… 삶이. 근데 이제 제가 봤을 때는 전혀 뭐 그런 걸로 인해서 흔들리거나 뭐 그렇게 삶이 영향받지 않아도 되실 분인데, 근데 어쩔 때는 버겁게 느껴지지요. 한꺼번에 일이 오게 되면. 그니까 이제 일단 한번 지금 내 삶을 봐야 돼요. 일단은. 주변이 뭐라고 그것은 부차적인 문제고. 내가 지금 정확히 어떤 상황인가. 내 지금 이런 그 다운된 감정 상태가 그냥 어떤 자괴감이나 자존감이 너무 낮아져서 그런 것인지. 아니면 뭘 원망해서 그런 것인지 이런 것들을 한번 내가 내 마음을 곰곰이 한번 들여다봐야 할 것 같아요. 우리 지금 명상도 많이 하고, 또 이제 혼자 저녁에 자기 전에라든가, 혼자 또 지금 나 혼자만을 돌보는 시간이잖아요. 그거 한번 잘 생각을 해 보시고. 만약에 육아 때는 선생님이 다 책임을 져요? 저 혹시 부군이나 누구 친정어머니라든가 누구 도움을 주시는 누구 없어요?

Y20: 제가 제일 힘들었을 때가 재작년인 이유가 도와주는 사람이 없이 제가 다 해야되니까…….

I21: 아이 아빠가 어디 다른 데 있어요?

Y21: 어 …… 음, 아빠가 같이 살기는 하는데, 아이 아빠가 좀 저보다 퇴근이 좀 많이 늦고(I: 아, 직업상?) 들어왔다 안 들어왔다 하기 때문에 (I: 아?) 출장 가면 광주 시댁에서 자고 오거나 (다른 데) 매주 그러다 보니까…….

I22: 그럼 부군은 육아에는 거의 신경을 못 쓰시는 그런 직업이시구나!

Y22: 그랬…… 죠.

I23: 그렇다고 친정엄마라든가 누가 좀 와서 케어해 주는 그런 것도 안 되고요, 형편이?

Y23: 아뇨. 사실은 둘째 낳고 나서는 휴직을 하지 않고 바로 일선으로 돌아왔는데…….

I24: 누가 좀 봐 줬어요?

Y24: 그 …… 저의 친정어머니가 하시던 일을 그만두고…….

I25: 근처 계세요? 혹시?

Y25: 아주 그만두시고 오신 거예요. (강조하면서) 하시던 일을 그만두시고…….

I26: 애를 더 봐 주기 위해서요?

Y26: 예, 저 제가 건강이 많이 안 좋고 (I: 안 좋고, 음.) 하니까 와서 그냥 떠안아 주신 거예요. 지금은 굉장히 편한 상황이지만 이 상황이 계속 가는 건 아니…….

I27: 아직도 어찌 보면 좋은 쪽으로 가는 건 아니고. (Y: 예.) 그 다운된 상태에서 그럭저럭 가는 삶이라 이 말이죠? 본인이 느끼기에.

Y27: 제 생각으로 친정엄마한테 계속 도움을 (I: 그럴 수 없지.) 기대하는 건 답이 아닌 것 같구요.

I28: 그 또 엄마 삶에 또 짐이 되잖아요. (Y: 그렇죠.) 엄마도 삶이 있는데, (Y: 그럼요.) 나름, 그렇죠.

Y28: 그건 아닌 것 같구.

I29: 어찌 됐건 부군하고 그건 잘 모르겠는데, 저희도 똑같이 어려서 아이 키우고, 그래 보면 역할이 없더라도 힘들 때 남편의 위로라든가 부군의 그런 또 보이지 않는 작은 노력들도 있어야 하는데 전혀 그렇게 안 돼요? 시간상으로…….

Y29: 어, 제가 약간 그런 거를 그렇게 요구를 예쁘게 잘 못하는 거 같아요. 아 …… 그렇게 좀 제 의사를 정확하게, 특히나 제가 뭔가를 요구를 할 때는 학생들한테 요구를 할 때는 오해 안 사게 잘 말할 수 있는데 (말하는데), 남편한테는 약간 그 의도가 잘 안 살아나고……. (I: 아, 안 살아나고…….) 말을 안 하게 되더라구요.

I30: 그럼 이렇게 많이 서로 떨어져 있다 보니까 대화도 좀 많이 끊기고 그냥 가끔 얼굴 한번 보고 이 정도밖에 안 되는 건가요? 생활이…….

Y30: 대화가 정말 없죠. (눈물을 글썽이며) 네…….

I31: 음. 그래요……. 그니까 이제 중요한 것은 그런 거 같아요. 선생님이 지금 어찌 보면 눈물을 보이시고 어려운 것이 표현이 됐는데, 그래도 어려울 때는 항상 누군가 뭔가 기대고 같이. 다른 게 필요 없거든요. 따뜻한 위로의 말 한마디, 이런 게 중요하거든. 어려울 때 내가 있으니까 조금 좋아질 거야. 이런 게 필요한데……. (…… 중략……) 사랑이 있어야 되잖아요. 사랑. 그 서로 위해 주고 오고 가는 그런 마음이 그런 것이 이제 나를 지탱해 주고 어려울 때도 사실 떠받쳐 주는 힘이 되는데,

그런데 제일의 지지자가 지금 대화도 안 되고. 어려울 때도 거의 상의도 못하겠네. 육아문제라든가. 내가 뭐 우리 학교 아이 반의 아이가 속 썩여서 힘들다. 그런 것도 뭐 얘기를 거의 못하겠네요?

Y31: (약한 목소리로) 그니까요.

I32: 왜, 근데 어떻게 그렇게 됐어요? 원래부터 그랬어요? 애초 신혼 때부터? 아니면?

Y32: 이게 인제 …… 큰애 낳기 전까지 주말부부였어요. 그런데 이제 큰애 낳고 1년 휴직을 했는데 휴직을 더 하기를 원하더라구요. (I: 아, 부군이?) 네, 애기한테 더. (I: 아, 애한테 더 시간을 쏟아 줘라.) 근데 이제 제가 돌까지 젖 먹여서 키웠으면 나는 많이 키운 것 같다하고 복직을 했는데, 예, 이제 …… (어…….) 이제 …… (I: 남편이 좀 틀어졌어? 그 부분에 있어서 자기.) 아니요. 아니 그런 것은 아닌데 (I: 의도를 안 따라 줘서, 집에 더 남아서 애를 키워 주지 자기 가서 직장생활 한다고 나간다고 그런 것이 좀 그랬을까?) 아니 그럴 사람은 아닌데, (음…….) 휴직 기간 동안 제가 했던 역할을 제가 복직하고 나서도 똑같이 하길 원하는 거죠. (I: 아! 이미 달라져 있는데, 내 몸 상태나.) 상황이 달라져 있는데 (I: 그렇지, 변화된 상황이랑.) 그리고 9월달에 학교를 옮길 때도 제가 이제 학교에 대한 정확하게 설명을 저도 잘 모르는 상황에서 (I: 그러니까, 얼떨결에.) 얼떨결에, (재차) 얼떨결에 잘 모르고 옮긴 상황이라 교생지도를 해야 하니까, 선생님이 자정까지 남아서 일하는 이런 상황은 전혀 모르고 갔기 때문에. 예…… (어…….) 그니깐 가서 많이 아팠는데, 애기가 배 속에 있는 데도 약을 먹고 버텼어요. (울컥함.) (I: 일했어요?) 예, 약을 안 먹으면 출근을 못하니까. (음, 음.) 애아빠는 그러더라구요. "누가 옮기라 하디?" (I: 어, 그러니까, 누가 일해라 했냐.) 누가 일하라 하디? 누가 옮기라 하디? 이런 식이더라구요.

I33: 음, 그니까 이제 어찌 보면 서로 거기서 안 맞았구나. 응. 그니까 …… 음 …… 그 …… 그런 나름 서로 어떤 갈등 요인이 있었네요.

Y33: 그렇죠. (계속 흐느끼면서) 그니깐 더 이상 뭔 말을 해 봤자 소용이 없는 거예요. (흐느끼는 바람에 뒤의 말은 안 들려 채록이 불가함)

I34: 어, 그때 한번 그렇게 되고 나서. (Y: 예, 그렇죠.) 그리고 예를 들면 선생님이 힘들다 해도 니가 …… 니 …… 그렇게 할려고 한다고 그렇지 않았냐? (Y: 그런 식인 거예요.) (다시 흐느낌) 그니까 니 알아서 해라. 그런 식으로 …… 그니까 이제 물

론 선생님 같은 경우, 어찌 보면 그렇게 계속 교직 수행하고 또 그렇게 더 일을 하고 그렇게 하는 것이 더 가치 있고 그렇게 했는데 예상치 않게 이렇게 또 육아해야 하는 상황이 닥치게 되고, 이제 그것은 그 사실은 누구의 잘못도 아니죠. 그거는 왜냐면 그것은 또 부군이 선생님한테만 잘못을 돌리는 것도 사실은 그렇게 썩 옳은 것은 아닌 것 같아. 어쨌든 간에 그런 것 같아요. 부부간에도. "니 탓이요, 니 탓이요." 막 하다 보면 끝이 없죠. 그리고 다 서운하죠. (Y: [울며] 네.) 그렇잖아요. 그런데 이제 …… 그 좋아요. 과거에 어떻게 일이 그렇게 전개되고 지금 둘 사이가 그렇게 되고 그것은 어찌 보면 그때 상황에서는 어쩔 수 없다 치고 그러면 지금 중요한 것은 지금 여기잖아요. (Y: 그렇죠.) 지금 여기고. 그리고 선생님이 빨리 그런 심리적인 고통, 아픔에서 해방되어야 되고, 이제 치유돼 가지고 예전처럼 밝고 그렇게, 예를 들면 직장생활도 하면서 또 내 아이들도 잘 돌보고 이렇게 되고, 또 부군하고도 그래도 이제 뭐 한꺼번에 확 가까워지지는 않겠지만 같이 이제 그래도 남들 못지않게 대화도 나누면서 아이들과 같이 하면서 이렇게 단란하게 가는 것이 가장 이상적인데. 그니까 이제 …… 그 …… 이제 지금 좀 지났는데 시간이. 그래도 어쨌든 간에 선생님이 남편이 그랬다고 해서 선생님이 "내 탓이요, 내 탓이요." 다 내가 잘못해서 이렇게 돼 버렸으니까 나는 어쩔 수 없고, 내가 계속 이렇게 어찌 보면 비관적으로 어찌 보면 우울한 삶을 살 것인가 아니면, 좀 잘못되고 인생이 꼬인 거, 남편하고 그렇게, 내가 설령 잘못했다고 쳐요. 내 욕심에 그랬다고 빚어졌다고 쳐. 그럼 이제 인정하고 내가 그때는 조금 나이도 어리고 또 내가 판단도 좀 미숙해서 그렇게 된 거 같은데 그 부분에 인해서 뭐 예를 들면, 그 조금 그 …… 뭔가 별로 안 좋게 생각했거나 하면 그런 부분들에 대해서 "내가 사과한다!"라고 오히려 얘기를 하고. 그러나 중요한 것은 이 순간이고 또 앞으로 미래고 또 우리 아이가 커 가고 하는데 이런 상태로 가는 것은 이제 둘 사이도 그렇고. 또 아이 문제도 그렇고요. 또 그것을 지켜보는 친정엄마라든가 또 시댁도 있을 거 아니에요. 둘이 잘 결혼해서 아이 낳고 아웅, 이렇게 알콩달콩 잘 살기는 바라는 모습을 보는 것이지 주변에서도, 그렇지요. 근데 이렇게 해서 어떤 일로 인해서 너 이거 잘못했으니까 니가 알아서 다 책임지고 이런 것은 내가 봤을 때 부부 자세가 아니거든요. 원수같이 되다가도 또 언제 그랬냐느니, 그렇게 또 옛날 그것을 정리하고 항상 새롭게 또 출발을 할 수가 있어야 돼요. 왜냐하면 둘 사이의 문제가 아니거든요. 왜냐하면 이이들의 미래를 봐서라도 그것을 바꿔야 돼요. 바꿔야 돼. 쉽진 않아요. 쉽지 않고 아마 또 쉽게 응해 주지도 않을 거예요. 그러나 다 좀 던져야 해요. 선생님. 선생님이 던지고 오히려 얘기를 해야 돼요. 얘기를 하고 계속 소위 오해의 부분, 서로 달랐던 부분을 얘기하다 보면 그리고 이제 그 …… 아닌 건 아니고, 내가 인정할 건 인정하고 이렇게 하다 보면. 한꺼번에 안 됩니다. 이렇게 골이 지면 한꺼번에 안 돼요. 사람 문제라는 거는. 그런데 점차 그런 노력도 안 하고 점진적으로 이렇게 뭣도 없이 나아지기를 기대하는 것은 안 돼요. 연목구어이지요. 저 나무에서 고기를 잡는 꼴이에요. 그니까 이제 저는 개인적으로 처음 뵙고 이제 개인적으로는. 그리고 어찌 보면 또 깊은 얘기를 해 줘서 고마워요. 이렇게 얘기하기가 쉽지 않잖아요. 그런데 이제 일단 어쨌든 우리 여기 큰 캠프 목적에서 보면 선생님 삶이 또 그런 스스로가 잘 살아야지 내 아이들이 행복하고 학교가 행복한 학교가 되고 이런 전제하에서 보면, 어찌 보면 개인적인 문제일 수도 있잖아요. 가정적인 문제니까, 육아에다가 이런 문제. 그런데 그것을 떠나서 교사의 삶을 생각할 수 있나? 특히 그 …… 여성분들 교사는 얼마나 또 힘들어요? 전통적으로는 똑같이 뭐 좋은 아내이길 바라지. 남편은. 또 똑같이 그럴 거 아니에요. 좋은 며느리이길 바라고, 육아도 잘해야 하고, 몸이 그런데 몇 개가 되나요? 한 몸으로 그걸 다해야 하니까 그런 짐이 이제 다 올 수밖에 없는 거죠. 그러니까 이제 대단하신 거지. 그렇게 다 역할을 하면서 이렇게 나름 오랫동안 근무하시고 하는 분들은. 일단 하여튼 저도 저고, 이렇게 만나서 얘기도 해 봤잖아요. 근데 또 어찌 보면 동병상련. 비슷한 처지의 또 위의 선배 여선생님들이라든가, 아마 모르긴 해도 다 이런 비슷한 과정을 겪고 이렇게 됐을 거라구요.

Y34: 그러셨을까요.

I35: 아니, 사람 인생이라는 거는요, (Y: 예.) 백지 한 장 차이지 다 비슷해요. (Y: 예.) 누구 얘기를 들어 봐도, 누구 가정사를 들어 봐도 다 많이 차이가 나는 게 아니에요. 그런데 이제 그 차이나 위기 때 내가 어떻게 대응하고 관리하느냐 이것에 따라서 달라지거든요. 그니까 항상 저는 그래요. 이런 문제가 있을 때 지금 이렇게 문제를 느끼고 이렇게 같이 문제라고 했을 때요, 이 순간부터는 계속 나 문제고

나 더 이상 할 수 없고 뭐 이런 부정적 자아관에서 나와야 돼요. 그리고 어떻게 하면 조금 더 바꿔 보고 나아지게 하고, 그리고 완전히 옛날에 활기찬 이전의 내 자아로 완전히 갈 수는 없겠지만 그래도 이제 변화된 상황 속에서 두 아이의 엄마로서 또 이제 예를 들면 교담을 할 때는 아이들의 담임선생으로서 또 선후배 동료 간에, 또 교장, 교감 선생님. 그래도 좋은 평판을 들으면서 등등 이렇게 해서 자기 삶을 하나씩 제일 가까운 부분부터 이렇게 재조직을 해서 다져 나가야지 …… 어느 아침에 그런 어떤 …… 꼬인 실타래가 뜨르륵 풀리진 않아요. 지금 상황에서는. 노력하지 않으면. 그런데 선생님이 지금 교대 가서 그런 어려운 과정을 거쳐서 또 임용시험을 합격해서 교직에 와서 이렇게 거의 벌써 10여 년을 근무하시고 이런 힘이나 능력, 경력만 보더라도 못할 것이 하나도 없어요. 다만, 이제 선생님이 신체적으로 약해지고 사람이 신체적으로 약해지면, 병약해지면 다 약해지게 돼 있어요. 정신 능력도 마음도 여려지고 남이 옆에서 뭐 한 마디도 거슬려. 그래 가지고 얼굴도 못 들고. 그거 다 내 얘기 같고, 수변에서 뭐 버스터미널을 지나는데도 뭔 얘기를 하면 그 얘기가 내 얘기 같지요. 나쁜 얘기하면 막. 그런데 일단은 몸을 잘 추슬러서 일단 건강을 찾아야 될 거고요. 그다음에 이 마음이나 이 정신이 진짜 내가 안정이 돼야지요. 지금 교직에 그런 문제는 부차적인 문제예요. 그걸 하면서 이제 가족에서 그 열쇠를 찾아야 돼요. 가족에서 힘이 나오거든요. 얼마나 좋아. 어쨌든 간에 아이가 조금 지금 큰아이가 문제가 있다고 했죠. 어쨌든 간에 소중한 내 생명, 귀엽고 사랑스럽고 그래서 남편이 그것을 조금만 뒷받침해 주고 또 나하고 한배를 타고 가 주면, 또 뜻을 모아 주면 일단은 거기에서 힘을 많이 얻거든요. 그니까 학교에서 애들이 속 썩이는 것, 누가 동료가 아니면 위의 관리자나 이런 사람들이 뭐라 하는 것은 누구나 다 겪고, 또 그런 것, 또 어떤 경우에는 한 귀로 듣고 흘리고 하면서 또 경륜을 쌓아 가고 그러는 거니까, 그런데 제가 봤을 때는 가장 결정적인 문제고 해결의 열쇠는 남편하고 관계 회복이네요. 그러니까 지금 얘기하면 제 앞에서는 그래도 한번 해 봐야겠다 그렇지만 또 혼자 서면 이전까지 이렇게 해 오고 남편하고 이렇게 돼 있는데 이것을 어떻게 푸냐 그런 생각을 하실 거예요. 혼자 들어가면 (잘 안 들림) 그런데, 그런데 바꾸세요. 조금만 그것을 생각을 바꾸고, 그리고 그 부분에 있어서 제가 이런 말씀드리기 너무 그런데, 나를 진짜 조금 내려놔요. 내가 남편하고 어떤 그 자존심 문제로 그런 것 가지고 만약에 혹시 싸웠다, 혹은 갈등이 생기고 이견이 생겼다면 차라리 내가 내려놓고 아까 말한 것처럼, 내가 좀 내가 욕심을 부렸나 보다. 그래서 그런데 그런 부분은 혹시 마음이 상했다면 좀 사과해 주라. 그리고 그런 부분들을 앞으로 얘기해서 잘해 나가자. 그리고 나도 절대 그런 부분들을 그렇게 뭐 내가 뭐 이거 하고 싶으니까 그렇게 하지 않겠다. 같이 상의해서 하고 좋은 쪽으로 하겠다. 그렇게 해서 그런 것들이 새로 일종의 결혼을 하시고 이미 계약은 돼 있고 이렇게 살지만 또 다른 출발하는 의미에서 그런 어떤 서로 간에 제2의 출발하는 그런 것들을 마련해 나가면 거기서 힘을 얻고. 남편이 이제 '그래 좋아, 이렇게 가자' 그렇게 같이 '나도 떨어져 있지만 응원해 줄게'. 이렇게 되면 나는 다른 문제는 그냥 스르르 해결될 거 같아. 그러니까 힘들겠지만 그렇게 한번 해 보시고, 해 보시고. 그런데 이제 그렇게 하는 자체도 혹시 어려우면 그러면, 이제 글쎄 제가 어떻게 지금 답을 줘야 할지 모르겠지만 그런 경우도 있거든요. 목포 사시니까 …… 목포에도 상담 쪽, 상담심리학과도 있고 그래요. 목포대도 있고 그러니까. 혹은 거기 무슨 상담센터 같은 것이 있으면…….

Y35: 가정지원센터요?

I36: 그렇죠. 가정지원센터 같은 데서 가족상담을 한번 신청하세요. 그러면 이제 둘이서 선생님이 혼자 해결하려면 일단은 서먹서먹하니까 안 되잖아요. 그런데 그런 데를 가면 그 전문가들이 아주 능수능란하게 저절로 중재를 하면서 이렇게 서로를 막 해서 어떻게 보면 남편한테 부인에게 하고 싶은 말을 다 하라 하고, 또 반대로 하라 하고 해 가지고 그것을 종합을 해서 어찌 보면 털어 내게 하고. 자, 이제 서로 확인했죠? 해 가지고 이렇게 또 손을 잡고 또 예를 들면 애를 딱 등장시켜서 이 애를 어찌할 것입니까 뭔가 이런 것들을 좀 마련해 주거든요. 그니까 아니 그런데 그 …… 부부가 다 자기 부부문제를 해결 못하거든요. 해결 못하면 요즘은 이혼을 해 버리잖아요. (Y: 아이고…….) 그저 그냥 이렇게 돼 버리는데, 노력을 해 봐야 돼. 해 보고 그리고 지금 젊으시고 제일 좋은 시절 아녜요. 제일 좋을 때인데 그 어찌 보면 다시 한 번 인생을, 결혼 생활을 다시 한 번 새롭게, 옛날 신혼 때처럼 해 본다는 생각을 하고 그런 마음으로 일단 본인이 할 수 있으면 한번 해 보고

내가 도저히 남편을, 그런 얘기를 꺼내지 못하겠다. 그러면, 그런 데는 철저히 해 줘요. 비밀보장을 다 해 주고 이렇게 가족을 살리는 데 최대한 힘을 쏟아 주니까, 그것도 한 번에 딱 되는 것이 아니니까, 1회기 만나고 처음에 서먹서먹한 거 풀고 헤어졌다가 또 언제 만나서 조금 나아지고 그렇게 쭈욱 하다 보면 어느새 모르게 딱 되고 그런 것도 있어요. 그러니까 하여튼 그 …… 제자 문제라든가 그것은 부차적인 문제고, 지금 육아하고 선생님 일 사이에서 그리고 그 사이에 남편, 이런 것들이 복합적으로 지금 얽혀서 상당히 이제 스스로 소진된 상태예요. 보니까, 여러 가지로. (Y: 그런 것 같긴 한데.) 선생님이 복합적으로. 그러니까 이제 문제를 알았잖아요. 문제를 알았고 그런데 그것의 해결의 열쇠는 결국 학교에서 찾을 게 아니라 가족 문제, 가족문제고, 그다음에 그런 부부, 부부의 문제가 해결되면 육아의 문제에 대한 답도 나와요. 그래서 어느 정도 남편이 와서 무엇을 해 주고 그런 차원이 아니잖아요. 얼마나 애들 가르치면서 우리 애 키우느라고 힘드냐, 고생하냐 이 한마디잖아요. 선생님 남편이 직장, 현실적으로 직장 나간다고 떨어져 있는데 뭘 더 바라겠어요. 할 수 없잖아요. 그런데 물질적인 도움은 당분간 친정어머니한테 받더라도 애가 커야 되니까. 그리고 조금 지나면 그 어디죠? 어린이방, 어린이집 보내고 그렇게 하면 다 또 그렇게 살잖아요. 부부교사도 그렇고 부부들이 그렇게. 그런데 전반적으로 느끼기에는 상당히 여리시네요. 선생님이.

Y36: 아이, (수긍할 수 없다는 듯이) 제가요?

I37: 어, 어, 한편으로 본인이 당차고 강하다고 느끼고 있는 것 같은데, 지금 여러 가지 잠깐 얘기하시는 걸 보니까. 그런데 제가 봤을 때는 선생님들이 슬기로워요. 일을 해결하실 때에도 잘 하실 거예요. 그니까 일단 왜 이렇게 됐지. 내가 이렇게 망가지고 딱 이렇게 대개 이렇게 혼자만 생각하면 잘 모르는데, 대강 몇 가지 원인이 나왔으니까 그러면 이제 한꺼번에 다 되면 좋겠지만 해결이. 안 되니까 하나하나씩 풀어야 돼요. 그런데 그 하나하나씩도 잘 풀리진 않아요. 노력이 들어가야 한다니까. (웃음) 그러니까 진짜 약속을 해야 돼요. 선생님이 직접 한번 어떻게든 다 버리고 내가 노력을 하는 것. 당장 우리 캠프 나가서 내일, 모레 시도를 해야 돼요. 그런데 도저히 안 된다. 백 번 생각해도 안 되고 이건 안 될 거 같애 그렇게 얘기는 해 주셨는데…… 그러면 가족지원센터나 무슨 상담기관, 전문기관에다가 얘기

를 해서 저한테 애기한 요지만 잠깐 말씀 드리고, 이래저래 하는데 문제의 근원은 거기에 있는 것 같다고 하더라. 그런데 조금 그런 어찌 보면 단기문제해결 상담 같은 것을 해서 그 어떤 가족의 그런 부부관계라든가 이런 것들을 회복하고 육아 문제 같은 것을 같이 하면서 내 교사로서의 삶, 이런 것들도 이제 예전처럼 회복하고 싶다, 그렇게 하면 올해는 분명히 작년, 그 작년 2010년이라고 했죠? 몇 년 삶이 좀 어두웠죠? (웃음) 긴 터널을 지나왔죠? 조금씩 서광이 비추면서 더 훨씬 많이 남았잖아요. 교직생활도 많이 남았고, (웃음) 인생 백 세예요. 선생님 아마 백 세도 더 넘을걸요. 우리가 백 세라고 하는데, (Y: 그럴까요?) 그런데 그 긴 삶에서. 지금 어찌 보면 훨씬 중간도 못 됐고, 그런데 뭐랄까 어찌 보면 이런 것들은 누구나가 겪는, 부부간에 살아가면서 애기 키우면서 겪는 문제들이기도 해요. 지금 선생님 입장에서 엄청 큰 문제이지만. 어, 이것보다 더 드라마틱한 일들이 많죠. 사람이 막 부부, 어떤 일하면서 애 키우고 하다 보면 막 특히 여성이 더 소진되죠.

Y38: 솔직히 제가 그 …… 제 …… 남편과의 관계 문제가 가장 먼저 해결해야 되는 문제인지는 몰랐어요.

I39: 아뇨, 아니에요.

Y39: 듣고서야 내 개인사가 제일로 중요한 거구나. (I: 그렇죠) 깨우친 거예요.

I40: 그렇죠, 그것이 안 되면 지금 다른 것은 부차적인 문제라니까요.

Y40: 제, 저 …… 그 외부 일들이 우리 부부관계를 회복시켜 줄 거라고 생각했는데…….

I41: 선생님이 남편하고 그렇게 된 것도 지금 그거잖아요. 결국 이제 어찌 보면 나는 일을 그래도 계속하고 싶은데, 어, 교직에서. 그런데 이제 남편은 조금 애 키우는 데 전념하고, 예를 들면 육아휴직을 더 많이 하고 그런 바람이 있잖아요. 남자들은 또, 자기는 하나도 뭐 애한테 뭐 해 주지도 않고 관심을 안 갖다가 그러기는 되게 바라요. (웃음) 부인이 막 애한테 다 쏟고 하는 것을 은근히 좋아한다고. (I: 예.) 또 그러기를 바라고. 그러니까 또 냉정히 따지면 또 그러잖아. 남편 입장에서는. 돈 벌어다 주지, 그러잖아요. 여러 가지 공헌을 하는데 그런 것은 인정 하나도 안 해 주고 부인의 역할만 해 주길 바라는 거예요. 아니면 애기 엄마 역할만. (웃음) 그러니 이기적이죠. 남편이.

Y41: 아, 그렇네요. 그렇, 그렇게도 생각할 수 있네요.

I42: 그러니까 그렇게만 보는 거죠. 그러니까 여자들이 여러모로 열악하고 힘들어요. 그런 점에서. 저도, 여자가 아니어서 잘 모르겠는데, 그 막 저도 막 젊었을 때, 막 싸우고, 육아 때문에, 저도 직장 때문에 늦게도 들어오고 새벽에도 가고 막 그러잖아요. 남자들 (그렇죠) 그런데 이게 이제 한꺼번에 날아오는 때가 있어요. 몇 시간씩 퍼붓죠. 한마디로. 막 그러면은 눈물, 콧물 다 되어 가지고 얘기하는 걸 들어보면 아이고 또 하는가 보다. 그런데, 그 얘기 속에 많은 것들이 들어 있더라고요. 야, 저렇게 …… 나는 당연히 생각하는 밥하고 설거지하고 청소하고 애기 키우고, 당연하다고 생각하는데, 당연한 것이 아니지. 여자의 입장에서는 엄청 힘든 거지 그것이. 같이, 애기 보듬고 시장 보러 다니고 그런 거, 다 스트레스잖아요. 근데 이제 남자들은 헤아리지 않지. 오직 내가 말이야 돈 벌어 주고 이렇게 밖에 나가서 고생하는데 무슨 얘기냐. 이렇게만 하잖아요. 그러니까 이제 그럴 거 같아. 제가 봤을 때는 선생님 세대에서는 지금 남편 정도 되면 그래도 오히려 저기 다 마트 가면 시장바구니 끌고 다 오히려 지금 그럴 때인데 오히려 막 자기가 요리해야 되고 주말에, 상당히 가부장적인 부군을 만나셨네요. 하하하.

Y42: 연애가 10년이라.

I43: 아! 연애를 10년이나 했어요?

Y43: 10년 연애하고 한 결혼이라 솔직히 (I: 새로울 게 없어요?) 잘할 줄 알았거든요.

I44: 아! 그렇다더라고요…….

Y44: 잘 할 줄 알았어요.

I45: 두 가지라대요. 연애 많이 한 것이 결코 득이 될 것도 없고, 아니면 너무 잘 아니까, 척 하면 압니다. 너무 편한 경우도 있고, 그런데 이제 반대의 경우로 만약에 간다고 하면은 하여튼 그래도 연애하고 결혼은 다르거든요. 분명히 다르거든요. 결혼은 현실이에요 (Y: 네, 그러네요.) 냉엄한 현실이죠. 그리고 바닥도 봐야 되고 막 정말, 그런데 더 이상 과거 얘기는 흘러간 거고, 그리고 이제 선생님이 얘기한 것만으로도 반은 줄어들었어요, 짐이. 일단 털고, 그런데 이제 숙제는 남아 있죠.

Y45: 그러네요.

I46: 앞으로 더 잘 살아야 되고, 선생님 뭐 그런 식으로 나 우울하게 그냥 그럭저럭, 그래도 한 인생, 저래도 한 인생, 그러면 내가 할 말도 없겠지만 그래도 지금 왕성하

니 활동할 때고, 애기 또 지금 잘 키워야 할 때고, 여러 가지 해야 할 일도 많고 주위에서 기대도 하고 하니까, 기왕이면 우리 화두대로 잘 살아야 해요. 사람이 잘 살려면 내가 건강해야 되고. 그죠? 내가 건강해야 돼. 그러니까 잘 먹어야 돼. 밥, 오히려 더 잘 먹고, 오히려 오기로 잘 먹고 그다음에 이제 …… 그, 제일 자기하고 가까운 사람하고 관계가 회복되어야 해. 그것이 안 되면 그, 어떤 것도 의미가 없어요. 삶에는. 그것이, 그런데 내 지원군을 얻으면, 다른 게 필요 없어. 그 사람 칭찬 한마디, 따뜻한 위로 한마디, 손 한번 잡아 주는 거, 어깨 두드려 주는 것, 고생이 많다, 이러면서 다 녹는 거야. 그러니까 선생님도 그렇게 해 주고. 또 필요하면 그렇게 받고 하면서 서로 의지해야 돼. 지지하고, 얼마나 험난해요. 세상 살기가……. 그렇게 하면 하여튼 오늘 하루 다는 못하니까, 혹시 기회가 되면 저한테도 메일을 보내도 돼요. 제가 메일을 알려 드릴 테니까. 그래서 메일로도 혹시 어려울 때 말해 주시면 제가 아는 범위 내에서 제가 인제 응원해 드리고, 근데 이제 그것은 해결책이 못 되니까 아까 말한 대로 실제적으로 그렇게 돼야 되니까, 그것은 전문기관이 해야 될 문제거든요. 그러니까 진짜 가족지원센터라든가 정말, 제 제자 중에서도, 제가 선생님이 동부권에 살면 내가 연결을 시켜 주겠어요. 광양에 내 제자가 있어요. 가족지원센터에. 거기. 그래서 내가 그런 사례도 많이 듣고 그래서 내가 그래서 말씀을 드리는 거예요. 연결을. 그런데 그, 그런 식으로 한다더라고요. 그리고 다 안 맞아서 이혼을 한다고 많이 가잖아요. 그래서 법정에 갔을 때도 뭐, 바로 안 시켜 주잖아요. (Y: 숙려기간.) 숙려기간 있죠? 숙려기간 때 보낸답니다. 거기로 오면 이제 그 사람들 데리고 이렇게 또 가족상담도 하고, 해 가지고 자기가 다시 회복시켜서 잘 살게 하는 경우도 많이 있고 그렇다더라구요. 음, 하물며 그런 단계도 아니고, 지금 그냥 서운하고 직업상으로 멀리 떨어져 있다 보면 멀어지잖아요. 또 멀리 있다 보면 자주 안 만나고, 서먹서먹하고, 부부라도. 그러니까 이제 어쨌든 간에 오게도 하고 선생님도 한번 가, 있는 대로 해서 노력을 해야 해. 아니면 이런 거 이용해요. 이거, 카톡이든가 이런 거. 애교도 보이고, 근데 이게 참 재밌는 게, 저도 이런 거 잘 못하거든요. 기기. 그리고 쏠 줄도 모르고 안 써요. 페이스북 같은 것도 안 해. 근데 이제 다 이렇게 가니까, 나도 이제 카톡 같은 걸 쓰거든요. 근데 우리 가족하고 이렇게 의사소통하고 그러는데 너무 좋더라고요. 그 아내하고도 그렇고, 예를 들면 저도 좀 떨어져 있어요. 광주에가 집이 있고, 나는 학교 근처에다 집을 얻어서 주말에 올 때도 있고, 일이 있으면 못 오고 그래. 그런데 이제 그렇다고 매번 통화할 시간도 없으니까, 시간 날 때마다 이렇게 해서 보내면 하다못해 하트 하나 날려 주면 나도 딱 해지고 이런 거. 그리고 이제 딸도 지금 올해 대학 가는데, 딸하고도 사춘기 되니까 대화가 끊어지더라고. 대화가 안 되잖아요. 또, 뭐 대화할 것도 없고. 그런데 이제 어느 정도 되니까 뭐 이제 뭐 한두 마디씩 해서 딸이 이만한 하트를 날려 주고 그래요. 진짜 좋더라고요. 하하하하 아들도 사춘기 막 접어드는데 간혹 지 친구들하고 얘기도 적어 주고 이런 걸 보면 그래도 애가 지금 삐뚤어지지 않게 크고 있구나 해서 나도 위안도 되고 좋더라고요. 그래서 이렇게 사소한 노력들이 필요하더라고요. 그래서 이제 일이 중요한 게 아니에요. 일이 중요한 게 아니고 그것을 먼저 하고 거기다 더불어서 일을 잘 하면 더 좋은 거지, 내가 일을 잘하면 다 잘 되겠지. 안 됩니다. 내가 일을 잘 하고 일에 성공해도 가족이나 그런 데서 지지를 못 받고 안 되면 너무 고독하고 외로워요. 그러니까, 기본, 기본이 뭐야. 가족의 힘이지. 정확히 말하면 지금 선생님의 남편, 남편한테 힘이 돼 주고 이거야. 그렇게 해서 쭉 개선을 하면 2014년 새해도 밝았고 앞으로 훨씬 나아질 거예요. 나아지고, 나아져야 돼요. 그것이 이제 긴 나중 여정을 위해서, 그리고 이제는 좀 어둡고 아픈 것들은 마이너스가 아니에요. 플러스죠. 그런 상황이 또 있어요. 또 언제든지 항상 부침이 거듭되거든요. 삶이란 것은, 밝았다 어두웠다. 한 해는 어떻게 뭘 하려고 해도 안 돼요, 막. 그 어떤 해는 생각지도 않는 좋은 일이 오고 또 그러네요. 저도 그러더라고요. 저도 예를 들면 2012년은 그렇게 뭘 해 보려고 해도 안 되더라고요. 일이. 사람 관계도 꼬이고 안 좋아져요. 막. 그러더니 2013년에는 뭔 일들이 되더니 나는 생각지도 않은 일들이 좋은 일들이 생기고 막. 그런 거 같아요. 그러니까 항상 공평해요. 공평해. 안 좋은 일이 있으면 곡선이 또 내려갔다가 올라와요. 조금 안 좋았다 쳐요. 이전까지의 시기는. 그리고 사람이 이제 전환, 터닝포인트가 있거든 항상. 선생님이 나를 만난 것도 터닝포인트요. 선생님이 딱 공문을 보고 힐링캠프를 선택한 것도 터닝포인트예요. 이렇게 와서 계기를 만들잖아요. 내가 이렇게 그럭저럭 살아왔는데, 아니다, 그렇게 살면 안 된다. 다르게 살아야 된다. 그렇게 지금 나한테 메시지를 받았잖아요. 그것은 이제 그다음 몫은 선생님의 행동이고 실천이에요. 그러니까 하여튼 이번 캠프, 내일까지 열심히 받으시고. (Y: 네.) 나가서 선생님이 한번 노력을 해 보시고, 도저히 하여튼 잘 안 된다. 부끄럽고 무엇이 막 복잡하다. 그러면은 조금 도움을 받아야 해요. 자기가 어려울 때는 도움을 청할 줄도 알아야 돼요. 사람이 살아가면서. 다 해 왔죠. 거의, 내 스스로 혼자 해결해 왔죠? (Y: 그렇죠.) 누구랑 막 상의해 가지고 많이 안 했죠? (많이) 혼자 하는 스타일이죠? (Y: 네.) 그러니까, 그런 경우는 좋기도 하지만 남한테 피해도 안 주고 그렇지만 어떤 것들이 닥쳤을 때 힘들어 내가. 내가 힘들고 내가 그런데 세상의 힘, 고통, 어려운 것을 다 질 필요는 없잖아요. 왜 우리가 더불어 살아가나, 어려운 걸 같이 나누고 그래서 덜고 또 반대로 선생님도 남의 어려움도 도와줘야 되겠지요. 어려울 때 내가 귀 기울여 주고, 해 주고. 어찌 보면 제가 그랬잖아요. 비워라. 그리고 나눠라. 이거야. 키워드는 힐링은 …… 이 두 단어만 생각해야 돼요. 음. 하하하 하하 좀 잘 될 거 같아요?

Y46: 네? 아, 일단은 알았다는 게 정확하게 알았다는 게 가장 큰 소득인 거 같아요. 면담도 할까 말까. (아니) 저는 솔직히 제가 면담이 필요한 상황이라고 생각하지 않았거든요.

I47: 노! 너무 잘했어요!

Y47: 아, 그런 거예요.

I48: 선생님이야말로 1순위로 했어야 돼. (Y: 그런가요?) 또 이런 것을 우리가 암암리에 도와주려고 여기다가 줄 쳐 가지고 이걸 만들었어요. 원래 없었어요. 내가 만들자고 그랬어요. 교육청에다가 얘기해서 …… 재밌었죠? 누구 와서 춤추고 뭐하고 했는데 개인적으로 나한테 와 닿는 게 뭐 있어요. 이제 비우고 이런 것은 도움이 됐지만. 내 문제해결에는 이런 시간이 진짜. 그런데 다 이렇게 세상의 짐을 진 사람들만은 아니잖아요. 그냥 그렇게 와 보자 해서 온 사람도 있고, 근데 우리는 이렇게 조금 어렵고 말 못할 상처가 있다거나 이런 사람들을 이렇게 또 조용히 뭔가 도와주려고 하는 그런 의도가 있었기 때문에 이 정도, '나 면담 좀 하고 싶소.' 이 정도면 돼요. 충분히 할 수 있어요. 다 해 왔잖아요. 지금까지 원하는 대로. 교사 되고 싶어 교사 됐고. 그죠? 다 해 왔는데 왜 못해요. 하하하 음, 그런데 자기도

모르게 막 작아져. 자기가. 그런 경우가 있어요. 일이 안 되면, 자신감도 없어지고, 응, 그런데 천천히 하나씩 풀어 가면 예전의 모습대로 나와요. 선생님은 분명히 ······ (웃음) 하하하.

Y48: 감사합니다.

I49: 그래 하여튼 또 기회가 되면 저한테 메일도 좀 보내시고, 제가 한번 나중에 메일을 보내 드릴게요. 어떻게 잘하고 계시냐고, 나는 저기 말로만 하고 안 끝내요. 그러니까 하여튼 자극을 받아서라도 노력을 하고 조금 또 언제 만날지도 모르는데, 변화된 모습으로 좋은 모습으로 만나면 기분이 더 좋은 거잖아요. 이런 계기로 해 가지고. 그렇죠? 그렇게 하시게요.

5) 사례 M

성별: 남

나이: 30대

교직 경력: 8년

재직 학교: 중등(특수학교)

I1: 자연스럽게 우리 이야기를 하죠. 일단 지금 교직에 계신 지 얼마나 되셨나요?

M1: 한 8년.

I2: 8년 되셨고. 주로 그럼 어디서 근무를 하셨어요?

M2: 전 특수교사라, 특수학교에서 근무했어요.

I3: 아! 특수학교에서 주로 근무하시고······. 그러면 이제 또 일반교사하고 달리 특수교사로서 겪는 어려움도 많을 거고, 그 어려움이라는 것은 학생에서 오는 것도 있을 거고, 학부모, 아니면 관리자, 교장, 교감 등등 아니면 사회에서 보는 시각? 이런 것들 여러 가지에서 (이제) 올 수가 있는데, (M: 예.) 그 어떤 것들이 좀 어렵습니까? 교사로서 생활하시면서?

M3: 그게 ······ 그 ······ 경력에 따라서 어려운 점이 많이 바뀌져서 지금 현재의 어려

움은 …… 제 나이가 이제 마흔 가까이 되거든요. 그래서 승진에 대한 욕심이 상당히 있어요. 그런데 교직이라는 자체가 승진하는 데 많이 …… (어) 좁은 데니까, (음) 경쟁도 좀 많이 치열하고 그러니까 좀 넓게 승진체계가 됐으면 하는 생각도 돼서 …… 그쪽에서 이제 주로 이제 많이 공부를 하고 있고 …… 그런 거에 어렵다고 생각을 하거든요.

I4: 음, 승진하는 것이 너무 어려워서 그런 문호가 좀 더 개방되었으면 좋겠다, 이런 생각이 많이 드시나요? (M: 예.) 그러면 그쪽 특수교사 계통에서 그렇게 위로 승진하는 것이 많이 다른가요? 일반학교하고?

M4: 예, 좀 특수교사끼리, 학교가 …… 두세 군데, 전남에서 세 군데 있는데.

I5: 지금 S학교하고 Y학교하고 여수, 또 한 군데가?

M5: I학교. 이렇게 세 군데 (I: 세 군데가 있네요.) 원래 두 군데인데 이번에 하나 만들어져서 세 군데인데, (음) 거의 일류 쪽으로 승진하기에는 좀 체계가 힘든 게 있고, 교장, 교감 승진하기는 힘들고. 거의 장학사 시험으로 생각을 하고, 많이 준비하고 그렇죠.

I6: 그러면 선생님께서 굳이 교사에서 장학사나 관리직으로 가려고 하는 이유가 있나요? 특별한 이유가?

M6: 특별한 이유 …… 그러니까 저 …… 같은 경우는 좀 …… 성격 탓이기도 하고, 그래도 이왕 시작한 거, 한번 좀 노력해서 하고 싶다는 것이 첫째적인 이유예요. (음) 뭔가에 시작했으면 그래도 좀 더 (좀 더) 높은 데로, 나은 데로 가려는 그런 거. (I: 예.) 두 번째는 거의 이제 보는 시각이죠. 부부교사이기 때문에 어떤 계속적으로 승진을 안 하고 있으면 나이 먹고 제 집사람이나 자녀들한테 좀…….

I7: 아! 사모님도 특수학교에 계세요? 아니면 일반학교에 계세요?

M7: 예, 특수학교에 있습니다.

I8: 아, 같이. (M: 예.) 오! 그렇구나. 특수학교 교사구나. 두 분 다.

M8: 예. 무엇보다 좀 …… 자랑스러운 아버지로서 아니면 남편으로서 좀 그런 모습을 보여 주기 위해서 …… 한 부분이고. 이제 세 번째는 무엇보다 좀 교육 여건이나 환경 부분에서 바꿔 보고 싶은 부분이, 적극적으로 노력하면 위에서 이렇게 노력하면, 많이 바뀌어지지 않을까 생각이 들어서 하고 싶(어요)…….

I9: 그러면 지금 이제 그 교사로서 이렇게 지내면서 그 어떤 이런 점 때문에 어렵다. 좀 심하게 해서는 이런 점에서 조금 상처를 받고 있다. 그런 부분들은 없나요?

M9: (약 8초간 침묵) …………

I10: 특히, 학생 같은 경우 속 썩이고 이런 것, 학부모가 너무 좀 드세 가지고 막 이렇게 아이, 힘들다. 교사. 그런 경험은 없으신가요? 혹시?

M10: 저 같은 경우는 제가 남자라서 (I: 네.) 학부모들이 (히히) 찾아오시는 분들이 다 여자, 아줌마 분들이 많이 찾아오는 거거든요. 그래서 남자, 남성인인 부분에서 많이 호감을 갖고 오셔서 딱히 그렇게 막 힘들게 하시지는 않은 것 같아요. (웃음) 아…… 저 혼자 착각일수도 있지만, 제 생각은 그렇습니다.

I11: 아이고 편하고 좋지요 뭐. 문제가 없으면 좋죠. 그리고 대화로써 자녀 문제 상담하고 끝나면 좋은 거니까. 그러면 관리자나 교장, 교감 선생님 그런 문제 때문에 힘들다거나 아니면 옆에 선생님들 때문에 힘들다거나 그런 것은 없나요? 지내시면서.

M11: 그런 건 있어요 …… 관리자 입장에서도. 그러니까 일 …… 아, 많은 문제가 있었어요. (음) 우선 일반학교하고 저희 특수학교하고 그 부분에서도 시간 외나 그런 부분에서 한마디로 자제를 하고 막 관리를 좀 못하는 식으로 그렇게 억누르는데. 일반학교는 시간 외적으로 학생들을 위하면 이렇게 해라고 많이 하거든요. 그런 부분에서도 문제가 있죠.

I12: 그러니까 그 다시 좀 물어보면, 그 이제 특수 아이들을 시간 외적으로도 좀 우리 선생님께서 케어해 주기를 바란다는 건가요? 관리자 입장에서는. 그런 요구가 있어요?

M12: 아니요. 그런 게 아니라, 이게 그 시간 외적인 수당이라든가 그런 문제거든요. (I: 수당 같은 거.) 교사 입장에서는 시간 외로 지도를 해 주면 시간 외 수당 같은 게 교사, 관리자 눈치 보면서 이렇게 부탁하고 이렇게 막 해야 되는데. 일반학교에서는 통상적으로 그냥 보고만 하면 끝나고. 쉽게 일반학교 교장 선생님은 허락을 해 주시고 해서 또 많이 갈등도 있었고요. (음) 교사, 입장적으로도 …… 말이 많은 …… 단체라 소문 그런 거, 의식해서 …… 많이 신경 쓰면서 이렇게 사람을 대하는 …… 갈등이 있습니다.

I13: (음) 그런데 이제 그런 것이 대개, 예를 들면 나는 내 소신껏 잘 살고 있고, 애들 잘 가르치고. 그런데 어찌 보면 주변에서 좀 뭐랄까 못마땅하게 생각하고 그런 것이 많이 있나요? 우리 교직사회 선생님들끼리…….

M13: 저 같은 경우, 저는 다른 사람 선생님들 제 뭐 뒷얘기하는 건 못 들었는데, 다른 선생님들이 다른 선생님들 뒷얘기하는 거 많이 들었거든요. 그런데 저는 그 선생님에 대해서 아주 긍정적인데, 다른 선생님이 그걸 그 선생님에 엄청 부정적으로 생각하는 경우가 많은 것 같아요. 예를 들어서, 어떤 선생님은 학생들 위해서 교실 공부만 하면서 "아, 예쁘다." 이렇게 이제 남자 선생님이 그랬거든요. 여자 학생……. (I: 학생한테.) 예, 이렇게 "예쁘다. 아이고 잘한다." 말로 오버를 하셨나 봐요. "아, 네가 우리 학교에서 제일 예쁘다." 하하. 그런 식으로 표현을 막 하셨는데, 주위에 여자 선생님들이 그 행동을 보고 "아이 저 선생님 좀 이상하지 않나?" (웃음) 하하하…….

I14: 성적인 그런 것까지 좀 생각하면서?

M14: 예, 그래 가지고 저한테 그 소리가 들렸어요. 그래서 아니, 저는 그 선생님을 긍정적으로 보면서…….

I15: 아이 사랑해서 (M: 예.) 예뻐서 진짜 그랬는데 (M: 그랬는데.) 왜 색안경을 쓰고 보냐?

M15: 예. 교사 그 자체가 여자 선생님들이 많아서, 남자 선생님들, 뭔 행동들, 그런 것들이 너무 오버해서 그렇게 많이 표현하고 그러지 않나 하는 생각이 많이 들었어요. 저도 그런 말 듣고 나도 조심해야겠다. 이제 행동 하나하나 좀 조심하고 살자. 내 맘대로 살면 안 되겠다. (웃음) 하하하 (I: 하하하.) 그런 걸 많이 느꼈죠.

I16: 아, 아주 사소한 부분에서 그런 어떤 편견이나 오해 같은 게 나오네요?

M16: 예. 그게 오버해서 생각을 하시니까 그게 오해가 돼서…….

I17: 그리고 지금 선생님 말씀에 따르면 그런 경우가, 예를 들어서 저 선생님은 학생들을, 여학생을 이렇게 한다더라? 이렇게 해서 또 확대되는 경우가 있나요? 그래서 다른 사람들한테 그게 소문이 커지거나 그런 경우가 있나요? 오해가 되고?

M17: 그럴 수도 있다고 생각이 드는 겁니다. 아이, 잘 몰라요. 얼핏 그런 얘기도 들었어요. 사실. 사실이…….

I18: (음) 조심스러운 얘기지요. 신상에 관련된 문제이기 때문에 음…….

M18: 그러니까 여자 …… 선생님이 많으니까, 그런 거에 대해서 남자 선생님들이 조심

　　　을 많이 해야겠다는 생각을 많이…….

I19: 비율이 어느 정도 되죠? S학교죠? 지금? (M: 예.) 거기는?

M19: 80% 정도…….

I20: 여자 선생님들이 80%. 그러니까 저기 특수교육과 예비교사 거기서부터 그렇죠?

　　　특수교육 전공하는 그 퍼센테이지가 대개 여학생이 대부분이죠?

M20: 예.

I21: 다니실 때는 몇 명이었어요? 남자 선생님?

M21: 거기도 거의 20%밖에 안 됐어요. 남자 학생들.

I22: 예, 그렇죠. 그러니까 남자 교사가 적을 수밖에 없죠? 특수학교에.

M22: 예.

I23: (음……) 또 뭐 학교 내 쪽으로뿐만 아니라 여러 전반적인 면에서 우리가 또 행복,

　　　웰빙 많이 얘기하고 그런데, 어떤 편인가요? 선생님, 만족하신가요? 여러 전반적

　　　으로? 삶에 대해서?

M23: 예 …… 그래도 …… 하, 여유는 있다고 생각해요. 이렇게…….

I24: 시간적, 경제적 이런 거 다?

M24: 시간적으로요. (I: 시간적으로.) 예. 경제적으로는 대기업이나 공기업 같은 기관이

　　　여유가 좀 있겠죠.

I25: 그렇죠. 일반적으로.

M25: 이것저것 따지면 저의, 제 자신에게 행복하지 않을 것 같아서 저도 만족하고 그냥

　　　살았으면 좋겠어요.

I26: 그건 상대적이니까. 경제적인 것은.

M26: 시간을 많이 생각하고 사니까.

I27: 시간이 뭐 …… 음 …… 제일 좋아하는 일은 뭐예요?

M27: 일하는 거요? 아니면?

I28: 예, 뭐 아무거나. 예, 예……. 제일 즐겨서 하는 일. 취미도 좋고, 예.

M28: 운동을 많이 하는 …… 다방면으로 배워 놓은 것도 하고 그걸 많이 하는 편이에요.

I29: 어떤 운동해요?

M29: 본래 테니스도 하고요. 좀. 저 …… 성격은 고정적이고 막 그런 것을 좀 탈피하고 싶어서 문화센터 같은 데 프로그램이 많고 그러거든요. 댄스스포츠도 해 보고. (I: 오호!) 기타 그런 데도 해 보고 다방면으로 이렇게 배우는 걸 그렇게…….

I30: 아, 즐겨서 하시구나. 아, 그렇구나. 그럼 본인 스스로 성격은 어떤 편이라고 보시고 계세요? 스스로?

M30: 긍정적인 편…….

I31: 그러니까, 예를 들면 원칙론자다. 아니면 뭐 그래도 좀 원만하니 그냥 이렇게 사람들하고 편하게 지내는 그런 것도 있을 거고. 여러 가지가 있을 건데.

M31: 좀 자유 …… 롭다고 할까요?

I32: (음) 자유분방하다.

M32: 좀 막 고정적으로 그렇게 그런 걸 좀 싫어하거든요. 탈피하고 싶은 …… 남들이 이 길로 가야겠다, 하는 게 옳은 길이라고 막 하면 다른 길도 한번 가 보고, 그걸 한번 찾아봐야겠다, 이런 거?

I33: 아, 그러시구나. 그러니까 이제 배움의 기회가 있으면 가서 내가 적극적으로 배우고 내가 또 자기 개발도 하고 …… (음) 그 …… 아이들 중에 특별히 이렇게 말썽을 부려 가지고 힘든 적은 없었나요? 지금까지 하시면서?

M33: 많았죠.

I34: (웃음) 하하 …… 더 많겠죠? (M: 네.) 일반 케이스보다. 근자에 들어서 가장 인상 깊은 어떤 (학생) 학생이나 뭐 그런 경우가 있었나요?

M34: 예, 그 애는 좀 폭력적인 게 있는 아이, 아이였어요. 그래서…….

I35: 몇 살이나 된 아이였을까요?

M35: 열아홉 살.

I36: 아, 이미 거기네. 소위 전공반 아닌가요?

M36: 예, 전공반.

I37: 전공반이잖아. 특수학교에서.

M37: 예, 그 학생을 다루면서 좀 …… 그 학생도 덩치가 커서. 저보다. 그게 덩치가 큰 편이 아니라 저 같은, 덩치가 커서 …… 폭력도 좀 가하고 막 가끔씩 …… 가자고

하면 떼도 부리고, 주먹으로 막 유리창도 깨 가지고 그런 …… 학생 …… 그 학생을 좀 잡아야겠다고 많이 생각을 하고 초기에는 많이 힘들었어요. 그 학생보다 더 제가 더 커 보여야겠다는 생각을 하고 제가 좀 무섭게 해야겠다 해서, 제가 좀 많이 이제 분위기를 많이 조성했죠. 매를 막 책상을 때리면서 막 조용히 안 하냐고 막 위압적인 환경을 조성하면서……

I38: 공포분위기. 거의?

M38: 예.

I39: 그런데 어땠어요? 반응이랑 아이랑, 행동 변화가 왔어요?

M39: 그때뿐인 거 같아요. 제가 이제 화내고, 으르고, 공포 분위기를 조성해야 말을 듣고. 그래서 이제 원래 제가 그런 성격이 아닌데 이렇게 해야 하나 생각도 많이 들었어요. 그냥 고생했죠. 애기 고치자는 생각에. 많이. 그것 때문에 갈등이 많이 …… 성격이 안 맞고 이 학생을 막 윽박지르고 해야 하나?

I40: 내 본성이 아닌데. 공포 분위기 조성하고 매 들고……. 그런데 그 반대로는 생각을 안 해 봤어요? 어떻게든 하여튼 달래고 보듬고 그렇게. 그런데 또 다르죠? 일반적인 아이라면 (그렇죠) 좀 가능성이 있는데……

M40: 일반적인 아이가 아니라서……

I41: 어떻게 보면 본능적으로 하잖아요. 그런 이상행동 같은 거를 …… 그래서 어떻게 슬기롭게 잘 극복했어요?

M41: 더 이젠 말을 안 들으니까. 이제 학교폭력이라고 할까요? 애를 때릴 그 단계까지 끓어오르는 거예요. 제가. (예) 그런데 뉴스다 매스컴에 …… 웃음 (하하) 생각하고. 내가 왜 애한테 그렇게까지 하면서……

I42: 내가 뉴스의 주인공이 될 필요는 없다. (웃음) 하하하……

M42: 내가 괜히 이 학생 때문에 불려 다니면서 그럴 필요가 뭐 있냐. 그런 생각이 드니까 모든 걸 포기하고……

I43: 아, 어느 선에서는 그냥 놔 주는 것이. (M: 예.) 아! 그래도 좀 갈등이 많이 되시겠어요. 한편으로는 저 애를 어떻게 끌어서 가야 되는데, 교육적으로. 그렇죠. 올바른 길로. 그런데 또 그렇다 보면 교사도 감정의 동물이고 참는 것도 한계가 있고, 그게 또 너무 어떤 선을 지나면 안 되잖아요.

M43: 욱하는 선생님들. 그 사고 보면 이해는 해요. (I: 그럴 거 같아요.) 그런데 순간적인 욱하는 것 때문에 그렇게……

I44: 자기 자식도 그러잖아요.

M44: 예. 그걸 또 학부모가 과대평가해서 그걸 또 폭력교사니 하면……

I45: 원인이나 배경은 전혀 무시하잖아요. (M: 예.) 일어난 결과만 얘기하고. 저 …… 어찌 보면 좋은 일하고 좋게 좋은 길로 인도하려고 그러지 누가 그렇게 하겠어요. 그런데 그것을 그렇게 이제 곡해를 하고 조금 일어난 결과에 대해서만 이제 죄인 취급하고 하면 정말 답답하겠죠.

M45: 예.

I46: 캠프는 마음에 드세요? 어떤가요? 선생님.

M46: 아, 예. 마음에 듭니다. 또 특별히 음식도 자연식으로 하니까, 또 몸과 마음이 가벼운 것 같아요. 그리고 또 이렇게 여러 상담 프로그램을 통해서 제 자신을 돌아, 돌이켜 보고 '내 자신이 이렇구나.' 해서 나의 맞는 길을 선택해서 갈 수 있는 좋은 기회를 주신 것 같아요.

I47: 예. 그래요. 다행이네. 아니 그래도 지난번에 그렇게 물어보시고 특별히 관심을 주시고 해서 저도 이제 또 한번 개인적인 대화를 나눠 보고 싶다 생각했어요. (M: 예.) 하여튼 고맙습니다.

3. 자료의 분석

구술된 자료의 분석은 텍스트의 형식 분석에서 시작된다. 앞서 언급한 바와 같이, 독일의 사회학자 쉬츠(Schütze, 1977)에 따르면 구술 면접은 대개 도입 단계, 구술과 후속 질문 단계, 정리 단계 등 세 단계로 구분된다.

첫번째 도입 단계에서는 소위 면담자와 구술자 사이의 신뢰 구축과 상담에서 말하는 '라포'의 형성이 중요하다. 이 연구에서 면담자가 직접 연구를 수행하였으므로 라포를 형성한 이후 구술의 목적을 분명하게 설정하였다.

두번째는 구술과 후속 질문 단계인데, 먼저 구술 단계에서 면담자는 구술자로 하여금 자신이 직접 체험한 이야기를 즉석에서(stegreif) 설명하도록 하였다. 이 연구에서는 구술이 이어질 수 있도록 면담자가 추임새를 넣거나 구술에 도움이 되는 적절한 질문을 던져 흐름을 이어 가려고 노력하였다. 구술이 끝나고 후속 질문을 통하여 애매모호한 점에 관해서 묻거나 애초에 알고자 하는 부분을 추가로 질문하였다. 하지만 실제 면접에서는 구술자와 대화를 나누거나, 경우에 따라서는 구술자의 심리적 문제에 관해서 연구자의 견해를 덧붙이는 방식을 취하기도 하였다.

마지막 정리 단계에서 구술자 스스로 지나온 삶에 대한 나름의 가치 평가를 내리도록 하였다. 하지만 이 연구에서 구술자의 평가를 제대로 하지 못한 채 면담이 종료되는 경우가 적지 않았다. 내러티브 인터뷰를 수행하면서 이론과 실제의 괴리를 실감하게 되었다.

이어서 각 사례별로 내용분석을 실시하였다. 짧게는 20분, 길게는 2시간 남짓 진행된 면담에서 과연 어떤 내용이 주제화되었을까? 교원의 소진과 상처를 다루고자 하는 이 연구의 취지에 맞게 주제별 내용분석을 하였다. 그리고 이어서 체험된 구술의 재구성과 관련 주제에 대한 연속적 세밀 분석을 통하여 교원소진의 원인과 삶의 변화 과정 그리고 소진의 극복에 관한 심층 해석을 시도하였다.

1) 사례 K

이 사례는 교직경력 30년에 달하는 어느 중학교 여교사와의 인터뷰에서 채록된 것이다. 교원 힐링 캠프에서 특별 운영된 TAP에 자발적으로 참여하는 경우가 거의 드물었지만, 교사 K는 운영진이 권유하자 흔쾌히 심층면담에 응하였다. K와의 면담에서 얻어진 채록 결과는 이 한 가지 사례로 연구 주제를 전부 다 드러낼 수 있을 정도로 교원소진의 발생 원인과 경로, 소진을 둘러싼 교직사회의 모순을 적나라하게 잘 보여 주고 있다.

　　형식 면에서 인터뷰는 교직 근무 경력에 대한 물음에서 시작된다. 구술자는 발령 1년 차 이야기에서 순차적으로 시작하나(prospective) 면담자의 요청에 의해서(I9) 현재의 시점에서부터 비교적 최근의 사건을 중심으로 회상하면서 구술한다(retrospective). 여기서 면담자의 개입은 성공적으로 보인다. 왜냐하면 자신의 삶을 되돌아보며 구술하면서 교사의 소진에 대한 경험으로 구술 내용이 응집되는 효과를 가져왔기 때문이다. 본격적인 구술 단계에서 구술자는 경험의 사실에 대한 이야기뿐만 아니라 일어난 사건에 대한 자신의 가치판단과 주관적 평가를 동시에 내리고 있다. 면담자는 후속 질문(I51)에서 구술의 가장 극적인 부분을 되물어 그 당시 구술자의 심경과 상황을 좀 더 확인하고 있다. 마무리 단계(I71)는 구술자가 스스로 자기의 이야기를 종결한 것이 아니라 오히려 면담자가 이제까지의 면담 내용을 종합적으로 정리함과 동시에 어려움을 겪은 교사를 애써 격려하면서 끝을 맺는 형식을 취하고 있다.

　　내용 면에서 교사 K는 자신의 초임 교사 시절 이야기를 소상하게 들려주는 것으로 구술을 시작한다. 경영학 전공과 전산 부전공으로 미루어 K는 사범대학이 아니라 교직과정을 거쳐 '회계'를 담당하는 교사가 된 것으로 보인다. 그래서인지 K는 초창기에 수업 때문에 어려움을 겪는다. 면담 중간중간에 수업에 대한 '고민' '딜레마' '두려움' 등의 용어가 이를 잘 보여 준다. 수업에서 생활지도로 이야기가 전환된 이후 K는 자신의 학생지도에 대한 소신을 피력한다. 다시 말해서 학생들을 자유롭게 해 주되, 최소한의 지켜야 할 원칙은 가지고 있다. 만약 이 원칙을 어겼을 때는 엄한 체벌도 불사한다. 2011년 이전 시기, 적어도 체벌금지 정책이나 학생인권조례가 논의되기 이전에 K는 나름의 황금기를 구가하는 데, 그 이유는 자신의 소신대로(예: 필요한 경우, 사랑의 매로써 체벌도 하면서) 학생들에게 생활지도를 할 수 있었으며, 자신의 원칙에 따라 교육활동이 조화롭게 진행될 수 있었기 때문이다. 하지만 2011년 교육부의 체벌 금지 정책과 스마트폰의 영향으로 학생지도가 어려워지면서 소위 '짱'으로 불린 한 여학생과의 갈등으로 인해 K가 결국 스스로 정신병원을 찾게 되는 일이 벌어진다. '명퇴'의 극단적인 처방까지 생각했던 K교사는 다시금 마음을 추스르고 교사 본연의 임무를 수행하기로 결심한다. 하지만 이전과는 전혀 다른 태도로 교육활동을 수행한다. 예를 들어, 학생지도나 불필요한 학교 일에 관심을 줄이면서 그저 조용히 학교에서 지내기로 결심한 것이다. 가르치는 과목도 전산에서 전문 상담으로 전환을 하게 된다. 담임교사로서 학생들과 매일 대면할 일도 줄고, 불특정 다수의 학생들이 찾아오면 '편하게' 학생들을 대할 수 있기 때문이다. 구술 과정에서 K는 교장의 역할과 태도에 대한 언급을 많이 하였다. 교사와 학생 간 문제가 발생할 경우 중심을 잡아 주어야 할 사람이 교장인데, 자신의 경우 본인의 잘못이 없는 데도 불구하고 교장이 어정쩡하게 교사에게 모든 책임을 돌리려는 태도를 취했기 때문이다. 전문 상담교사가 된 현재의 K는 이제 마음의 평정을 찾고, 묵묵히 자신의 업무를 수행하고 있다. 하지만 그 학생과의 지울 수 없는 상처는 학교선도위원회에서 다른 교사가 비슷한 처지로 교장의 질책을 받는 상황에서 되살아나 사립학교의 학교장에 대한 화와 분노가 지속적으로 표현되고 있다.

K의 숱한 구술 내용 중 교원소진과 가장 직접적으로 연관되는 채록 내용을 중심으로 K가 어떻게 상처를 받았으며, 그 당시 어떤 상황에 처해 있었으며, 또 이를 어떻게 극복해 나갔는지를 찬찬히 살펴본다.

K가 언급한 대로 자신의 교직 황금기가 지나고 디지털 시대가 되면서 난관이 찾아온다. 2011년에 '문제의 학생 배후에 문제의 부모가 있다.'는 세간의 학설을 증명할 만한 사건을 K는 접하게 된다. 소위 학교를 주름잡는 '짱'이 학교에 새로 전학 왔는데 수업 시간에 잠만 자려 하자 이를 교육적으로 지도하는 과정에서 문제가 발생한 것이다. 이제까지 교직생활에서 한번도 경험하지 못한 학생의 반항, 그것도 단순한 반항이 아닌 무시를 당하면서 K는 교사로서의 자존감에 커다란 상처를 입게 되고, 심지어 모멸감까지 느끼게 된다.

> **K22:** (중 략) 중학교 때 모 중학교 짱이 저희 학교를 왔는데, 수업 시간마다 잠을 자는 거예요. 그래서 내가 "어제 무슨 일이 있었어?" 제가 제 성

격이 이러는데 (자그마한 소리로) "어제 무슨 일이 있었니? 이렇게 자니?" 이렇게 할 수는 없잖아요. 그래서 "어제 무슨 일이 있었어?" 그랬어요. **그랬더니 손을 탁 치는 거예요.** 1교시인데 …… 그래서 내가 …… 교사도, (심각한 표정으로) 교수님! 저는 그런 거 같아요. 교사도 교사이기 전에 인간이고 또 여자거든요, 그런데…… 딱 이러더라고요.

뭔가 참을 수 없는 화가 치솟아 올랐지만 K는 잠시 그 자리를 피한다. 그와 같은 상태에서도 학생의 편에서 '뭔가 사정이 있겠지.' 하는 심정으로 한 발짝 물러선다. 하지만 수업과정에서 K는 엎드려 자는 학생을 깨워 수업에 참여하도록 독려한다. 이미 상한 기분을 잘 추스르면서 수업을 진행하다가 실습 문제를 풀고 있는 그 학생이 기특하여 칭찬의 말을 던진게 화근이 된다. "어, 잘했어. 오! 잘했어. 오우! 잘했는데." 하지만 학생은 K의 칭찬을 오히려 비꼬면서 교사에게 다짜고짜 시비를 걸게 된다.

> **K24:** 그러니까 "선생님, 선생님이 뭔데 나를 그렇게 말하세요? 말해요?" 그러던가, 그래서 내가 깜짝 놀라서 "왜? 왜?" 그랬어요. 그랬더니, "**선생님 저, 비꼬잖아요.**" 아, 나는 당황해서 "아닌데, 너 잘 했다고." 그랬더니 "**아니잖아요.**" 거기서부터 그래 가지고 "아니야, 난 네가 이렇게 안 할 것을 갖다가, 안 할 거라고 생각했는데, 네가 일어나서 그걸 설명을 해 주니까 풀어서 네가 정말 잘했다고 칭찬해 준 거였다." (기특해서) 그랬더니 …… 아니라는 거예요.

K는 어처구니가 없어 자괴감에 빠진다. 면담 도중에도 계속 그 사건을 기억에서 지우고 싶다고 하였다. 하지만 그 수업이 끝난 후 교실에서는 소위 '짱'이라는 학생이 K 교사에게 입에 담지 못할 욕("뭔 년, 뭔 년, 죽일 년, 살릴 년")을 마구 퍼붓고, 살기가 느껴지는 폭언("칼로 어떻게 쑤셔서 죽여 버린다.")을 하였다는 이야기를

듣게 된다. 교실을 난장판 만들어 놓고 다음 수업을 할 수 없을 정도로 그 학생은 교실을 말 그대로 붕괴시켜 버린다. 그것도 모자라 이제 그 학생은 문제의 원인을 교사에게 돌리며 학부모에게 전화를 건다. "우리 학교에 어떤 뭐뭐 년이 있는데, 그년이 나를 무시했다."라고 교사의 인격과 교권을 깡그리 무시하면서 그 학생은 학부모에게 자기 행위의 정당성을 주장한다. 그리고 그다음 시간에 그 문제학생의 학부모로부터 전화가 걸려 온다. 전화로 들려오는 그 학부모의 첫 음성은 K의 폐부를 찌르는 비정한 언어였다.

> **K26:** 다짜고짜 "나, 누구누구 엄만데!"부터 시작하는 거예요. 그래서 내가 "아, 네." 그랬더니 "선생이면 선생답게 굴어야지!"

이 사건이 극적인 것은 교직생활 30여 년 가운데 가장 쓰라린 기억으로 남아있는 사건이 스승의 날 전날에 벌어졌다는 것이다. '짱'이라는 학생과 그 학부모로부터 두 번이나 모욕을 받은 K는 손발이 떨릴 정도의 충격에 휩싸이게 된다. 그 와중에서도 K는 교사로서 학생의 학부모에 대한 예의를 다하기 위해 노력한다. 그 예의와 노력이 무색하게도 그 학부모는 다시 학교장에게 전화를 걸겠다고 K를 협박한다.

> **K27:** (중 략) '아! 이게 바로 학부모들이 교사에게 대하는 거구나.' 그런데 손발이 달달달 떨리더라고요. 그래서 제가 어떻게 대처했는지는 모르지만 제가 이렇게 말했던 거 같아요. "어머니, 저한테 그렇게 말씀하시는 건 실례입니다. 어머니 딸이, 누구누구가 어머니한테 전화를 해서 어떻게 말을 했는지는 모르지만, 정말 어머니가 정확하게 상황을 알고 싶다면, '선생님, 누구누구한테 전화가 왔는데, 상황을 알고 싶어서 전화 드렸습니다.'라고 얘기해야 되지 않을까요?" 저도 목소리 힘을 딱 주어 가지고 이렇게 했어요. 그랬더니 "말이 안 통하는구만!" 전화를 딱 끊고

이제 **교장한테 전화하겠다**는 거예요. 교장한테 전화하시라 그랬어요. 하라고! 그런데 진짜…….

K는 그 학부모와의 통화에서 부드러운 어조로 계속 학부모의 항의 방식에 대해서 문제 제기를 하지만 그 학부모의 막무가내 협박은 계속된다. 이제 학교장을 넘어서 사건을 인터넷에 게시하겠다고 으름장을 놓기도 하고, 교육청에 신고를 하겠다는 협박까지도 서슴없이 한다. 내심 태연하게 버티던 K는 더 버티지 못하고 스승의 날에 정신과를 찾게 된다. 생전 생각지도 않았던 '명퇴'라는 단어를 꺼낸 것도 바로 이 시점이다. 오죽하면 교직을 접고 싶다는 생각을 했을까? K는 지울 수 없는 상처를 입게 된다. 하지만 정신과에서 안정제를 처방받은 다음 K는 다음 날 당당하게 수업에 들어간다.

K28: (중 략) 그래서 "하실 말씀 있으면, 그리고 어머니 그렇게 대처하시는 거 아닙니다. 그렇게 따님 말만 듣고 그렇게 하는 게 아니라 선생님이 이렇게 이렇게 했다는데 어떻게 된 상황인지 알고 싶다고 이렇게 말씀하시면 제가 조곤조곤 말씀드릴 수 있지만 어머니 지금 하시는 태도는 옳지 않다."고 그랬더니, 그렇게 말을 하는 거예요. 그래서 **인터넷에 올리고 한다.** "아, 인터넷 올리시라고. 올리시라고!" 그래서 "**교장한테 전화하고 교육청을 쑤시고** 어쩌고 뭐…….." 그런 일이 있었는데 그 일이 그래 가지고 제가 **그다음 날 정신과를 갔어요.** 왜냐하면 그때는 좀 담담했는데, 오후가 되니까 **손발이 떨리면서 치욕스럽고,** 그래 가지고 이제 2교시, 3교시 들어갔던 선생님이 와서 말을 하는 거예요. "선생님, 1교시에 무슨 일이 있었어?" 그러면서 말로는 귀로는 들을 수 없는 것들을 하더래요. 저는 그때 진짜 '명퇴'라는 걸 한 번도 생각을 안 했었는데 **그때 처음으로 명퇴를 생각하게 되더라고요.** 그래 가지고 저도 정신과 가서, 이제 정신과를 갔어요. 왜냐하면 그 어머니가 그렇게 하니

까, 저도 뭔가 대처하지 않으면 내가 안 되겠다는 생각이 들어서 정신
과를 갔더니 그 닥터가 "선생님, 이렇게 힘드시면 좀 쉬어라."고 그러
더라고요. 그래서 "그 정도까지는 아니고, 그 정도까지는 아니고." 이제
안정제를 일주일치 주더라고요. 그것을 갖고 와서 '내가 이 정도로 교
사를 그만두겠느냐.' 그러면서 계속 학교를 나갔어요. 그리고 수업을 딱
들어갔어요. 그 반 수업을 계속 들어갔어요.

학부모의 전화를 받은 교장은 K를 호출하여 자초지종을 묻는다. 객관적인 정
황으로 보아 그 학생으로 인해 문제가 발생하였음에도 불구하고, 학교의 운영자
인 교장과 교감은 오히려 그 일을 덮으려고 한다. K교사의 교장에 대한 반감과
혐오감은 그 사건 처리의 구술 과정의 대부분을 차지할 정도로 교사의 뇌리에 깊
게 박혀 있다.

> **K30:** 일이 없기를 …… 조용히, 깨끗하게 돼서 항상 자기 자리, 자기가 그
> **현직에 있는 동안 잡음 없이 깨끗하게 유지되기를** …… 전 딱 그걸 느
> 낀 거예요. 그리고 교감 선생님도 마찬가지고. 그 아이가 어떤 아이인
> 지 그렇게 잘 알면서. (반복적으로 강조하면서) 그 아이가 어떤 아이인지
> 그렇게 잘 알면서…….

K의 구술에서 자세하게 등장하지는 않지만 그 사건에 대한 학생선도위원회가
개최된 것으로 보인다. 회의 결과 학생이 결국 '봉사' 몇 시간으로 구제되었다는
진술과 그 이후에 K교사의 3개월 전직에 대한 논의가 있었다는 진술이 이를 뒷
받침한다. K가 생각하기로는 학생에 대한 징계 수위가 봉사가 아닌 정학이나 퇴
학 아니면 전학의 조치가 뒤따라야 한다는 뉘앙스가 깊게 풍긴다. 그리고 그 사
건 처리 과정에서 교사의 전직을 논의했다는 진술은 학교 내에서 그 사건의 책임
을 오히려 K에게 전가하려 했다는 움직임마저 있었으리라는 정황을 엿볼 수 있

게 한다. 보이지 않는 학교 내에서의 힘의 역학에서조차 평교사인 K의 존재가 얼마나 미약한가를 단적으로 보여 주는 대목이 아닐 수 없다.

필자는 교원소진 관련 진술이 마무리되자 후속 질문 단계에서 정신과 의사를 찾아간 이전의 내용을 재차 물었다. 왜냐하면 K의 전체 교직생활에서도 충격적인 사건이지만 면담을 진행하던 필자도 그 부분에서 적지 않은 연민과 충격을 받았기 때문이다. 도대체 어떤 상황에서 평범한 교사가 스스로 정신과 의사를 찾게 되었는지 이해가 되지 않았다. 지나온 삶의 이야기를 돌아보며 K는 그 사건이 지울 수 없는 일이었지만 그 일을 극복하고 전문 상담교사로 전환하여 나름 행복한 교직생활을 보낼 수 있게 된 것에 대하여 '잘한 일'로 평가를 내리고 있다.

> **K51:** 아니요. 저는 직접 갔어요. 왜냐하면 부모가 이 부모가 중학교 때부터 학교를 들쑤시고 난리를 치고 다니는 부모라는 걸, 이미 그 아이가 그러니까 저희 학교에 소문이 다 났잖아요. **이빨이 턱이 이렇게 달달달 떨리더라고요. 너무 수치스럽기도 하고……**. '내가 어떻게 이렇게, 내가 뭘 잘못했을까?' "너, 잘했어? 어, 잘 했네." 이 말이 뭐가 잘못됐을까? 그런데 억양이 잘못됐을까? …… 이게 이, **이가 부르르 떨리고 잠을 못 잤어요.** 그래 가지고 완전히 내가 갈 때는 퀭해 가지고 가겠잖아요. 그랬더니, 15일 날, 그럼에도 15일이 그때 스승의 날이었는데 제가 오전 진료받고 학교에 또 갔어요. '이런 일로 내가 무너지면 안 되겠다.'는 생각. 딱 누워 버리고 싶었는데, '아, 나 이렇게 무너지는 모습을 보이면 안 되겠다.' 하고 학교 갔더니 (수업이) 끝났더라고요. 오전 수업만 해 가지고. 그래도 학교에 갔다 왔어요. **그런데 잘했다는 생각이 들어요.**

사례 K는 교원의 소진과 상처가 어디에서 어떻게 오는지를 잘 보여 준다. 앞에서 보는 바와 같이, 다소 문제가 있는 학생을 지도하는 과정에서 그리고 실제 수업을 진행하는 과정에서 K는 학생의 예기치 않은 반항과 도발로부터 모욕감을 느낀다. 학생의 문제는 빙산의 일각일 뿐 그 학생의 배후에서 무례한 학부모는 교사에게 전화로 폭언과 협박을 가하며 교사의 자존감에 커다란 상처를 준다. 이제 그 학부모는 자신의 자녀는 잘못이 없다며 학교장에게 알리고, 그것도 부족하여 인터넷에 글을 올리겠다고, 교육청에 알리겠다고 으름장을 놓기도 한다. 자기를 둘러싼 온 세상이 콘크리트 담벼락과 같이 느껴질 때 힘없고 약한 여교사가 취할 수 있는 탈출구는 과연 어디일까? 다행인 것은 K가 어려운 발걸음이지만 스스로 정신과를 찾아가 자기 자신을 진정시키고, '명퇴'라는 극단의 선택을 피한 일이다. 다른 교사와의 면담 과정에서, 필자는 그와 유사한 경험을 한 교사들이 실제로 '나 하나 그만두면 끝이지.' 하는 극단적인 선택으로 교직을 떠나려고 하는 교사를 여럿 만나 볼 수 있었다. K가 소진에서 탈출구를 찾은 것은 적절한 시기에 '상담(counseling)'을 공부하고, 전문 상담교사로 전과(轉科)를 하게 된 용기 있는 결단이었다. 다소 소극적이지만 학교의 교육활동에 무관심하기로 결심한 것도 그 사건 이후 달라진 태도로 볼 수 있다. 교사로서 그와 같은 자세가 도덕적으로 바람직한 것은 아니지만 K의 교직의 삶의 역사를 돌아볼 때 그러한 전환점(turning point)은 과거의 상흔으로부터 벗어나기 위한 하나의 생존전략으로 읽어 볼 수 있다.

2) 사례 L

사례 L은 어느 초등학교에 근무하는 여교사와의 인터뷰 내용을 채록한 것이다. 그녀의 교직경력은 20년 이상이며, 초등학교 5학년 담임교사를 맡고 있을 때 겪었던 경험을 중심으로 구술하였다. 이 사례에서 특이한 것은 전반부 구술 내용이 낮은 볼륨 설정으로 인해 채록을 할 수 없어 그 사실을 인지하고 볼륨을 올린 이후의 내용을 채록한 점이다. 인터뷰를 신청한 교사들이 대개 자신감이 없거나 힘들고 지친 모습으로 면담자를 찾지만, 인터뷰 당시 L은 이례적으로 당당하고 활기찬 모습이었다. 구술이 진행되는 동안 시종일관 힘차고, 분명한 어조로 자신의 경험과 소신을 피력하였다.

형식 면에서 녹음기 조작의 미숙으로 인해 도입 단계가 매끄럽지 않았다. 힘든 상황에서 자연스런 구술을 이끌어 내야 하는 면담자의 고충을 인지한 듯 L은 시작부터 당당한 어조로, 거의 막힘없이 구술하였다. 면담자인 필자가 관심을 두었던 교원소진의 주제를 구술자가 의식을 하면서 구술해 주었으므로 채록의 내용도 유의미하게 채워질 수 있었다. 자칫 구술자의 삶의 이야기가 장황하게 지속될 수도 있고, 수업이나 장학과 같이 교원소진과는 다소 거리가 먼 주제가 구술로 이어질 수 있었음에도 불구하고 구술자는 주제에 집중하는 감각을 보여 주었다.

본격적인 구술 단계에서 구술자는 자신의 감정, 생각, 사례, 에피소드, 의지 등을 자유롭게 펼치면서 교직의 애환과 보람을 피력하였다. 필자는 경청자로서의 면담자 역할에 더해 중간중간 구술을 촉진할 수 있는 질문을 던져 내용의 질을 확보하고자 하였다. 또 구술이 다른 방향으로 흐를 조짐이 보이자 개입하여 직설 화법으로 소진에 관한 질문(I17)을 던져 구술자가 그 주제에 집중하게 한다거나, 구술자의 구술에서 중요한 핵심어를 되물어 공감을 표함과 동시에 주제화하는 효과를 내기도 하였다. 예를 들어, 학교폭력에서 피해자가 가해자로 바뀌는 구술 내용에서(I36), 교실 상황을 전쟁으로 표현하는 구술에 대해 '실전'이라는 단어로 공감을 표하는 내용에서(I44) 이를 잘 엿볼 수 있다. 그 밖에도 정신과 의사(I45), 약물 복용(I46)에 관한 발언에서도 다소 강한 공감을 드러내며 구술의 밀도를 높이는 효과를 내고 있다. 경우에 따라서는 구술자에게 힘과 용기를 불어넣는 발언(I73)을 함으로써 내담자인 구술자의 심리적 고통을 해소하려는 치유의 효과를 노리고 있다. 이 사례의 종결 단계에서는 구술자 스스로 자신의 교직생활을 평가하는 것으로 구술이 마무리되고 있다.

내용 면에서 L의 구술은 현재 확보된 채록으로 볼 때 대략 9개의 이야기 군(群)으로 구분된다. 처음 시작은 '살인자' 담론을 둘러싼 학생과 학부모 교육 이야기가 주를 이룬다. 면담자의 화제 전환(I17)에 따라 구술은 본격적으로 소진에 대한 교사의 견해와 경험으로 이어지게 된다. 화와 분노 조절 등이 구술의 주제가 되면서 점차 학생들의 정서교육(L23)에 관한 L의 생각과 경험이 중심으로 들어선다. 그러다가 정서교육의 실패 사례로 '커터칼'의 학생 이야기(L26)가 다소 극적으로 진행된다. L은 이 부분을 구술하면서 얼굴이 상기되고, 감정의 기복이 심한 상태에서 구술을 이어 가게 된다. 격정의 순간이 지난 다음 L은 잔잔한 톤으로 주목을 받지 못한 학급의 보통 아이들에 대한 연민(L40)으로 화제를 돌린다. 백범 선생의 세 가지 소원을 인용하면서 자기 소원은 "쉬는 시간에 평범한 학생들과 마주 앉아 오순도순 이야기를 나누고 싶다."는 가슴 찡한 이야기를 한다. 이때 L은 눈가에 눈물이 고이면서 한참 동안 말문을 열지 못한다. 불현듯 L은 '고막 파열 사건'에 관한 에피소드(I42)를 들려주다가, 교직생활 하루하루가 '전쟁'이라는 담론(I43)으로 넘어간다. 그런 다음 L교사는 그 전쟁의 원인 중 하나가 잘못된 학급 편성에서 비롯되었다는 내용(L50)으로 이야기를 전환한다. 연구자가 보기에 이 부분은 L교사가 근무한 학교의 특수한 경우로 보인다. 학습 편성을 해 놓은 상태에서 새로 들어 온 학생들이 많아지면서 새 학급이 생기게 되고, 이런저런 학생들을 모아 두다 보니 소위 '문제 학급'이 탄생하여 난리의 온상이 되는 상황이기 때문이다. 구술의 후반부에 구술자는 그동안의 교직생활을 돌아보면서 그래도 자기 소신을 가지고, 모든 일에 자신감 있게 대처했던 자신의 생각과 행동이 그릇되지 않았음을 상기시키며, 자기치유에 관한 구술(I60)로 이어 가다가 마무리를 짓고 있다.

 이제 교원소진의 주제로 좀 더 깊게 들어가서 L의 구술을 찬찬히 돌아보자. 느닷없이 등장하는 '살인자' 이야기는 면담자를 긴장으로 몰아넣었다. 초등학교에서 살인자라니 영문을 모른 채 L의 이야기를 경청하게 되었다. 채록에는 등장하지 않지만 학교 화장실 근처에서 난동을 부리던 학생의 이상 행동을 지도하는 과정에서 교사가 "너, 그렇게 함부로 칼을 휘두르면, 나중에 살인자가 될 수 있어."라는 훈계를 한 모양이다. 그런데 그 학생이 자신의 부모에게 그 상황을 전달하는 과정에서 맥락(context)은 사라지고 '살인자'라는 말만 덜렁 남게 되어 문제가 시작되었다. 교사의 순수한 교육적 의도를 도외시한 채 그 학생은 교사가 자기에게 훈계조로 던진 말 '살인자'만을 문제 삼았던 것이다. 그리고 학생은 부모에게 "선생님이 나를 살인자라고 했어!"라고 전화를 건다. 그 이야기를 듣고 흥분하지 않을 부모는 없을 것이다. 학부모는 고조된 감정 상태에서 교사에게 전화를 걸고, 이때 교사는 '이기적인' 학생과 학부모로 인해 깊은 상처를 받게 된다.

L3:　그거는 칼로 하지는 않았는데, 그날 집에 가서 즈그(자기) 엄마한테 이렇게 말을 했어요. "엄마, 선생님이 나한테 살인자라고 그랬다."고……

I4:　다른 것 거두절미하고 말이죠?

L4:　(큰 소리로) 다 …… 거두절미하고, 그러니까 그것이 가장 가슴 답답한 문제예요. 학부모는 또 거두절미하고, 그 뭐 학생이 그렇게 말하면 진짜 제대로 된 학부모라면 "왜 선생님이 너한테 그 말을 했어? 어쩌다가 그랬어?" 그래야 되잖아요. 그러니까, 그 말, 요즘 애들이 …… **제가 힘들고 가슴이 아픈 이유는 너무나 이기적이어도 그렇게 이기적일 수 없다는 거예요.** 거두절미하고 "엄마, 우리 선생님이 오늘 나한테 살인자라고 그랬어." 그러면 그 엄마는 그 말을 듣고 막 흥분을 해 가지고 저한테 또 전화가 왔어요. "선생님이 우리 애기한테 살인자라고 그랬다면서요?"

　앞선 K의 사례에서도 보았듯이, L의 사례 역시 교사와 학생의 대화 과정에서 소위 '왜곡된 의사소통'이 어떻게 일어나는지를 여실히 보여 준다. 오죽 답답하였으면 L은 학생도 잘 교육해야 하지만, 더 근본적으로 학부모를 교육하지 않으면 안 된다는 견해를 피력하게 된다. 학생과 학부모에 실망한 나머지 L은 교직이 힘들고, 학교에서 일어나는 일들이 '기가 막히다.'는 자조를 쏟아낸다. 그런 학생에게는 최소한의 애정마저도 '철회'하고 싶다는 강한 어조로 답답한 심정을 토로하였다.

L5: 그래서 내가 "다른 건 물어보셨나요?" 그랬어요. 그랬더니 "아니요. 그
게 뭐가 중요해요?" 그러면서 "살인자라고 **말한 것이 중요하지 않냐!**"
그래서 정말 이런 환경에서는 교사 노릇을 …… 제가 밥 먹으면서 맨
날 선생님한테 그래요. 선생이 아니라 뭐 …… **이 교사 짓을 한다는 것
이 이렇게도 힘든 것인가** …… (음) 기가 너무 막히다. 그렇게 집에 가
서 말을 바꿔 버리고, **학부모는 더 제정신이 아니니까,** 그 말을 듣고
또 한없이 그렇게 선생님을 이상하게 바라보고. 그래서 제가 정말 성질
은 엄청나게 나지만 꾹꾹 눌러서 자초지종을 다 설명을 했어요. (어) 그
런데 그래서 할 말은 없지만, 그 학부모가 할 말은 없지만 그래도 저에
대한 그 마음이 근본적으로 바뀌고 그런 것 같지 않더라고요. (음) 참
대단들 해요. 정말. 그러니까, **애정을 철회하고 싶어요. 학생들에 대한
교사로서의**…… 철회하고.

학부모 교육의 필요성에 대한 L의 소신과 주장이 이어지면서 이야기의 구심점
이 흐트러질 즈음에 면담자의 질문(I17)이 이어지면서 구술이 제자리를 잡게 된
다. L은 '소진 직전'이라는 말로서 자신의 감정 상태를 대변하였다. 그렇다면 왜
소진이 아니고, 소진 직전인가? 소진은 닳아서 없어져 버린다는 의미이므로 거의
죽음과 동의어가 되기 때문에 L은 조심스럽게 '직전'이라는 표현을 강조하였다.
L이 '직전'의 표현에서 보여 주고자 하는 점은 '어느 정도 소진은 되었으나, 소진
되지 않고 남아 있는 부분'이 있다는 것이다. 그 남아 있는 부분이 바로 교사로서
의 자존감, 자기효능감, 정의감이며, 그 부분이 교사로서의 정체성을 유지하게 해
주는 원동력이 된다고 말하고 있다.

I17: (중 략) 그런 어려운 학생, 플러스 또 더 어려운 학부모. 이렇게 직면해
가지고 이제 교사로서, 선생님 개인으로서 이렇게 어떤 감정 상태를 표
현한다면 어떻게 가장 잘 나타낼 수 있을까요?

L17: 제 감정을 …… (한숨을 쉬면서) 한마디로 …… 음 소진 직전?

I18: 소진 직전!

L18: 예, 직전. 소진되면 죽음이기 때문에.

　정보화 시대로 진입하면서, 핵가족화로 맞벌이 부부가 늘면서 초등학교의 학생지도가 더 어려워지게 되었다는 구술을 하면서 L은 '커터칼' 사건으로 주의를 환기시켰다. 학급에 커터칼로 난동을 부리는 학생이 있는데 그 학생은 자기의 감정을 조절하지 못할 때 주변 사람들에게 칼을 휘두르며 욕을 하고, 화를 표출한다는 것이었다. 자기 감정의 노예가 되어 버린 그 학생을 불쌍하게 여긴 L은 차분하고도 침착하게 학생의 감정을 가라앉히고 문제의 근원을 찾아 나선다. 그나마 L에게 위안이 되는 것은 '상담'에 관한 공부를 하였기 때문에 정서적 부적응에 대한 대처를 차분하게 할 수 있다는 장점이다.

L26: 그리고 **다 죽여 버리겠다**고, 그런 위협을 한 애도 있었어요. 저희 반에 (아!) 꾸준히 그리고 **칼, 커터칼.** 그리고 이제 저는 상담을 배웠기 때문에, 그 아이가 막 난동을 부리고 있을 때, "모두 다 저리 떨어져라. 애는 말리면 더 막 자기를 과시하기 위해서. 전부 다 떨어지고." 서로 몇 초 동안 쳐다보고 있다가 그 애 손을 잡고, "너 지금 화가 많이 나 있지? 선생님하고 선생님 손 잡고 저리 가자. 선생님이 너를 위로해 줄게. 네 마음을 내가 이해하겠다." 그리고 손을 잡고 제가 저쪽 교실로 갈 때 **정말 너무 슬펐어요.** 이 애가 불쌍해서. 1차적으로는 참 미운 행동이잖아요. 그런데 그 애를 분석해 보니까 이 아이가 참 불쌍하더라고요. 자기 감정의 노예가 돼 있는 상태잖아요. 자기 감정의 주체가 되지 못하고.

　정서적 부적응아를 대하는 L의 심정은 참담하기 그지없다. 학생에 대한 최초의 연민의 감정은 이제 슬픔으로 바뀌면서 오직 이 아이를 어떻게 구제할 것인가에 온통 관심을 쏟게 된다. 그 학생의 화에 대처하기 위하여 먼저 마음이 안정을 찾을 때까지 그대로 둔 다음 마음의 상태를 알아보기 위하여 그림을 그리게 한다. '졸라맨'이 등장하는 그림에서 L은 학생의 마음 상태를 가늠하게 되고, 그 부분을 당사자와 대화를 나누면서 조심스럽게 상담을 한다. 하지만 그림의 내용은 상상을 초월할 정도로 끔찍하다. 옥상에 올라간 졸라맨(그 학생 당사자)과 30명의 학생들(학급의 동료들) 그리고 칼이 그려진 것이다. 대화의 과정에서 L은 이 그림이 '자신을 괴롭히는 학생들을 모조리 옥상에서 칼로 죽이고, 자기 자신은 옥상에서 그냥 뛰어내리겠다.'라는 의미를 담고 있음을 알게 된다. 이 얼마나 끔찍한 상상인가! 그리고 이런 학생과 마주하고 있는 그 당시 L의 마음은 어떠했을까? 친구들을 모두 다 옥상으로 데리고 올라가 자살할 생각을 하다니 이게 가상현실이면 모를까, 과연 우리가 살고 있는 학교에서 일어날 수 있는 일인지 생각만 해도 아찔하다.

> **L27:** 그 전에는 제가 화가 나고 그랬어요. 그런데 그날은 **유난히 슬픈 거예요.** (중 략) 여기다 네가 하고 싶은 말, 그림 다 그려 봐."라고 했어요. 제 나름대로 좀 봐 보려고. 그랬더니 거기다가 옥상을 그려. 제가 조금 있다가 왔죠. 그랬더니 잠잠해져 있더라고요. 흥분 상태는 가라앉아 있어요. 옥상을 그리고, 졸라맨, (강조하면서) **졸라맨이 옥상에서 뛰어내리고 있는 그림을 그렸어요.** 두 장을 그렸는데 그리고 거기다 옥상이라고 써 놓고, 졸라맨한테는 화살표 해 가지고 '나' 이렇게 써 놓고, 또 두 번째 장에다가는 졸라맨 30명 정도를 줄줄이 그려 놓았어요. 그리고 칼을 그려 놓고요. 이렇게. **칼을 그리고 피를 또 피라고 써 놓고** 그랬어요. 그래서 이것이 얼른 봐도 무슨 의미인지는 알겠지만 그래도 그 애한테 한번 물어봤어요. "이것이 무슨, 어떤 마음으로 그렸어?" 그랬더니 "**저만 없어져 버리면 다 해결될 거 같아요.**" 그래서 "어떻게 하면 네가 없어지는데?" 그랬더니 "**옥상에서 떨어져 버리면 되죠.**" 그러더라고

요. 그래서 제가 또 "너는 지금 현재는 비록 생활이 이렇지만 부모님이
너를 사랑으로 낳아 주셨고, 지금도 엄마는 너를 너무너무 사랑하시더
라. 그런 생각은……."

I28: 엄마 밑에서만 자란 아이예요?

L28: 엄마, 아빠 다 계셔요. (I: 계셔.) 그런데 이제 그 가정사는 제가 자세히
모르고. 우리한테 노출을 잘 안 하잖아요. 학부모들이. (I: 그렇죠?) 문제
가 있어도 …… 그런데 이제 또 그 31명 졸라맨들, 그 애들이 우리 반
이라는 거예요. 우리 반 애들이고, 이 애들이, 이 애들이 철이 없다 보
니까, 그 애를 (막) 놀리고 또 (막) 괴롭혀요. 이 애를. 그러니까 **분노심**
을 가진 거예요. 그 애들한테. 그래서 **다 죽여 버리겠다.** 그렇게 써 놓
았죠. (큰 소리로) **다 죽여 버리겠다!**

　그러나 L은 정성스레 그 학생을 돌보지만 담임교사로서의 자신의 역할에 한계
를 느끼고 부모를 학교로 소환하게 된다. 놀라운 사실은 그 학생의 어머니가 다
른 학교에 근무한다는 것이다. L이 전화로 아들의 상태를 설명하자 그 어머니는
'설마 우리 애가' 하는 태도를 취한다. 놀랍게도 그 어머니는 자녀의 정서 상태를
전혀 모르고 있다. L은 그 아이가 이 지경에 이른 것은 나름 역사가 있음을 간파
한다. 1학년부터 따돌림과 학우들의 조롱에 오랜 기간 동안 화가 축적되어 왔던
것이다. 4학년까지 당하기만 하던 그 학생은 고학년이 되면서 그동안의 화, 분노,
적개심을 주변 사람들에게 드러낸 것이다. 우리는 여기서 학교폭력 피해자가 가
해자로 전환되는 생경한 상황을 실감나게 접하게 된다.

L35: (중 략) 그런데 그게 인제(이제) 그 아이가 **괴롭힘당하고 따돌림당했던**
것이 2학기 되니까, **분노심으로 이제 표출이 되는 거예요.** 그 피해자가
나중에 폭력성이 드러나는 경우가 실제로 이 애의 경우예요. 인제(이제)
는 이 애가 (인제) 막 폭력을 쓰고……

I36: 피해자가 가해자로 전환이 되었네요. 어느덧…….

L36: 저는 정말 이론적으로만 그런 걸 봤거든요. 책에서 보고 제가 맡았던 반 애기가 실제로 그렇게 변모하는 과정을 제가 1년간 지켜봤어요. 이 제 이 애가 가해자의 입장이 된 거예요. (막) 난동을 부리고 무엇을 부 수고 (막) 던져 버리고 (막)…….

　L의 사례에서 공감할 수 있는 대목은 '나의 소원'을 담담하게 구술하고 있는 장면이다. 실전에 가까운 전쟁 상황이 매일 교실에서 벌어지면서 피해를 입는 사 람은 그저 묵묵히 학교생활을 충실하게 수행하는 평범한 학생들이다. 대부분 학 생들은 몇 명의 돌출 행동으로 피해를 보고, 마음의 상처를 입기도 한다. '오늘도 무사히'를 마음속으로 기도하며 출근해서 L교사가 하는 생활지도의 대부분은 정 서적 장애를 지니고 있는 아이나 말썽을 부리는 아이를 단속하는 데 보낸다. 그 래서 자신의 소원이 첫째도, 둘째도, 셋째도 학급에서 조용하게 선생님과 정겨운 이야기를 나누길 원하는 그런 학생들과의 소소한 만남이다.

L41: 네, 그래서 멀리서 저만 쳐다보고 있어요. "선생님한테 가고 싶어요." 하는 그런 눈빛으로 …… 그래서 제가 학부모들한테 보낸 편지에도 그 런 걸 썼어요. 제 소원이 무엇인지 아십니까? 백범 김구 선생님이 "나 의 소원이 첫째도 통일, 둘째도 통일." 그랬잖아요. "제 소원이 무엇인 지 모르시지요? 무엇인지 말씀드리겠습니다. 제 소원이라는 것은 큰 것 이 아닙니다. 쉬는 시간에 보통 다른 아이들하고 오순도순 웃으면서 이 야기 나누어 보는 것입니다." 그런데 저는 아직 단 한 번도 실제로 한 번도 그런 아이들하고 웃으면서 (막) 누구야, 너는 어쩌니? 저쩌니? 그 런 이야기를 해 보지를 못했어요. 쉬는 시간만 되면 복도에서 누가 어 디 무엇을 깼네, 터뜨렸네, 어쨌네. (허탈웃음)

앞선 K교사와 달리 L교사는 학교장 대처법이 사뭇 다르다. 그녀의 대처법은 한마디로 '정면돌파법'이다. 학급 반편성이 잘못되었음을 간언했으나 받아들여지지 않자 L은 학교장에게 장문의 편지를 쓴다. 모든 문제의 근원이 학급 편성이 잘못 되어서 일어난 일이니 재조정해야 한다는 논리를 조목조목 제시하여 설득해 나간다. 문제의 본질을 회피하기보다는 오히려 당당하게 교장과의 면담을 통해 문제를 해결하려는 의지도 보인다. 학내 학교폭력위원회에 관한 문서 작성도 인성부장을 대신해서 할 정도로 적극성을 보인다. 학생의 생활지도 문제를 누구보다도 잘 안다고 생각하는 L은 학내의 정치적 사안이 바르게 처리되어야 한다는 신념으로 힘든 일을 자청해서 한 것이다. 그러면서도 정의는 항상 자신의 편이며, 모든 일은 언젠가는 반드시 바르게 돌아갈 것이라는 확신에 차 있다.

> **L62:** **정면돌파.** 우회적으로 돌아가려고 하지 않고 정면으로 문제가 있으면 정면으로 맞서서 해결하려고 했던 것인 것 같아요. 제가. 제 성격이 그런 것 같고.

L교사의 태도에서 주목할 만한 사실은 학교에서 일어나는 모든 문제들, 예컨대 집단 따돌림, 학교폭력, 정서적 부적응 등의 해결에서 교사의 자존감만큼 중요한 것이 없다고 말한 대목이다. 긴 인터뷰의 마지막 정리 단계에서 L이 자기의 교직생활을 긍정적으로 평가하며, 모든 문제가 교사의 자존감으로 해결될 수 있다는 희망의 메시지를 던지고 있는 것은 고무적이다. 제도의 개선도 중요하나, 더 근본적으로 그 제도를 움직이는 사람의 의식이 앞서야 하기 때문이다. L교사의 이 발언은 교원소진의 문제를 해결하는 하나의 실마리를 던져 준다. 왜냐하면 교사의 자존감 회복과 향상이야말로 교권의 보호와 신장의 중요한 열쇠가 되며 교원 치유의 근본적 처방이 될 수 있기 때문이다.

> **L87:** 저 자신 이외에는 (I: 그렇죠.) 제가 **자아존중감**을 가지고 문제를 해결할

수 있다. 그리고 **어떤 가치를 위해서는 해결해야 된다.** 그런 것이 있으면 아직 제도가 만들어지기 전이지만 모든 상황을 최선으로 이끌려고 애쓸 수 있다고 봐요. 저는. 그런데 거기 **자기가 자신감이 없으면 아무것도 안 되고, 제도가 나중에 보호해 줄 수도 없어요.** 그런 것은 (6초간 침묵)…….

요약하면, 사례 L에서 교사의 소진은 학생의 지도 과정에서 촉발되었다. 교사의 교육적인 지도를 학생이 좁은 시각으로 받아들이면서 하나의 사건으로 비화하는 양상을 보인다. 칼을 가지고 다니는 학생에게 장차 "살인자가 되려고 그러느냐"는 염려 섞인 충고는 어느새 학생과 학부모로부터 '선생님이 나를, 우리 아이를 살인자'라고 불렀다는 메아리로 돌아온다. 세상에 어느 교사가 자기가 가르치고 있는 학생이 '살인자'가 되기를 바라겠는가. L이 소진 직전 상태까지 간 것은 학급 내에 상존하는 서너 명의 정서적 장애를 안고 있거나 폭력 성향을 지닌 아이에서 비롯되고 있다.

L의 경우 소진의 현상은 다양하게 표출된다. 우선 힘이 들고, '기가 막히다.'는 표현이 자주 등장한다. 문제 당사자인 학부모를 향해서는 '모두 제정신이 나갔다.'는 격한 표현을 쓰는가 하면, 칼을 들고 설치는 학생에 대해서는 '애정을 끊어 버리겠다.'는 착잡한 심경을 밝히기도 한다. 참담한 심정에 처해 있는 자신의 모습을 '소진 직전'이라고 직설적으로 표현하기도 하였다. 그녀는 소진을 거의 죽음과 동일어로 보고 있는데, 그 정도로 자신의 상태가 심각함을 극적으로 표현한 것이다. 그녀는 또한 전쟁터와 같은 교실 상황을 생각하면 밤에 잠을 제대로 잘 수 없다(L44)는 하소연을 하였다. 이처럼 소진은 탈진, 기막힘, 화와 분노, 무정(無情), 수면장애 등과 같은 형태로 교육활동에 피해를 주고 있는 것으로 드러나고 있다.

소진의 대처 방식에서 L은 상당히 적극성을 보인다. K사례와 달리, 교사의 지도에 순종하는 학부모를 만나 학교생활에 부적응을 보인 아이들을 올바른 길로 인도한다. 예를 들어, 한 학생의 아버지가 목사였는데, 그 학생의 문제를 부모와 함께 숙의한 끝에 적절한 시기에 교육적 처방을 내려 그 아이를 구제하게 된다. 학교의 급이 달라 비교하기가 쉽지는 않으나, L 사례에서도 학교장은 부정적 이미지로 묘사되고 있다. 학급 편성의 잘못으로 학생의 생활지도 문제가 발생했음에도 불구하고 학교장은 문제해결에서 미온적인 태도를 보인다. 그 이유는 대다수의 학부모로부터 받게 될 항의가 두려워서다. 사안의 옳고 그름을 떠나 주변의 평판이나 자신의 안위를 염려하는 학교장의 모습이 다시 등장한다. L은 이런 상황에서도 학교장에게 보고서에 가까운 장문의 편지를 써서 사안을 알리고, 면담을 요청하여 당당하게 문제의 해결을 촉구하기도 한다. 전쟁터를 방불케 하는 교실에서 매일 예상치 못한 '실전'이 벌어지고 있지만, L은 여전히 당당하고 의연하게 자신의 소신과 교사로서의 자존감을 바탕으로 학교에서 벌어지는 모든 문제를 '정면돌파'하는 외유내강형의 한 인간으로 우뚝 서 있다.

3) 사례 T

사례 T는 교직 경력 30년에 달하는 어느 중등학교에서 과학을 가르치는 남교사의 인터뷰 내용을 채록한 것이다. 교원 힐링캠프에 참여한 T는 자발적으로 심층면담 신청을 하였다. 신청할 당시 그는 괴로운 표정을 짓고 있었으며, 무엇인가 불만을 토로하고자 하는 인상을 주었다. 그는 유독 전라도 사투리가 심한 편이며, 약간 말을 더듬는 바람에 면담자가 알아듣기 힘든 경우도 발생하였다. 전반적으로 논리가 약하고, 말주변도 떨어져 구술이 진행되는 내내 면담자가 답답함을 느낄 정도였다. 전반부에 한 이야기가 후반부에 다시 반복되기도 하였다. 그와 같은 반복적 언사는 한편으로 구술의 내용이 두서가 없다는 반증이 될 수도 있고, 다른 한편으로 동일한 내용을 두 번 이상 반복한다는 것은 그만큼 자신의 삶에서 지울 수 없는 사건이나 경험으로 남아 있다는 의미로 해석해 볼 수 있다. 여기서는 후자에 더 무게를 두고 분석을 시도하였다.

형식 면에서 사례 T는 내러티브 인터뷰라기보다는 오히려 초점(focused) 인터뷰에 더 가깝다. 면담자가 단도직입적으로 교직에서 가장 어려운 일, 말 못할 고민이 무엇이냐는 구체적인 질문을 던지며 인터뷰를 이끌어 가고 있기 때문이다. 그리고 50대 후반의 30년 경력을 가진 과학 남교사의 답이 바로 제시되고 있다. 교직생활에서 가장 힘든 일이 '인간관계'에 있다는 것이다. 구술자의 삶의 경험에 비추어 자연스런 언어로 구술이 차근차근 전개되는 것이 아니라 '즉문즉답'으로 문제의 핵심을 짚고 난 다음 실타래 풀 듯 사건, 에피소드, 경험, 생각, 판단, 주장 등이 뒤를 잇고 있다.

구술 단계에서 구술자의 논리와 조리 부족으로 인해 시간의 순서나 주제의 일관성이 잘 유지되지 않은 채 이 이야기에서 저 이야기로 넘어가고, 하던 이야기를 다시 반복해서 들려주는 방식으로 구술이 전개되었다. 면담자는 구술의 리듬을 손상하지 않는 범위 내에서 구술 내용 중 교원소진과 직접적으로 연관되는 핵심어나 사건에 주목하면서 질문을 유도하는 전략을 구사하였다. 사례 T의 경우 종결도 그리 쉽지 않았다. 인터뷰를 마무리하고자 하는 면담자의 의도(T90)와 달리 구술자는 자신이 학생을 얼마나 열성적으로 지도했는지를 재차 구체적인 사례를 들어 가며 구술하였다.

사례 T에서 면담자의 개입이 잦았던 이유는 구술자의 미약한 논리로 인해 구술의 방향성을 잡아 주어야 했고, 더 중요한 까닭은 구술자가 자신의 심리적 문제를 정식으로 상담하고자 요청(T24)하였기 때문이다. 문제해결에 대한 실마리를 던져 주고자 면담자는 상담자의 역할로 돌아와 상담과 치유를 병행하지 않을 수 없었다. 본 사례에서는 교원소진의 학문적 연구와 소진을 겪고 있는 교원의 심리적 치유가 동시에 진행되는 특징이 있다.

내용 면에서 사례 T는 10여 개의 이야기 고리로 나누어진다. 구술의 시작은 구술 요청으로 구술자가 '인간관계' 문제를 꺼내면서 그에 관한 이야기가 죽 이어진다(I1~T14). 교과목에 대한 질문(T15)부터 T는 과학교사로서의 수업과 생활지도에 관한 이야기를 하다가 교원평가의 문제로 전환한다. 면담자의 '그러면(I25)'

에서 화제 전환이 이루어져 '전교조'와 '교총'에 관한 교원단체 이야기로 흘러간다. 그 뒤를 이어 발령과 내신에 관한 장황한 구술(I39~T59)을 한 다음 본 사례에서 중요한 사건의 하나인 '복명서' 작성 사건이 심각하게 진술된다. 다소 주변적인 이야기이지만 구술자는 전교조 가입 여부에 대한 자신의 고민에 대하여 설왕설래한다(I69~T75). 그러다가 남은 교직생활을 잘 마무리해야 한다며 정년 이야기를 한다(I76~T81). 이 무렵 구술이 끝날 것으로 예상을 하였으나 구술자는 다시 이야기를 이어 간다. 앞선 이야기가 반복되면서 자신의 억울함을 호소한다(T82~T91). 열성적인 학생지도 이야기(I92 이하)나 전교조 가입 문제(T96 이하)는 앞서 다룬 주제가 또 반복되는 경우다. 마지막으로 구술자는 교감 승진 체계의 문제점을 주제화(I104)하면서 이야기를 서서히 마무리하고 있다.

그렇다면 사례 T에서 교원소진의 원인, 현상, 대처 방안의 문제는 어떻게 드러나는가? 형식과 내용 분석에서 알 수 있듯이, T의 가장 큰 고민과 애로사항은 교직 사회에서의 '인간관계'다. 친분이 있는 교장 선생님의 요청으로 학내에서 학생부장이라는 요직을 받았으나 여자 교감 선생님은 사사건건 시비를 걸며, 부장의 업무를 수행하지 못하게 하여 결국 평교사로 내려오게 된다. 교장과 교감 사이에서 힘겨운 줄서기를 하다가 결국 실세인 교감으로부터 T는 하는 일마다 간섭과 차별을 받게 된다. 구술의 시작 단계에서 T는 자신의 가장 큰 고민이 관리자와의 갈등에 있음을 분명히 하고 있다.

T1:　사실 저는 이제 교직생활 30년 됐는데요. 가장 어려운 점이 우리 교사는 애들 열심히 가르치는 게 사명이지 않습니까? (I: 예.) 그런데 **인간관계가 굉장히 어렵더라구요.** (I: 인간관계가?) 그런데 누구나 다 인간관계를 좋게 하려고 하지, 나쁘게 하려는 사람이 없죠?

T2:　(중 략) 교감 선생님은 자기 밑으로 줄 서라고 하고, 교장 선생님은 응당 자기 밑으로 줄 서라 하고, 이런 식이에요. 그러니까, 평교사인 나는, (흠음) …….

　　T는 학생부장을 할 생각이 별로 없었으나 친분이 있는 교장 선생님의 요청으로 학생부장을 맡게 된다. 그런데 문제는 교장의 바로 밑에서 교감 선생님, 그것도 여자 교감이 학생부장인 T의 일에 사사건건 간섭을 하면서 문제가 불거진다. 학교 내의 역학관계에서 T는 학생부장을 그만두게 되었지만, T에게 이 사건은 교직생활에서 하나의 잊을 수 없는 기억으로 남는다.

T9:　예, (I: 그저 평교사로.) 그러니까 이제 섬을 안 가 보니까, 점수가 안 돼 부니까, 이제 포기 상태죠. (I: 예.) 그렁께(그러니까) (인자) 하등에 학생부장 할라는 마음이 없었어요. 그런데 이제 교장 선생님 "자네가 맡아 줘야겠네." 하니까 맡은 거죠. (I: 예.) 그러믄(그러면), 쉽게 말해서 군대 같으면, 교감이면 아무 권한이 없잖아요? (I: 그렇죠.) 그렇죠? (I: 부자.) 부(副)자니까. 그리고 교장이 시키는 대로 해야 할 거 아닙니까? 그런데 …… 아니 내가 학생부장을 하는데 사사건건 나한테 간섭만 한단 말입니다. 그러면 하겠습니까? 더구나 이제 여자 교감인데……. (I: 여자 교감) 나는 처음에 여자 교감 선생님이라 엄청 부드럽고 좋을 줄 알았어요. (I: 아!) 그런데 그것이 아니드만요. (I: 아!) 차라리 남자는 (I: 편한게 있죠.) 그냥 좀 싸우더라도 교감 선생님 "우리 가서 술 한잔 드시죠" 하고 서로 풀어 버릴 수 있잖아요. (I: 예.) 그런데 그렇게도 안 되고. (음) 아, 그렇게 했으면 당신이 잘못했잖아요. 어쨌든 간에 학생부장, 뭐 몇 개월 하다가 그만둔 일은 처음, 처음 일이대요. 여태까지 한 부장을 10년 넘게 했어도…….

　　하지만 교감과의 악연은 여기서 끝나지 않는다. 교원평가를 담당하는 교감이 교원평가 점수를 빌미로 '복명서'를 쓰게 한다. T는 평교사로 내려앉은 뒤에도 온 정성을 들여 학생들의 학습지도와 생활지도를 하였는데 돌아온 결과는 교감의 '복명서'였다. 구술에 따르면, T는 과학교사로서 모든 학습 자료를 학교 홈페이지에 꼬박꼬박 올릴 정도로 열성을 다하였고, (굳이 본인이 하지 않아도 되지만) 교내 환경부장을 도와 환경정리와 청소 등 학교의 힘든 일을 학생들을 독려해 가며 애써 해 왔다. T는 교원평가에서 자기가 받은 모든 점수를 다 기억할 정도로 '복명서' 일로 상처를 입은 듯하다. T는 교사들의 동료평가에서 5점 만점에 4.8점 이상이 나왔음을 자랑스럽게 말하였다. 학부모 평가도 그런대로 괜찮았는데 학생 평가 점수가 생각보다 낮게 나와 인정하기 힘들다는 표정을 지었다.

> **T21:** 예, 예. (교사평가는) 만점에 가깝게 나온 것이고. (I: 예.) 학부모는 5점 만점에 3.71인가 72인가 그 정도 돼요. (음) 그러니까 학부모도 그렇게 나쁜 평가한 것이 아니고. 그런데 이제 학생들이, 학생들이 평가한 게 2.53인가 4인가 54인가 나왔어요. 그게 적게 나왔다 그 말입니다. 그러면 …… **내가 생각할 때 그놈 평균 내면 굉장히 괜찮은 점수 아닙니까?** (세, 세) 학부모, 교사, 학생. 이렇게. 하면 3점이 넘을 것 아닙니까? 훨씬 거의. (음) 4점은 못 되더라도 거의 가차이(가까이) 될 거 아닙니까. 그러면 **내 평가가 그렇게 나쁘게 된 게 아닌데,** 학생들이 그 …… 3점이 못 넘는다고 해서 어 …… 어 …… **그것을 복명서를 쓰라고 해요. 교감 선생님이.** (I: 아.) 그러니까 쉽게 말해서 사유서나 비슷하게 써라는 거예요. (I: 예.) 그래서, 그래서 이제 **복명서**를 쓴 겁니다. (중 략)

그런데 T는 학생의 평가에 의문을 품고 있다. 자기는 평교사로 돌아가 수업은 수업대로, 생활지도는 지도대로 열과 성을 다해서 지도하고 가르쳤는데 학생들이 준 그 점수가 믿을 수 없다. 더구나 학교의 축제나 체육대회에서도 반 학생들을 독려하여 1등을 하고, 상금을 받고 학생들과도 그렇게 분위기가 좋았는데 T는 도무지 이해가 가지 않는다. "우리 반 애들이 그렇게 나쁘게 평가를 했겠습니까? 그렇죠?(T23)" T는 자신의 노력과 평가 점수의 괴리에서 받은 상처가 적지 않음을 면담자에게 상기시켰다. 이제 학교를 옮길 생각을 하고 있는 T는 교감과의 좋

지 않은 만남이 새로운 학교에서도 비슷한 형태로 재현될 것을 미리 걱정할 정도
로 근심이 많다. T는 급기야 내담자가 되어 면담자에게 자신의 고민에 대한 상담
을 청한다.

> **T24:** (중 략) 그리고 내가 이제 가장 우려되는 게 뭐냐면 내가 무안으로 이
> 렇게 내신을 내 가지고, 무안으로 다른 학교로, 교감 선생님하고 좀 사
> 이가 안 좋으니까, 다른 학교로 옮겼다 보면, 그러면 **교감 선생님 밑으**
> **로** (인자) 무서우니까, 교감 선생님한테 예, 예 하고 교감 선생님이 시
> 킨 대로 하면 교장이 싫어하거든요. 이걸 어떻게 해소를 하냐 그 말입
> 니다. (음) 이게 참 어려운 거여, 옮긴다 해도 그걸 어떻게 할 도리가 없
> 는 겁니다. (음) 그게, 그걸 어떻게 해소하는 방법이 없겠습니까?
>
> **T47:** 그거죠. 교감 선생님은 내 밑으로 서라. 교장 선생님은 거리 서면 또.
> 왜 교감 밑으로 서냐, 내 밑으로 서재. 또 그러라는 법이 없잖습니까?

그러면서 화제가 전교조 교사 문제로 전환되었다. 교원평가 자체를 거부하는
전교조 교사들은 아예 평가의 대상에서 제외되므로 잘하든, 못하든 복명서를 쓸
일이 없다는 것이다. T는 자기가 전교조 교사였더라면 복명서를 쓰지 않았을 것
이라며 전혀 다른 방식으로 문제의 접근을 시도한다. 이제 원인은 교감에서 교사
평가제를 도입한 교육부로 옮겨 간다. 모든 교사가 평가에 참여하도록 시행하지
못한 교육부에서 그 원인을 찾고자 한다. 그러면서 T는 교육부와 전교조 교사에
대한 반감을 은근히 드러낸다.

> **T59:** 그러니까 **결론은 교사평가제도가 잘못된 겁니다.** 왜 그러냐, 교육부에
> 서 헐려면(하려면) 전교조고 뭐고 간에 상관없이 전부 평가를 하라고 해
> 야지. 거부한다고 해서 그놈들은 놔두고 평가에 참여한 선생님들만 이
> 렇게 나쁘게 나왔다 해 가지고 복명서를 써라. 그거는 말이 안 되는 이

야기죠.

T64: 그러니까 인자 쉽게 말해서 H중학교에서 복명서 쓴 사람은 나 혼자밖
에. 그 말이여.

그렇지만 그의 뇌리 속에는 복명서를 쓴 원인이 겉으로 드러난 평가 점수보다
는 보이지 않는 줄서기 문제에 남아 있다. T는 여교감의 차별 원인을 자기와 친
분이 있던 교장 밑으로 들어가 줄을 선 것에서 찾는다.

T37: (중 략) 이야기했듯이 **자기 밑으로 줄을 안 섰다.** 그게 인제 그런 원인
이 있다고 봅니다. (그러면) 내가 잘못이라면 그것밖에 없어요!

인터뷰 후반부에서 T는 여자 교감과의 악연을 떠올린다. 그는 여자 교감하고
만나지 않았더라면 하는 속내를 드러낸다. 그러면서 자기가 여자 교감에게 당한
사건들, 예컨대 부장을 그만두게 한 일, 담임을 안 주려고 한 일, 열심히 하였음에
도 복명서를 쓰게 한 일 등을 다시 거론한다. 교원 평가에서 차별을 받았다는 사
실을 인터뷰 내내 면담자에게 강조하였다. 그와 동시에 T는 교감의 승진 체계의
문제점을 지적한다. 교감을 하면서 3년만 있으면 자동으로 교장으로 올라가는 교
감의 진급 시스템이 문제라는 것이다. 물론 그 진술의 배후에서 우리는 교감에서
교장으로의 승진이 좀 더 엄격한 검증 체계를 갖추어야 한다는 메시지를, 그리고
좀 더 유추해 보면 자기에게 고통을 주었던 그 여교감이 자격 미달로 교장에 오
를 수 없었을 것이라는 구술자의 의중을 읽을 수 있다.

T84: 나는 제발 교감, 여자하고 안 만났으면 쓰겠어.

T87: 아주 불리하게 (아) 그러니까. 부장을 그만두게 하는 경우가 어디 있어요.

T88: 그리고 3월 초에 3학년 담임을 또 안 줄라고 (I: 담임도 안 주고.) (막) 그
냥 얼마나 자기가 반대를 하고 (막) 그랬는지 몰라요.

T89: 그러죠. 아이, 그렇게 열심히 했는데 복명서 쓰라고 하니 기분이 안 나쁘겠습니까.

T99: 네, 그렇지. 같이 평가를 해야지 왜 차별을 합니까? 차별하는 게 가장 싫죠.

전체적으로 T의 사례에서 알 수 있는 것은 교원소진이 인간관계, 더 구체적으로 말해서, 학교의 관리자와의 갈등관계에서 온다는 사실이다. '교장과 교감 사이의 힘겨운 줄서기'로 표현될 정도로 T는 어쩌면 줄을 잘못 섰다가 여자 교감의 '차별'을 받고 마음고생을 심하게 한 것으로 보인다. 교장이 하사한 학생부장직을 그만두게 되고, 담임을 하고 싶었지만 온갖 방해공작을 받고(실제로는 어렵게 담임을 맡음), 심지어는 교원평가를 빌미로 '복명서'를 써야만 했던 쓰라린 경험을 하게 된다. T는 오죽했으면 근무하던 학교를 떠나 다른 학교로 '내신'을 쓰게된다. 그러면서도 여전히 걱정은 새 학교에서 또다시 교장과 교감 사이에 '끼여' 겪을지도 모를 갈등과 차별이다.

T가 소진을 겪으며 느끼는 가장 큰 감정은 '억울함'이다. 부장직에서 내려온 것도 억울하고, 평교사로서 담임을 하고 싶은데 방해를 받아서 억울하고, 무엇보다도 그렇게 학생들을 열심히 가르치고 지도하였는데 결국 '복명서'를 써서 그것이 가장 억울하다. 자신의 노력과 역량 부족으로 그런 대우를 받았다면 수긍이 갈 만하지만 T가 보기에 그 모든 일이 줄서기 문제에서 비롯되었기 때문에 지울 수 없는 '응어리'로 남아 있다. 어느 대학을 나왔느냐, 어느 교원 단체에 속하느냐에 따라 교사로서의 역량이 평가되거나 차별의 이유가 된다면 이보다 더 억울한 일은 없을 것이다. T는 이 점을 인터뷰 내내 강조하였다. 사사건건 T교사의 일에 간섭과 차별을 가한 여자 교감은 심지어 두려움의 대상으로 남아, 남은 교직생활에서도 T는 관리자와의 인간관계를 어떻게 영위해 나갈 것인지를 걱정할 정도다.

T는 자기가 근무하는 학교를 떠나는 것으로 소진의 문제를 해결하고자 한다. 그는 한편으로 "그러니까 내가 이제 떠나 주는 것이 교감 선생님을 사실은 도와

주는 거예요. 어떻게 보면. 그러니까 이제 떠나라고 그랬는가도 모르지요."(T101) 하면서 여교감에 대한 자신의 묵은 감정을 털어 버리려고 한다. 그와 동시에 개인 차원의 인간관계 문제를 넘어서, 교원평가와 교감 승진체계와 같은 구조적인 문제에 대해서는 근본적인 개선이 필요함을 지적한다. 그릇된 제도의 개선을 상부기관에 건의해 달라는 부탁과 함께 T는 스스로를 위로하면서 인터뷰를 끝낸다.

4) 사례 Y

사례 Y는 초등학교에 근무하는 30대 중반의 초등학교 여교사의 인터뷰 내용을 채록한 것이다. 그녀는 겉보기에는 초임교사와 같은 외모를 풍겼으나 실제 교직경력 10년의 적지 않은 경험을 가진 교사였다. 몇 번이나 주저하다가 어렵게 면담을 신청해서 그런지 면담의 시작이 쉽지 않았다.

구술의 도입 단계에서 면담자의 구술 요청도 순탄치가 않다. 면담자는 연신 사투리 '인자'라는 추임새를 넣고 있다. 면담을 요청한 후에 헛웃음을 짓고 있다(하하하). 구술자도 이야기를 주저하는 모습이 역력하다. 말을 꺼내지 못하고 계속 '아, 네, 흐음.' 소리를 내며 망설이고 주저한다.

본격적 구술 단계로 접어들면서 구술자는 "재작년 여름입니다."(Y3)로 말문을 열었다. 인터뷰 전반부에는 비교적 차분하게 학교에서 생긴 일에 관해서 이야기를 하였다. 구술 도중에 어려웠던 순간에는 눈물을 보이거나 흐느끼는 모습을 보였다. "힘든 순간에 도와주는 사람이 있느냐."(I20)는 면담자의 질문은 주제를 학교에서 가정 문제, 그것도 남편과의 관계로 돌리는 결정적인 역할을 하게 된다. 어떻게 보면 드러내기 힘든 남편과의 가정사 문제를 이 질문을 계기로 Y는 하나 둘씩 드러내었다.

하지만 인터뷰 후반부는 면담자의 과도한 개입으로 인해 마치 '가족치료' 혹은 '부부치료'의 상담 축어록과 같은 인상을 남기게 되었다. 주객이 전도된 채 구술자는 면담자의 조언을 경청하며 상담을 받는 내담자 역할을 하고 있다. 앞선

T의 사례에서 연구와 치료의 목적이 어느 정도 균형을 이루며 중첩되는 경우를 보았으나, 사례 Y는 인터뷰 후반부에 지나치게 '치료'에 쏠리고 있어 좀 아쉬움이 남는다. 인터뷰의 종결 또한 면담자의 조언(상담)에 대해서 구술자가 감사를 표시하는 형식으로 끝난다.

내용 면에서 사례 Y는 크게 두 부분으로 구분된다. 전반부의 학교생활을 둘러싼 이야기와 그 이후에 전개되는 남편과의 관계를 중심으로 한 가정생활 이야기가 그것이다. 구술자가 삶에서 힘들었던 부분은 두 문제가 한꺼번에 겹치면서 감당하기 힘든 상황으로 치닫게 되고, 결국 심신이 소진되어 교사로서의 '자존감'이 극도로 낮아진 데 있다.

이제 사례 Y를 좀 더 구체적으로 분석해 보자. 우선 Y는 초등학교 6학년 담임을 세 차례나 맡게 되었다는 구술로 시작한다. 저학년에 비해서 고학년 담임은 맡기 힘들어 대개 기피를 하게 된다. 초등학교 교직 문화에서 보면 Y 경우는 이례적이다. 처녀 때와 결혼을 갓 하였을 때는 젊은 패기로 초등학교 고학년 학생들과 호흡이 잘 맞았던 것 같다. 하지만 세 번째 시기가 바로 첫아이 출산 후 힘든 시기였는데 '억센' 고학년 담임을 맡으면서 문제가 생겨나게 된다. 여기서도 문제의 발단은 학급에서 '다루기 힘든' 한 아이가 등장하면서부터다.

> Y7: (중 략) **역할 충돌**이 일어나서 너무 힘들었는데, (어……) **저희 반에 저하고 안 맞는 아이**가 있었는데, (음, 어……) 이제 그 선생님한테만 반항을 한 게 아니라 굉장히 머리가 좋은 아이여서 반 친구들에게 이렇게 그 약간 그 함정을 빠뜨리는 …… 그런 친구들을 가해자로 만들거나, (I: 곤혹스럽게.) 예, 곤혹스럽게 만드는 그런 그 말썽을 자꾸 부리니까 이게 이렇게 교장 선생님 면담까지 가서도 안 되고 해서 인제 이 아이를 **강제전학**을 고려하게 되는 상황까지 갔어요.

하지만 그 아이의 문제해결 과정에서 학교의 '강제전학'을 인정하지 못하는 학부모의 완고한 주장에 학교장이 정반대의 해결책을 제시하게 된다. 문제의 학생은 그대로 둔 채 오히려 Y 교사는 반강제로 다른 학교로 '전근'을 가게 된다.

> **Y8:** 네, (왜) 그래서 학생이 **강제전학**을 당해야 되는 상황인데, (어…….) **제가 학교를 옮기게 된 거예요.**

그럼에도 불구하고 Y는 교장의 권유를 순수하게 받아들이고 새 학교로 옮기게 된다. 그런데 새 학교가 교대부속초등학교이다 보니 일반학교보다 근무의 강도가 세다는 것을 실감하게 된다. 영어 교과 담임교사라 대체교사를 찾지 못한 채 둘째를 임신하게 되고, 설상가상으로 첫아이는 제때 육아를 못해서인지 '언어장애'로 인해 언어치료를 받게 된다. 주변에서는 둘째의 임신을 마치 출산휴가를 얻기 위한 의도적 행위로 간주하고 따가운 시선을 보내기도 하고, 떠나 온 학교에서는 Y가 마치 '자식 같은 학생을 팽개치고 도망간' 사람으로 이상한 소문이 무성하다. 이 모든 문제가 한꺼번에 복합적으로 터지면서 Y는 몸과 마음이 지치게 된다. 다시 말해서, '소진'을 겪게 된 것이다. Y가 이 상황에서 겪는 어려움은 교사로서의 '자존감 저하'다. 그와 동시에 모든 일에서도 자신감과 의욕을 상실하게 된다.

> **Y9:** (중 략) 저 …… 그다음 해에 …… 작년이죠, 2013년에 갓 전의 학교에서 같이 근무하던 선생님이 오셨는데, 저에 대해 **소문이 이상하게 났대요**……. (I: 아!) 자기 반 애들 졸업 안 시키고, 버리고 도망간 선생님이란 식으로. (I: 아! 그래요?) **"어떻게 니 자식들을 버리고 갈 수가 있냐."** 이런 식으로. 그래서 솔직히 **자존감이 좀 많이 이렇게 막 낮아지니까,** 그래서 제가 여기 있으면서 솔직히 공부도 좀 해 보고 싶고, (어…….) 욕심은 이렇게 (이렇게) 뭔가를 좀 해 보고 싶어서 오긴 왔는데, (어…….) 뭔가를 더 한다는 게 의미가 없고, 일단은 일단 못 나가게

됐으니까, 열심히 일은 해야 되겠죠. 그런데, (어……) **집에는 말이 안 터진 아이가 있고……**.

Y13: 굉장히 복합적인데. 결과적으로는 제가 …… 그 …… 그 …… 제가 …… 그 제가 …… **저를 너무 낮게 생각하고 있다는 생각도 들고요.** 네…….

복잡하고 착잡한 심정에서 Y는 울음을 보인다. 인터뷰 도중 Y는 아픈 기억이 떠오르거나 답답한 심정이 들 때 네 차례나 눈물을 보였다. 가장 어려운 시기를 보내면서 몸무게가 5kg이 빠졌다는 이야기도 들려주었다. 학교에서는 학생, 학부모, 학교장으로부터 곤란한 일을 겪고, 또 주변 사람으로부터 이상한 소문에 시달리고, 가정에서는 육아 실패로 큰 아이가 언어장애를 앓게 되고, Y는 말 못할 상처와 고통으로 지치고 힘들다. 설상가상으로 이런 어려운 상황에서 자기를 도와줄 사람이 없어 그녀는 더욱 외롭다.

Y20: 제가 제일 힘들었을 때가 재작년인 이유가 **도와주는 사람이 없이 제가 다 해야 되니까……**.

이때 면담자가 남편의 존재에 관한 질문을 던지자(I20) 그녀는 점차 가정사를 꺼내기 시작하였다. 이어지는 구술에서 남편이 먼 곳에 직장이 있으며, 집에 자주 거주하지 않으며, 육아 문제로 갈등이 있었다는 점을 이야기한다. 잠시의 육아 휴직 이후 복직을 해야 했기에 그녀는 친정어머니의 도움을 받기도 하였다. 그녀는 자신의 어머니도 자신만의 삶이 있으므로 그리 오래 짐을 지우지 않고 학교 업무와 육아를 병행한 것으로 보인다. 하지만 남편은 복직하기보다는 좀 오랜 기간 동안 육아에 전념해 주었으면 하는 생각이 더 간절하다. 남편과는 대화가 부족한 데다가 의견도 상충되는 괴로운 상황을 떠올리며 Y는 다시 눈물을 보였다. 제일 힘든 시기는 아마 그녀가 둘째를 임신한 채 약을 복용하면서 밤 늦게까지 교생지도를 비롯한 각종 학교 업무에 시달리면서 육아를 병행하던 때다. 전근을 Y가 원해서 한 것도 아니고, 과중한 업무도 예상치 못한 일이라 버겁고, 육아와 교직을 병행하느라 아파 죽을 지경인데 남편은 차가운 비수를 던진다. "누가 일하라고 하더냐? 누가 학교를 옮기라고 하더냐?"(Y32) 우리는 여기서 단적으로 남편과의 관계가 얼마나 소원한지를 읽을 수 있다.

> **Y32:** 이게 인제 …… 큰애 낳기 전까지 주말부부였어요. 그런데 이제 큰애 낳고 1년 휴직을 했는데 **휴직을 더 하기를 원하더라구요.** (I: 아, 부군이?) 네, 애기한테 더. (I: 아, 애한테 더 시간을 쏟아줘라.) 근데 이제 제가 돌까지 젖 먹여서 키웠으면 나는 많이 키운 것 같다 하고 복직을 했는데. (중 략) **휴직 기간 동안 제가 했던 역할을 제가 복직하고 나서도 똑같이 하길 원하는 거죠.** (중 략) 그리고 9월 달에 학교를 옮길 때도 제가 이제 학교에 대한 정확하게 설명을 저도 잘 모르는 상황에서 (I: 그러니까, 얼떨결에.) 얼떨결에, (재차) 얼떨결에 잘 모르고 옮긴 상황이라 교생지도를 해야 하니까, **선생님이 자정까지 남아서 일하는 이런 상황은 전혀 모르고 갔기 때문에.** 예…… (어…….) 그니깐 가서 많이 아팠는데, 애기가 배 속에 있는데도 약을 먹고 버텼어요. (울컥함) (I: 일했어요?) 예, 약을 안 먹으면 출근을 못하니까. (음, 음) 애아빠는 그러더라구요. 누가 옮기라 하디? (I: 어, 그러니까, 누가 일해라 했냐.) **누가 일하라 하디? 누가 옮기라 하디?** 이런 식이더라구요.

  인터뷰를 하기 전까지 Y는 자신의 힘든 이유가 학교에 있다고 생각해 왔던 것 같다. 육아 문제와 남편과의 관계는 부차적으로 여겨 왔으나 Y는 인터뷰를 하면서(상담을 받으면서) 문제의 상당 부분이 남편과의 관계에서 비롯되었음을 스스로 인식하게 된다. 교사로서의 공적 업무만을 우선시하며 살아 왔던 Y에게 사적인 가정의 영역은 다소 뒷전으로 밀려나 있었던 것이다. 가정을 돌보지 않은 대가는 쓴 것이어서 큰아이는 언어장애로 치료를 받고 있고, 남편과는 다정한 대화가 안 될 정도로 관계가 소원한 상태다. 하지만 인터뷰를 하면서 개인사가 중요한 것을 새삼 깨닫고 있다.

> Y38: 솔직히 제가 그 …… 제…… 남편과의 관계 문제가 가장 먼저 해결해야 되는 문제인지는 몰랐어요.
>
> Y39: 듣고서야 내 개인사가 제일로 중요한 거구나. (I: 그렇죠.) 깨우친 거예요.

사례 Y에서 우리는 교원소진의 원인에 대한 새로운 사실을 발견할 수 있다. 그 원인이 학교의 문제에서 기인하는 경우가 대부분이지만 가정사에서 기인하는 경우도 배제할 수 없다는 것이다. 여교사의 경우 가정사의 문제는 더욱 복잡성을 보이게 된다. Y의 사례처럼 육아와 교직 사이의 갈등, 남편과의 불화가 삶을 고단하고 지치게 만들어 결국 교직 수행에도 부정적인 영향을 주고 있다. 하지만 소진의 출발점은 여기서도 지도하기 힘든 학생과의 만남이다. 문제해결 과정에서 학부모가 사안을 따져 보지도 않고 자기 자식의 편을 들게 되고, '강제전학'의 결정마저도 관계자를 움직여서 은밀하게 바꾸어 버린다. 앞의 사례 K에서처럼 학부모는 학교장을 협박했을 것이고, 아마 자기의 안위를 돌보아야 하는 교장 입장에서 학교 문제가 커지는 것보다는 '힘없고 여린 여교사 한 명을 조용히 다른 곳으로 보내서' 문제를 해결하고자 했을 것이다. 그리하여 Y는 영문도 모른 채 모든 책임을 떠안고 오히려 '전근'을 갔던 것이다.

학교사와 가정사가 Y를 짓누르면서 몸과 마음이 지쳐 갔음을 알 수 있다. 일련의 버거운 일을 당하는 사이 몸무게가 무려 5kg이 감량되었다. 심적으로도 학생, 학부모, 학교장으로부터 내던져진 느낌을 가졌을 뿐만 아니라 '지도하던 학생을 버리고 도망갔다.'는 소문으로 인해 억울한 감정에 휩싸이게 된다. 모든 힘든 일을 한꺼번에 복합적으로 겪으면서 Y는 심각한 '자존감 저하'를 겪게 된다. 이는 결국 무기력감으로 이어진다. 업무를 잘하기 위해서 공부를 더 해야 하는데 자신감이 없다. 육아 문제나 남편과의 관계 개선도 그저 머뭇거릴 뿐이다. 초임 교사 시절 가졌던 생기발랄함과 자신감은 온데간데없고 '황량한 대지에 홀로 서 있는 자신'을 발견하고 Y는 연신 촉촉한 눈물로 쓰라린 기억을 되새기고 있다.

　그나마 희망적인 것은 면담자와의 상담을 통해서 구술자가 자신의 문제의 중심에 남편과의 관계가 자리하고 있으며, 그 문제를 해결하지 않는 한 현재의 답답한 상황에서 벗어날 수 없다는 값진 깨달음을 얻었다는 사실이다. 교직을 성공적으로 수행하기 위해서는 공적인 교사로서의 업무와 사적인 가정에서의 육아문제, 남편과의 관계 등이 조화를 잘 이루어 나갈 때 가능하다는 평범한 진리를 알게 된 것이다. 면담자는 현재의 문제를 해결하는 데 도움을 주고자 조심스럽게 '가족지원센터'를 방문하여 상담을 받아 보거나, 나중에 가능하면 부부가 함께 상담을 받을 것을 권유하면서 인터뷰를 종결하고 있다.

5) 사례 M

　사례 M은 30대 중반의 교직경력 8년이 된 특수학교 남교사와의 면담을 채록한 것이다. 교원 힐링 캠프에 참여한 대부분의 교사들이 일반학교 출신이었으나 M은 특수학교에서 온 터라 관심을 자아내었다. 캠프 참가 전 실시하였던 MBI 점수도 높았고, 캠프가 진행되는 과정 중에 주변 교사로부터 M이 교육활동에서 어려움을 겪고 있다는 이야기를 들었다. 처음에는 인터뷰 요청에 거부 의사를 밝혔으나 다시 권유를 하자 허락을 하였다. 프로그램 일정으로 인해 별도의 인터뷰 시간을 잡을 수가 없어 힐링하는 삼림욕 시간에 인근 산행을 하면서 인터뷰를 하게 되었다. 천천히 걸으면서 대화식으로 인터뷰를 전개하였고, 걷는 도중에 녹음을 하였으므로 채록에 고충이 뒤따랐다. 구술자가 말수가 적은 편인 데다가 면담자의 질문에 단문으로 답변을 하였으므로 후속 질문을 던지지 않으면 진행이 어려울 정도로 인터뷰가 어려운 상황에서 전개되었다.

　형식 면에서 사례 M은 내러티브 인터뷰라기보다는 오히려 초점 인터뷰에 더 가깝다. 면담자가 미리 정해진 몇 개의 질문을 준비하고 있다가 그때그때 던지는 형식으로 면담이 진행되었기 때문이다. 도입 단계에서는 연구의 의도를 담아 알 아보고자 하는 내용을 위주로 질문을 던지고 있다(I3). 인터뷰 본격적인 단계에서 는 구술자보다는 면담자가 주도권을 쥐고 한 주제에서 다음 주제로 넘어가는 방 식으로 전개되고 있다. 종결 단계에서도 면담자가 참여하고 있는 캠프에 대한 소 감을 물으면서 형식적으로 마무리를 짓는다. 앞의 사례에 비해 채록 내용도 짧은 편이다. 산책을 하면서 질문을 하고 녹음을 하였으므로 충실도, 집중도 면에서 이 전 사례들에 비해서 인터뷰와 채록 모두 만족스럽지 못하다.

내용 면에서 사례 M은 크게 다섯 개의 이야기 군(群)으로 나눌 수 있다. 처음 인터뷰 시작은 교직경력과 근무 학교 이야기로 물꼬를 튼 다음 곧바로 교원소 진과 관련된 질문을 던지고 있다. 구술자가 '승진'에 관한 이야기를 하자 면담자 는 질문을 구체화해서 던지고(I9), 구술자는 학부모, 관리자, 동료교사 순으로 주 제와 관련지어 교육활동에서 겪는 어려움을 간략하게 답변을 한다. 그런 다음 인 터뷰를 이어 가고자 면담자의 상투적인 질문들, 가령 교직생활의 만족 여부(I23), 취미(I27)와 성격(I30) 등을 묻고 간략한 답변을 듣는다. 구술이 다소 중심에서 벗 어난 느낌을 주다가 면담자의 학생들과의 애로사항을 되묻는 질문(I33)에서 구술 자는 그때서야 폭력 성향을 지닌 19세의 학생에 관한 일화를 들려준다. 하지만 M 은 그 문제에 깊숙이 개입하지 않았으므로 말썽을 일으키는 학생에게서 받은 상 처는 없는 듯하다. 그는 그저 담담하게 그 일을 회상할 뿐이다. 주제가 발전할 여 지가 없다고 판단한 면담자는 캠프에 대한 소감(I46)을 물으면서 인터뷰를 서둘 러 종결한다.

연구 주제와 관련지어 사례 M을 찬찬히 들여다보자. 교직생활의 어려움을 묻 는 면담자의 질문(I3)에 구술자는 의외로 '승진'을 꼽았다. 면담자가 학생, 관리 자, 교사 등 학교생활에서 겪는 문제를 물었음에도 구술자는 자기 자신의 장래와 관련된 고민을 토로한 것이다. 구술자는 승진하고자 하는 이유를, 첫째, 좀 더 높 아지고 나아지려는 개인의 포부, 둘째, 자녀에게 좋은 아버지로서, 아내에게 좋은 남편으로서 보이려는 생각, 그리고 셋째, 보다 나은 여건과 환경에서 근무할 수 있는 가능성에서 찾고 있다. 하지만 이는 질문의 의도에서 벗어나 있다. 그래서 면담자는 재차 좀 더 구체적으로 교직생활의 어려움을 묻는다. 이에 구술자는 학부모(대개 어머니들)로부터는 호감을 받는 편이며, 관리자와는 근무 외 수당 문제로 약간의 갈등이 있음을 내비친다. 수당과 관련된 민감한 사안인지는 몰라도 구술자는 자주 말을 주저하면서 진술하고 있다.

> **M12:** (중 략) 이게 그 **시간 외적인 수당**이라든가 그런 문제거든요. (I: 수당 같은 거.) 교사 입장에서는 시간 외로 지도를 해 주면 시간 외 수당 같은 게 교사, **관리자 눈치 보면서 이렇게 부탁하고 이렇게 막 해야 되는데.** 일반학교에서는 통상적으로 그냥 보고만 하면 끝나고. 쉽게 일반학교 교장 선생님은 허락을 해 주시고 해서 또 많이 **갈등**도 있었고요. (음) 교사, 입장적으로도 …… 말이 많은 …… 단체라 소문 그런 거, 의식해서 …… 많이 신경 쓰면서 이렇게 사람을 대하는 …… **갈등**이 있습니다.

　동료교사들, 특히 여교사들과도 별문제가 없으나 간혹 여학생을 지도하는 과정에서 남교사들이(자기는 예외자로 남고 싶다는 의지가 강함) 오해를 받는 경우가 있음을 언급한다. 남교사가 여학생을 칭찬하는 경우 그 남교사에게 여교사들이 따가운 시선을 보내거나 색안경을 끼고 보는 경우가 있어서 조심스럽다는 게 구술자의 생각이다. 하지만 구술자의 태도는 특수학교에서 남교사와 여학생의 관계를 여교사들이 오해하는 경우가 있다고 전하는 객관적 제보자에 가깝다. 그와 같이 '오버'하는 남교사에 대하여 구술자는 긍정적인 생각을 갖고 있음에도 불구하고, 자신이 판단하기에 여교사들이 예민하게 반응을 보인다는 생각을 은근히 내비친다.

> **M13:** 저 같은 경우, 저는 다른 사람 선생님들 제 뭐 뒷얘기하는 건 못 들었

는데, 다른 선생님들이 다른 선생님들 뒷얘기하는 거 많이 들었거든요. 그런데 저는 그 선생님에 대해서 아주 긍정적인데, 다른 선생님이 그걸 그 선생님에 엄청 부정적으로 생각하는 경우가 많은 것 같아요. 예를 들어서, 어떤 선생님은 학생들 위해서 교실 공부만 하면서 "아, 예쁘다." 이렇게 이제 남자 선생님이 그랬거든요. 여자 학생……. (I: 학생한테.) 예, 이렇게 "예쁘다. 아이고 잘한다." 말로 오버를 하셨나 봐요. "아, 네가 우리 학교에서 제일 예쁘다." 하하. 그런 식으로 표현을 막 하셨는데, 주위에 여자 선생님들이 그 행동을 보고 "아이 저 선생님 좀 이상하지 않냐?" (웃음) 하하하…….

앞선 사례에서 자주 교원소진의 최초의 원인으로 등장하였던 학생과의 문제는 인터뷰 후반부에 거론된다. 19세의 폭력적 성향을 지닌 학생의 지도 과정에서 M은 체벌을 해서라도 학생을 바른 길로 이끌려 하였으나, 학교폭력에 대한 세간의 시선을 의식해서인지 한 걸음 뒤로 물러서는 모습을 보인다. M은 학생을 지도하다가 체벌로 인해 폭력교사로 낙인찍히는 그런 교사는 되고 싶지 않다. 하지만 매스컴에 등장하는 그런 교사가 이해될 정도로 교육활동을 하면서 자기도 '욱'하는 때가 종종 있음을 고백한다. 문제의 학생을 체벌해서라도 이끌고 가야 할 것인가, 아니면 그냥 내버려 둘 것인가? M의 고민도 여느 보통 교사의 고민과 크게 다르지 않다.

> **M37:** 예, 그 학생을 다루면서 좀 …… 그 학생도 덩치가 커서. 저보다. 그게 덩치가 큰 편이 아니라 저 같은, 덩치가 커서 …… 폭력도 좀 가하고 막 가끔씩 …… 가자고 하면 떼도 부리고, 주먹으로 막 유리창도 깨 가지고 그런 …… 학생 …… 그 학생을 좀 잡아야겠다고 많이 생각을 하고 초기에는 많이 힘들었어요. 그 학생보다 더 제가 더 커 보여야겠다는 생각을 하고 제가 좀 무섭게 해야겠다 해서, 제가 좀 많이 이제 분

위기를 많이 조성했죠. 매를 막 책상을 때리면서 막 조용히 안 하냐고 막 위압적인 환경을 조성하면서…….

M42: 내가 괜히 이 학생 때문에 불려 다니면서 그럴 필요가 뭐 있냐. 그런 생각이 드니까 모든 걸 포기하고…….

M43: 욱하는 선생님들. 그 사고 보면 이해는 해요. (I: 그럴 거 같아요.) 그런데 순간적인 욱하는 것 때문에 그렇게…….

사례 M을 전체적으로 보면 앞의 사례들과 달리 그다지 극적인 요소는 발견되지 않는다. 학생지도 과정에서 다소 어려움은 있었지만 상처를 입은 정도는 아니었고, 관리자와의 시간 외 수당을 둘러싼 미묘한 갈등이 있었지만 그 또한 심각한 문제는 아니었던 것으로 보인다. 학부모로부터 오히려 호감을 받을 정도로 M은 만족감을 표시하고 있고, 여교사가 대부분인 특수학교에서 여학생 지도 문제로 남교사가 오해를 받는 경우가 있으나 M교사 자신의 문제는 아니라서 크게 문제 삼지 않는다. M이 주변으로부터 상처와 소진에서 비교적 자유로울 수 있는 것은 무심(無心)한 그의 성격이 한몫을 하고 있는 듯하다. M은 인터뷰 과정에서 승진과 같은 자신의 문제에는 대단한 애착을 보였으나, 자기를 둘러싼 주변 세계의 문제에 대해서는 비교적 무관심할 정도의 담담한 태도를 취하였다. 정작 학생의 문제를 해결하는 데 있어서도 결정적인 순간에 한 발짝 뒤로 물러섬으로써 애써 평상심을 찾고자 하는 태연한 모습을 보였다.

4. 해석과 논의

이 책의 서두에서 교사도 사회복지사, 콜센터 상담원, 판매원과 같이 실제 자신의 감정과는 무관하게 직무를 수행해야 하는 '감정노동자'(정혜신, 2013)로 보는 시각이 점차 설득력을 얻어 가고 있음을 언급하였다. 교사들과의 심층면담을 통해서 이 관점은 보다 분명해졌다. 한 인간으로서 교사도 분명 다양한 감정이 있지만 보이지 않은 역학 관계 혹은 구조의 틀에 갇혀서 자신의 감정을 제대로 표출하지 못하는 양상을 볼 수 있었다. 심층면담에 응했던 교원의 대부분은 교육활동의 과정에서 입은 상처로 인해 심각한 직무 스트레스를 받고 있었으며, 시간이 지날수록 우울증, 낮은 사기, 대인기피, 좌절감, 자존감 상실 등의 증상으로 발전되고 있음을 알 수 있었다. 극단적인 경우 한 교사는 정신과 치료를 받아야 했으며, 처한 상황을 극복하지 못할 경우 교단을 떠나려는 생각, 즉 '명예퇴직'까지도 생각한 것으로 드러났다.

말라크와 잭슨(Maslach & Jackson, 1981)은 소진의 세 가지 차원, 즉 정서적 고갈, 비인격화, 낮은 자아성취감이 순차적으로 진행된다고 하였으나, 사례연구가 입증하듯 그 가정(assumption)이 꼭 들어맞는 것은 아니었다. 사례연구에서는 세 가지 차원이 강도를 달리해서 인터뷰했던 교사들에게 나타났다. 예를 들어, K에게는 정서적 고갈이 비인격화로 이어지는 순서로 진행되었지만, 역경에 직면하여 자아성취감을 높이는 방향으로 소진을 극복하는 사례를 보여 준다. L은 극도의 정서적 소진을 겪고 있었으나, 적극적으로 대인관계를 할 뿐만 아니라 자존감을 높여 개인의 문제는 물론 학교의 구조적 문제까지도 적극적으로 해결해 나가려는 당당한 의지를 보여 준다. T는 대인관계의 문제로 인하여 비인간화 현상이 두드러지게 나타나지만 성취감 저하의 결과로 이어지지는 않고 있다. 관리자와의 불편한 관계 외에 수업과 생활지도에서 T는 시종일관 자신감을 내비친다. 어쩌면 Y의 사례가 서두에 언급한 학자들의 교원소진에 관한 이론적 가정을 잘 뒷받침해 주는지 모른다. 학교문제와 가정사가 복합적으로 겹치면서 심각한 정서적 고갈을 겪은 Y는 자기를 둘러싼 주변 사람과의 관계가 소원해지고, 결국 교사로서의 자신감이 저하되고 무기력마저 느끼는 상황을 연출하고 있기 때문이다.

심층면담을 통해서 좀 더 깊게 알 수 있었던 사실은 소진의 근본 원인이 문제를 일으키는 학생에서 비롯되지만 학부모가 개입하면서 문제가 점차 확대된다는 점이다. 교사와 학생 사이의 문제가 학교 차원으로 넘어갔을 때 관리자가 문제를 해결하는 방식은 유사하였다. 즉, 학생의 잘못이 명백함에도 불구하고 사건이 그저 '조용히' 해결되기를 바라는 관리자의 그릇된 '리더십'으로 인해 해당 교사에게 모든 책임이 전가되고 있는 것이다. "선생님만 가만히 있으면 아무 일 없이 지나가니까 조용히 있어 달라."(사례 K), "혹시 인근에 근무하기 좋은 학교가 있으니 한번 옮겨 보면 어떻겠느냐."(사례 Y)와 같은 권위 아닌 권위를 내세우며 학교장은 교사의 자존심에 상처를 내고 있다. 결국 교사는 학생과 학부모로부터 상처를 받고, 자기를 보호해 주어야 할 학교장으로부터 심각한 충격을 받는다. 어느덧 학교는 두려운 존재가 되고(엄기호, 2013), 교사는 홀로 들판에 서 있는 것처럼 외롭다.

이 연구에서 적용한 질적 연구방법은 나름의 강점과 한계를 지니고 있다. 내러티브 인터뷰나 초점 인터뷰 방법으로 진행한 심층면담의 최대 강점은 교사가 경험한 세부적인 사항을 그의 관점에서 볼 수 있었다는 점이다. 양적 연구에서는 쉽게 볼 수 없는 소진의 원인과 그로 인해 교사가 겪는 소진의 양상과 나름의 대처방식에 대해서도 맥락적(contextual) 이해를 할 수 있었다. 그럼에도 불구하고 교사의 개인 문제를 다분히 실존적 · 현상학적으로 해석하다 보니 좀 더 구조적 차원이나 사회적 · 역사적 차원에서 폭넓게 접근하지 못한 아쉬움이 남는다.

질적 연구의 기획 단계에서는 사례 수를 충분하게 확보하여 유형화를 시도할 생각이었으나, 그 원래의 의도가 충분히 달성되지 못하였다. 좀 더 사례를 확대하여 추후에라도 교원소진의 원인과 대처방안에 관한 유형화를 시도해 볼 만한 가치가 있다. 이 연구에서 심층면담이 10여 건 진행되었으나 녹음 실패로 채록이 불가능한 경우, 채록을 하였으나 도교육청과의 갈등이 적나라하게 드러나 출판하기 힘든 경우, 주제와 동떨어진 내용이 수집된 경우 등이 발생하여 타당도 위주로 최종 다섯 사례만을 분석대상으로 삼았다. 그렇지만 사례 수는 적으나 소진의 유형을 나름 가늠해 볼 수는 있을 것이다. 소진에 가장 결정적인 영향을 준 요인으로 K는 학부모, L과 M은 학생, T는 관리자, Y는 남편을 들고 있어 그 원인에서 서로 구분이 된다. 이 연구에서 다루지는 않았지만, 어떤 여교사는 도교육청과의 문제로, 어떤 나이 든 여교사는 개인의 지병과 시어머니와의 갈등으로 교육활동에 심각한 손상을 받는 경우도 있었다. 그 대처방안에서도 교원들은 나름의 탈출구를 찾고 있음을 볼 수 있었다.

요약하면, 교사의 수만큼이나 스트레스와 소진의 원인도 다양하고, 그로 인해 몸과 마음에 나타나는 양상, 그 대처방식 또한 다를 것이다. 하지만 이 사례연구를 통해 문제의 원인을 진단하고 그에 대한 나름의 해법을 찾는다면 교원의 치유에 적지 않은 도움을 받을 수 있을 것이다.

맺는말

교원소진과 '힐링' 열풍이 불 즈음 프랑스 현대철학자 들뢰즈(Deleuze)는 우리에게 한 권의 화제작을 선사했다. 제목도 흥미로운 『소진된 인간』(2013)이 바로 그것이다. 들뢰즈는 소설가이자 극작가인 베케트(Beckett)의 등장 인물들에서 어떤 공통의 특성을 찾아낸다. 피로와는 확연히 구분되는 '소진'이라는 현상이다. "소진된 인간은 피로한 인간을 훨씬 넘어선다." 들뢰즈에게 '피로'는 더 이상 무언가를 '실현'할 수 없는 무력한 상태(그러나 가능성은 남은 상태)이지만, '소진'은 더 이상 아무것도 '가능'하지 않은 상태다. "피로한 인간은 단지 실현을 소진했을 뿐이다. 반면, 소진된 인간은 모든 가능한 것을 소진한 자다." 구술자 L이 인터뷰에서 몸과 마음이 지친 자신의 상태를 '소진 직전'이라고 하면서, 그 상태는 바로 '죽음 직전'과 같다고 했는데, 들뢰즈의 『소진된 인간』은 바로 그 장면을 연상시킨다.

들뢰즈의 책이 나오기 직전 한국계 독일철학자 한병철은 『피로사회』(2013)에서 정확히 '피로'를 화두로 삼았는데, 여기서 담론의 초점이 '피로'에서 '소진'으로 옮겨진 것을 볼 수 있다. 그는 이 책에서 현대사회의 패러다임 전환을 예리하게 포착한다. 자아와 타자 사이의 적대성 내지 부정성을 근간으로 하는 이전의 사회(냉전, 면역학, 규율사회)에서 그러한 부정성이 제거된 사회, 부정성 대신 긍정성이 지배하는 사회로의 변화가 20세기 후반 이후 일어났다는 것이다. 그 새로운 사회가 바로 '성과사회'다. 그 속에 살고 있는 인간, 한병철에 의해서 '성과주체'로 명명된 현대 인간은 성과사회의 모토에 온통 사로잡혀 있다. 그러한 사회에서는 과도한 긍정(nothing is impossible)이 삶의 구석구석에 스며들고, 성공을 위해서는 오직 긍정의 정신("Yes, we can!")만이 강조된다. 자신의 능력과 성과를 통해서 주체로서의 존재감을 확인하려는 자아는 피로해지고, 스스로 설정한 요구에 부응하지 못하는 좌절감은 우울증을 낳는다. 이러한 사회적 변화를 그는 "규율사회의 부정성은 광인과 범죄자를 낳는다. 반면, 성과사회는 우울증 환자와 낙오자를 만들어 낸다."라고 진단한다. 이 얼마나 탁월한 진단인가! 물론 한병철의 관점이 교직 사회에 그대로 관철되는 것은 아니다. 하지만 교직 사회에 교원평가제가 들어오면서 교직 풍토가 전반적으로 변화되었으며, 교사의 의식에서도 이전과는 다른 변화의 기운이 감지되고 있음을 부인할 수 없다.

'소진'과 '피로'가 점증하는 내적·외적 상황에서 교육부와 도교육청의 교권에 대한 관심은 교원치유 프로그램과 운영이라는 정책과 제도를 낳게 하였다. 학습자의 학습권 신장에 따른 교권의 상대적 위축과 실추에 대한 위기의식도 이와 같은 프로그램의 도입에 분명 긍정적인 영향을 미쳤다. 좀처럼 감정을 드러내지도 않으며, 개인의 문제를 표출하지도 않을 것 같은 다수의 교원들이 교원힐링 프로그램 공모에 대거 응모하였고, 실제로 그들의 MBI를 검사했을 때 예상과 달리 점수가 매우 높아서 문제의 심각함을 예감하게 되었다. 교원의 존재를 그저 성직자, 노동자, 전문가의 범주에서 파악해 왔던 필자로서는 기존의 관점을 수정하지 않을 수 없게 되었다. 이 무렵 사회적으로 '감정노동자'의 문제가 이슈화되면서 감정노동이 이제 인간을 대상(고객)으로 거의 모든 직종에서 발견된 정도로 파편화되고 황폐화된 인간 사회의 단면을 여과 없이 보여 주었다. 정신과 의사를 찾는 고객의 상당수가 교사라는 어느 의사의 발언(정혜신, 2013)은 교원의 정신건강과 상처 치유의 문제가 우리 사회에서 얼마나 심각한지를 대중에게 알리는 중요한 계기로 작용하였다.

이제 이 책의 끝자락에서 지역의 도교육청과 중심 대학이 서로 협력하여 교원의 치유 프로그램을 개발하고 직접 운영하면서 교사의 '잘삶'과 행복에 기여하고자 했던 교원치유 프로그램이 소기의 성과를 가져왔다는 조심스러운 평가를 내리고자 한다. 교원치유 프로그램을 통해 전인적 통합을 지향하는 치유 프로그램을 개발하게 되었고, 매 시기 창의적 운용과 수정·보완을 하면서 프로그램이 질적으로 향상될 수 있었다. 심리정서 위주의 '힐링스타트 프로그램'에서 자연과 생태의 관점을 대폭 반영한 '에코힐링 프로그램'으로 발전하였고, 마침내 심화과정의 하나인 '감정코칭'으로 진화할 수 있었다. 자체 평가의 기록이 증명하듯, 프로그램 종료 후 실시한 만족도 검사에서 회기가 갈수록 점수가 높아진 것을 볼 수 있다. 그것도 거의 매 회기마다 모든 항목에서 90점을 넘었다는 것은 강사진, 운영진, 프로그램 내용, 장소 등 모든 조건이 고객(참여 교원)을 만족시켰음을 의미한다. 또 한 가지, 필자가 책임을 맡아 수행했던 몇 차례의 치유 프로그램에서 TAP의 일환으로 심층면담을 실시하여 적지 않은 성과를 올린 점을 상기하고자 한다. 이 책 5장에서 다루었던 심층면담의 원자료와 분석 그리고 질적 해석 결과는 교원소진의 원인, 현상, 대처 방안에 대한 소중한 아이디어를 얻을 수 있는 소중한 보고(寶庫)로 간주될 수 있다.

마지막으로, 이 땅의 미래를 짊어질 교원의 잘삶과 행복을 위해서 교원치유 프로그램과 지치고 힘든 교사와의 생생한 내러티브 인터뷰에서 얻어진 결과를 토대로 추후 정책적으로 시행해 주었으면 하는 몇 가지 제언을 하면서 글을 맺고자 한다.

첫째, 한국형 교원소진 척도 개발 및 판별 시스템 구축이 시급하다. 교육활동 침해 및 피해 교원의 실태를 기본적으로 조사하여 파악한 연후에 교원 힐링 및 교권 보호에 대한 일련의 조치와 처방을 내릴 수 있으므로, 교육부나 시·도교육청 차원에서 교원 침해 및 피해 실태를 꼼꼼히 조사하여 기본 자료를 확보하는 일이 시급하다. 교원소진에 관한 척도로 MBI가 널리 쓰이고 있으나, 이는 미국에서 개발된 검사이므로 문항의 적합성 등 설문에서 보완이 요구되고, 또한 표준화 작업을 통하여 한국형 MBI 척도와 검사 도구를 개발할 필요가 있다. 검사 도구의 개발과 표준화 작업에는 적지 않은 시간과 경비가 소요되므로 장기적 관점에서 전문가 집단에게 연구 공모를 실시하여 연구를 발주할 필요가 있다. 디지털과 스마트폰이 상용화된 오늘날 설문 대상자의 용이성과 실용성을 목적으로 한 웹용 MBI 간이진단검사를 개발·활용한다면 높은 호응도를 이끌어 낼 수 있을 것이다. 온라인 검사의 장점을 최대한 살리되, 검사의 진정성을 살릴 수 있는 방안을 지속적으로 연구해야 할 것이다.

둘째, 교원을 위한 치유 프로그램의 특성화가 필요하다. 치유 프로그램은 기본적으로 '인간의 조화로운 발달'을 꾀하는 인간도야이론과 '지덕체를 고르게 계발해야 한다.'는 전인교육론에 근거를 두고 전인적인 치유에 확고한 뿌리를 둘 필요가 있다. '전인적 치유'를 위해서는 인간이 지닌 능력, 즉 신체적·정서적·인지적 능력의 조화로운 발달이 전제되며, 그 방향은 필연적으로 '통합치유'로 나아가야 한다. 프로그램 만족도 조사에서 분명하게 드러난 바와 같이, 교원은 인지적 프로그램보다는 정서적 프로그램을 선호하고, 정서적 프로그램보다는 신체적 프로그램을 선호하는 것으로 드러났다. 이는 활동과 체험 위주의 프로그램 개발과 활용이 얼마나 중요한지를 역설해 주는 증거다.

셋째, 교원을 위한 '힐링캠프' 모델의 최적화 작업이 필요하다. 여러 차례 프로그램 운영 결과 기간은 '3박 4일'이 가장 적합하며, 참여 인원은 집단의 역동성을 살리고 상담 관련 프로그램의 효과적 운영을 위해서라도 20명 이하로 설정하는 것이 좋다. 프로그램의 구성과 운영에서도 긴장과 이완이 적절하게 조화를 이룰 때 성공을 거둘 수 있다. 특화된 교원힐링 직무연수를 위해서 교원 유형별로 캠프를 실시해 볼 필요가 있다. 가령 일반교사와 특수학교 교사를 구분하여 선발하거나 교과 담당 교사와 교과를 담당하지 않은 교사를 구분하여 선발하는 방안, 초등학교 교원과 중학교 교원, 고등학교의 경우 인문계열 교원과 자연계열 교원, 일반계 고등학교 교원과 특성화 고등학교 교원을 구분하여 선발하는 방안이 필요하다. 나아가 교감을 위한 특별 프로그램이나 유치원 교사를 대상으로 선발하여 실시하는 방안도 고려할 만하다.

넷째, TAP 상설화 및 교원을 위한 '감정 해우소'를 설치해야 한다. 학생의 고민이나 심리적 문제를 해소하기 위한 상담실과 Wee센터 등이 활성화되어 있듯이 상처와 고민을 지니고 있는 교원을 개인적으로 상담하고 치유할 수 있는 제도적 장치가 마련될 필요가 있다. 필자가 창의적으로 고안한 TAP는 교원의 개인적 삶이나 교직 수행에서 기인된 각종 심리적·정신적 상처와 고통을 이해하고 상담하여 교원 개인이 자기치유력을 회복할 수 있도록 도와주는 제도다. 이미 감정 노동자와 같은 소진 현상을 보이고 있는 교원에게 그들의 문제를 진지하게 들어주고, 함께 해결책을 모색해 줄 수 있는 장치로 교육학 전문가, 상담 전문가, 법률 전문가 등으로 구성된 TAP 지원단을 구성하여 언제 어디서나 도움을 받을 수 있는 교원 '감정 해우소'를 상시적으로 설치할 것을 교육부와 시·도교육청에 정식으로 건의하고자 한다.

다섯째, 교원치유기관의 건립과 체계적 운영이 필요하다. 단기적으로 교원힐링 직무연수는 최적의 장소를 찾아 시·도교육청, 지역대학, 지역의 치유센터가 공조하는 형태로 갈 수밖에 없으나 사업의 지속성을 담보할 수 없는 한계가 있다. 장기적 관점에서 독자적인 형태의 '교원치유기관'이 국가 차원 아니면 지역 자치단체 차원에서 건립될 필요가 있다. 그 준비 과정에서 교육활동 피해 및 침해 교원의 자료를 데이터베이스화해서 시스템을 구축하고, 상시로 활용할 수 있는 준비를 갖추어 나가야 한다. 좀 더 전문적인 치유가 필요한 교원에 대해서는 전문적인 치유기관(정신과병원)과 연계하여 근본적으로 교원의 상처와 고통을 해결할 수 있도록 지원을 아끼지 말아야 한다. 그러한 교원치유기관의 체계적인 운영을 위해서는 기획·예산, 프로그램의 개발·적용, 평가·환류 시스템의 구축과 같이 투입, 과정, 산출이 조화와 균형을 잘 이루어 나가도록 해야 할 것이다.

참고문헌

가우디(1999). **왕따 리포트**. 서울: 우리교육.

강신주(2013). **강신주의 감정수업**. 서울: 민음사.

강정희, 김철웅(2012). 말라크 소진 측정 도구(Maslach Burnout Inventory)의 적용가
능성 평가. 성인간호학회지, 24(1), 31-37.

권동택(2008). 초등학교 교사소진과 학교조직 관련 변인간 구조적 관계 분석. 한국교육논총,
2008(7), 41-57.

한국문학평론가협회(2006). **문학비평용어사전**. 서울: 국학자료원.

김광일, 김재환, 원호택(1984). 간이정신진단검사 실시요강(Korean Manual of Symptom
Checklis-90-Revision). 서울: 중앙적성출판사.

김계순, 박순주(2013). **대한민국에서 감정노동자로 살아남는 법**. 서울: 새로운 제안.

김두천(1995). 학교장의 리더십과 교사소진의 관계. 전남대학교 대학원 석사학위논문.

김보람, 박영숙(2012). 초등교사의 직무환경과 직무열의 및 심리적 소진의 관계에서 직무
스트레스 대처방식의 조절효과. 스트레스연구, 20(3), 199-208.

김애중(2005). 초등학교 초임 여교사의 소진의 원인에 관한 질적 연구. 고려대학교 행
정대학원 석사학위논문.

김정휘(1991). 교사의 직무 스트레스와 정신 신체적 증상 또는 탈진과의 관계: A형 성격과
사회적 지원의 완충효과를 중심으로. 중앙대학교 대학원 박사학위논문.

김철(2012). **알기 쉬운 몸살림 운동**. 서울: 몸살림 운동본부.

김현수(2013). **교사상처**. 서울: 에듀니티.

김화실(1984). 수간호원의 리더쉽 유형과 간호원의 소진 경험 정도와의 관계. 한국간호학회지, 14(1), 21-33.

박경숙(2013). 문제는 무기력이다. 서울: 와이즈베리.

서선순(2007). 초등교사의 교사효능감 및 사회적 지지와 소진과의 관계. 경희대학교 교육대학원 석사학위논문.

엄기호(2013). 교사도 학교가 두렵다. 서울: 따비.

엄찬호, 최병욱(2013). 인문학의 치유 역사. 춘천: 강원대학교 출판부.

유만찬, 김진경(2013). 갖고 싶은 세계의 인형. 서울: 바다출판사.

유정이(2002). 교육환경의 위험요소와 사회적 지지가 초등학교 교사의 심리적 소진에 미치는 영향. 초등교육연구, 15(2), 315-328.

유정이, 박성호, 유성경(2003). 상담자와 초등교사의 심리적 소진 관련 변인 연구. 청소년상담연구, 11, 111-120.

유철인(2013). 구술자료의 채록과 해석. 구술자와 채록자의 상호작용. 한국예술종합학교 논문집, 6, 99-117.

이영만(2012). 초등학교 여교사의 자아탄력성 및 사회적 지지와 심리적 소진의 관계. 초등교육연구, 25(1), 191-214.

이영만(2013). 교사의 심리적 소진에 관한 연구동향. 초등교육연구, 26(2), 125-152.

이준엽(2000). 교사 사기 요인과 교사소진에 관한 연구. 우석대학교 교육대학원 석사학위 논문.

이지혜(2010). 교사의 심리적 소진과 주관적 안녕감과의 관계: 조직몰입의 매개효과. 한국교원교육연구, 27(3), 143-164.

전라남도교육청(2013). 교권보호 길라잡이. 전남: 전라남도교육청.

정혜신(2013). 당신으로 충분하다(정신과의사 정혜신의 6주간의 힐링톡). 경기: 푸른 숲.

조벽, 최성애(2011). 내 아이를 위한 감정코칭. 서울: 한국경제신문사.

조효남, 안희영(2013). 통합심신치유의 통전적 패러다임 모델: Ken Wilber의 AQAL 모델을 넘어서. 예술심리치료연구, 9(2), 191-218.

차선경, 권동택(2012). 초등교사의 교사발달단계에 따른 직무 스트레스 및 심리적 소진 차이 연구. 초등교육학연구, 19(1), 111-130.

최현진(2003). 사이코드라마. 서울: 학지사.

최훈동, 이송미(2013). 나를 넘어선 나. 서울: 미디어윌.

추정선(1985). 초등교사의 직무만족도와 소진경험정도에 관한 상관관계연구. 학생지도 연구, 6(1), 33-53.

한국사전연구사 편집부(1998). 종교학 대사전. 서울: 한국사전연구사.

한병철(2012). 피로사회. 서울: 문학과 지성사.

한상근, 박천수, 정윤경, 장혜정, 김나라(2012). 한국의 직업지표연구. 서울: 한국직업능력개 발원.

황계진(1986). 학교의 관료화 정도와 교사의 기진감. 충북대학교 교육대학원 석사학위논문.

Belcastro, P. A. (1982). Burnout and its relationship to teachers' somatic complaints and illnesses. *Psychological Reports, 50*(3c), 1045-1046.

Blase, J. J. (1982). A Social-Psychological Grounded Theory of Teacher Stress and Burnout. *Educational Administration Quarterly, 18*(4), 93-113.

Botton, A. de., & Armstrong, J. (2013). (알랭 드 보통의) 영혼의 미술관 : 예술은 어떻게 우리를 치유하는가(김한영 역). 경기: 문학동네. (원전은 2013년에 출판).

Brouwers, A., & Tomic, W. (1999). Teacher Burnout, Perceived Self-Efficacy in Classroom Management, and Student Disruptive Behaviour in Secondary Education. *Curriculum and Teaching, 14*(2), 7-26.

Brouwers, A., & Tomic, W. (2000). A Longitudinal Study of Teacher Burnout and Perceived Self-Efficacy in Classroom Management. *Teaching and Teacher Education, 16*(2), 239-54.

Cherniss, C. (1980). *Professional burnout in human service organizations*. New York: Praeger.

Cohen, S., & Wills, T. A. (1985) Stress, social support, and the buffering hypothesis. *Psychological Bulletin 98*, 310-357.

Dayton, T. (2012). (상담 및 집단치료에 활용하는) 사이코드라마 매뉴얼(김세준 역). 서울: 시그마프레스. (원전은 2005년에 출판).

Deleuze, G. (2013). 소진된 인간(베케트의 텔레비전 단편극에 대한 철학적 에세이)(이정하 역). 서울: 문학과 지성사. (원전은 1992년에 출판).

Denzin, N. K. (1978). The logic of naturalistic inquiry. In N. K. Denzin(Ed.), *Sociological methods: A source book*. New York: McGraw-Hill.

Derogatis, L. R. (1976). *SCL-90 Manual I. Clinical Psychometrics Research Unit*. Baltimore: Johns Hopkins University School of Medicine.

Edelwich, A., & Brodsky, D. (1980). *Burnout: Stages of disillusionment in the helping profession*. New York: Pergamon Press.

Flusser, V. (1994). 'Die Geste des Schreibens'. In: Vilém Flusser, *Gesten. Versuch einer Phänomenologie*. Frankfurt/Main: Fischer.

Forey, W. F., Christensen, O. J., & England, J. T. (1994). Teacher burnout: A relationship with Holland and Adlerian typologies. *Individual Psychology: Journal of Adlerian Theory, Research & Practice. 50*(1), 3-17.

Freudenberger, H. J. (1974). Staff Burnout. *Journal of Environmental Issues, 30*, 159-165.

Friedman, I. A. (1995). Student Behaviour Patterns Contributing to Teacher Burnout. *Journal of Educational Research, 88*(5), 281-89.

Golembiewski et al. (1986). *Stress in Organizations: toward a phase model of burnout*. New York: Praeger.

Gottman, J. M. (2014). 결혼 클리닉(정동섭, 안철정, 유재성, 이성옥 역). 서울: 창지사. (원전은 1999년에 출판).

Gottman, J. M. (2011a). *Raising a emotionally intelligent children*. New York: Simon & Schuster.

Gottman, J. M. (2011b). *What predicts Divorce? The Relationship between marital processes and marital outcomes*. New York: Psychology Press.

Heidegger, M. (2010). 숲길(신상희 역). 경기: 나남. (원전은 1950년에 출판).

Herder, J. G. (1778). Volkslieder nebst Untermischten anderen Stücken. Weinheim: Riga.

Henningsen, J. (1981). *Autobiographie und Erziehungswessenschaft*. Essen: Neue Deutsche Schule.

Hochschild, A. R. (1983). *The managed heart: Commercialization of human feeling*. Berkeley: University of California Press.

Hock, R. (1988). Professional burnout among public school teachers. *Public Personal Management, 17*, 167-189.

Humboldt, W. V. (1903). Theorie der Bildung des Menschen. *Werke. Bd. I. Akademische Ausgabe*, 282-287.

Jordan, J., & Fremeaux, I. (2013). 나우토피아(이민주 역). 경기: 아름다운 사람들(원전은 2012년에 출판).

Klafki, W. (1991). *Neue Studien zur Bildungstheorie und Didaktik*(2. erweiterte Aufl). Weinheim: Beltz.

Koruklu, N. et al. (2012). Teacher's Burnout Levels in terms of Some Variables. *Educational Sciences: Theory & Practice, 12*(3), 1823-1830.

Kron, F. W. (2000). *Grundwissen Didaktik*(3. Aufl). Reinhardt: Muenchen & Basel.

Krueger, H. H., & Marotzki, W. (1999). *Erziehungswissenschaftliche Biographieforschung*(7. Aufl). Opladen: Leske+Budrich.

Lemnek, S. (2005). *Qualitative Sozialforschung: Lehrbuch*(4. Aufl). Weinheim: Beltz.

Lee, R. T., & Ashforth, B. E. (1993). A longitudinal study of burnout among supervisors and managers: Comparisons between the Leiter, M. P. & Maslach, C.(1988) and Golembiewski et al.(1986) models. *Organizational Behavior and Human Decision Processes, 54*, 369-398.

Leiter, M. P., & Maslach, C. (1988). The impact of interpersonal environment of burnout and organizational commitment. *Journal of Organizational Behavior, 9*, 297-308.

Marotzki, W. (1990). *Entwurf einer strukturalen Bildungstheorie. Biographietheoretische Auslegung von Bildungsprozessen in hochkomplexen Gesellschaften*. Weinheim: Deutscher Studien Verlag.

Marotzki, W. (1991). Aspkte einer bildungstheoretisch orientierten Biographiforschung. In D. Hoffmann & H. Heid. *Bilanzierungen erziehungswissenschaftlicher Theorieentwicklung. Erfolgskontrolle durch Wissenschaftsforschung.* Weinheim: DSV, 119-134.

Maslach, C., & Jackson, S. E. (1981). *Maslach burnout inventory*(2nd ed). Palo Alto, CA: Consulting Psychologists Press.

Moreno, Z. T., Blomkvist, L. D., & Rützel, T. (2005). 사이코드라마와 잉여현실: 드라마치료의 기원과 실제(황헌영, 김세준 공역). 서울: 학지사. (원전은 2000년에 출판).

Pestalozzi, J. H. (1978). *Wie Gertrud ihre Kinder lehrt und Ausgewählte Schriften zur Methode.* Paderbern: Schöningh.

Pines, A., Aronson, A., & Kafry, D. (1981). *Burnout: From tedium to personal growth.* New York: Free Press.

Schütze, F. (1977). *Die Technik des narrativen Interviews in Interaktionsfeldstudien - dargestellt an einem Projekt zur Erforschung von kommunalen Machtstrukturen.* Bielefeld: Universität Bielefeld.

Schütze, F. (1983). Biographiforschung und narratives Interview. *Neue Praxis, 3/1983,* 283-293.

Schwab, F. L., & Iwanicki, E. F. (1982). Perceived role conflict, role ambiguity, and teacher burnout. *Educational Administration Quarterly, 18*(1), 60-74.

Seidman, S. A., & Zager, J. (1986-87). The Teacher Burnout Scale. *Educational Research Quarterly, 11*(1), 26-33.

Skaalvik, E. M., & Skaalvik, S. (2010). Teacher self-efficacy and teacher burnout: A study of relations. *Teaching and teacher education, 26,* 1059-1069.

Taris et al. (2005). Workaholism in the Netherlands: Measurement and implications for job strain and non-work conflict. *The Journal of Applied Psychology, 54,* 37-60.

Thomas, W. I., & Znaniecki, F. (2007). *The Polish Peasant in Europe and America: Organization and Disorganization in America.* Washington DC: Kessinger

Publishing Company.

Walter, H. G., & Gordon, G. (1998). The impact of personal, professional and organizational characteristics on administrator burnout. *Journal of Educational Administration, 36*(2), 146-159.

Warrad, M. I. (2012). Teacher Burnout: Causes and Projective Preventative and Curative Interventions. *Ph.D. Thesis*. Philadelphia, PA: Drexel University.

Wilber, K. (2006). 의식의 스펙트럼 – 닫힌 의식의 문을 여는 스펙트럼 심리학(박정숙 역). 서울: 범양사. (원전은 1996년에 출판).

Wilber, K. (2010). 켄 윌버의 통합심리학(조옥경 역). 서울: 학지사. (원전은 2000년에 출판).

Wundt, W. (1879). *Der Spiritismus-eine sogenannte wissenschaftliche Frage*. Leipzig: Engelmann.

찾아보기

저자 소개

손승남(Son Seungnam)

독일 뮌스터대학교 철학박사
현 순천대학교 사범대학 교직과 교수

〈저 • 역서 및 논문〉

『인문교양교육의 원형과 변용』(교육과학사, 2011)

『교육해석학』(교육과학사, 2001)

『Wilhelm Dilthey und die pädagogische Biographieforschung』(VS Verlag für Sozialwissenschaften, 1997)

『좋은 수업이란 무엇인가』(공역, 삼우반, 2011)

『해석학의 탄생』(역, 지식을만드는지식, 2009)

『교육은 자기 교육이다』(역, 동문선, 2004)

「'학습자 발달'의 관점에서 본 도야과정 교수법(Bildungsgangdidaktik als 'educational experience and learner development')」(2005)

잘삶교육연구소 총서1

교원의 잘삶을 위한 전인통합치유
-소진 교원을 위한 힐링프로그램 개발과 내러티브 탐구-
Integrative Healing Approaches for Teacher's Good Life

2017년 3월 10일 1판 1쇄 인쇄
2017년 3월 20일 1판 1쇄 발행

지은이 • 손승남
펴낸이 • 김진환
펴낸곳 • (주) **학 지사**

　　　　04031 서울특별시 마포구 양화로 15길 20 마인드월드빌딩
대표전화 • 02)330-5114　　　팩스 • 02)324-2345
등록번호 • 제313-2006-000265호

홈페이지 • http://www.hakjisa.co.kr
페이스북 • https://www.facebook.com/hakjisa

ISBN 978-89-997-1181-7 93370

정가 16,000원

이 도서의 국립중앙도서관 출판시도서목록(CIP)은 서지정보유통지
원시스템 홈페이지(http://seoji.nl.go.kr)와 국가자료공동목록시스템
(http://www.nl.go.kr/kolisnet)에서 이용하실 수 있습니다.
(CIP제어번호: CIP2017004071)

교육문화출판미디어그룹 학 지사

심리검사연구소 **인싸이트** www.inpsyt.co.kr
원격교육연수원 **카운피아** www.counpia.com
학술논문서비스 **뉴논문** www.newnonmun.com